Jochen Theis

Nachhaltigkeitsberichterstattung in der Praxis

Anwendung im DAX 30

1. Auflage

Das Werk einschließlich aller seiner Teile ist urheberrechtlich geschützt. Jede Verwertung außerhalb der engen Grenzen des Urheberrechtsgesetzes ist ohne vorherige schriftliche Einwilligung des Verlages unzulässig und strafbar. Dies gilt insbesondere für Vervielfältigungen, Übersetzungen, Mikroverfilmungen und die Einspeicherung und Verbreitung in elektronischen Systemen. Es wird darauf hingewiesen, dass im Werk verwendete Markennamen und Produktbezeichnungen dem marken-, kennzeichen- oder urheberrechtlichen Schutz unterliegen.

© 2018 IDW Verlag GmbH, Tersteegenstraße 14, 40474 Düsseldorf

Die IDW Verlag GmbH ist ein Unternehmen des Instituts der Wirtschaftsprüfer in Deutschland e. V. (IDW).

Satz: Reemers Publishing Services GmbH, Krefeld
Druck und Bindung: C.H.Beck, Nördlingen
KN 11780/0/0

Die Angaben in diesem Werk wurden sorgfältig erstellt und entsprechen dem Wissensstand bei Redaktionsschluss. Da Hinweise und Fakten jedoch dem Wandel der Rechtsprechung und der Gesetzgebung unterliegen, kann für die Richtigkeit und Vollständigkeit der Angaben in diesem Werk keine Haftung übernommen werden. Gleichfalls werden die in diesem Werk abgedruckten Texte und Abbildungen einer üblichen Kontrolle unterzogen; das Auftreten von Druckfehlern kann jedoch gleichwohl nicht völlig ausgeschlossen werden, so dass für aufgrund von Druckfehlern fehlerhafte Texte und Abbildungen ebenfalls keine Haftung übernommen werden kann.

ISBN 978-3-8021-2142-5

Bibliografische Information der Deutschen Bibliothek
Die Deutsche Bibliothek verzeichnet diese Publikation in der Deutschen Nationalbibliografie; detaillierte bibliografische Daten sind im Internet über http://www.d-nb.de abrufbar.

Coverfoto: www.istock.com/Justeurcznick

www.idw-verlag.de

Vorwort

In dem Maße, in dem die Notwendigkeit nachhaltiger Entwicklung zunehmend ins weltweite gesellschaftliche Bewusstsein drang, stieg auch die Relevanz von Nachhaltigkeit für Unternehmen. Die wachsende Ausrichtung unternehmerischen Handelns auf eine nachhaltige Entwicklung muss dabei in einem Zusammenhang mit der zunehmenden Abkehr der Unternehmen vom Shareholder-Value- und der Hinwendung zum Stakeholder-Value-Konzept gesehen werden. Der hierfür ursächliche Grundgedanke, nach dem Unternehmen eine gesellschaftliche Verantwortung zu tragen haben und entsprechend die ausschließliche Berücksichtigung der Interessen der Shareholder nicht vertretbar sei, ist mit dem Nachhaltigkeitsgedanken inhaltlich eng verbunden. Indem Unternehmen nachhaltig agieren, können sie ihrer sozialen Verantwortung gerecht werden und Wert nicht nur für eine Anspruchsgruppe – die Shareholder –, sondern für alle Anspruchsgruppen – die Stakeholder – schaffen. Während sich ökonomische Erfolge vergleichsweise einfach z. B. mittels klassischer Rechnungslegung aus der Gewinn- und Verlustrechnung ermitteln lassen, ist die Bestimmung der Leistung eines Unternehmens in den beiden anderen Dimensionen der Nachhaltigkeit, Ökologie und Soziales, ungleich schwerer. Hier setzt nun die Nachhaltigkeitsberichterstattung an, deren Ziel die Identifikation, Messung und Offenlegung der Aktivitäten eines Unternehmens insbesondere in den Bereichen Ökologie und Soziales, unter Einbeziehung des Bereichs Ökonomie, ist.

Mit dem Buch „Nachhaltigkeitsberichterstattung in der Praxis – Anwendung im DAX 30" werden begriffliche Grundlagen, Notwendigkeit und Nutzen von Nachhaltigkeitsberichterstattung für Unternehmen und Berichtsadressaten umfassend theoretisch beleuchtet und eine Bestandsaufnahme zur Praxis der aktuellen Nachhaltigkeitsberichterstattung von DAX-30-Unternehmen vorgenommen. Durch die solide theoretische Fundierung einerseits und den starken Praxisbezug andererseits richtet sich dieses Buch nicht nur an Studierende an Universitäten und Fachhochschulen, sondern besonders auch an Praktiker, die mit der Nachhaltigkeitsberichterstattung von Unternehmen befasst sind. Die im Buch dargestellten theoretischen Grundlagen und Best-Practice-Beispiele sollen Unternehmen dabei unterstützen, die Ausgestaltung einer eigenen Nachhaltigkeitsberichterstattung weiterzuentwickeln.

Die Fertigstellung dieses Buches wäre ohne die Unterstützung und das Wohlwollen verschiedener Personen nicht möglich gewesen. Zunächst möchte ich mich bei Herrn M.Sc. Marvin Nipper und Herrn M.Sc. Christoph Püllmann für ihre Mitarbeit an einzelnen Teilen des vorliegenden Werkes und ihre Unterstützung bei der Datenerhebung und -auswertung bedanken. Des Weiteren danke ich Frau Prof. Dr. Annette G. Köhler sowie meinen Kolleginnen und Kollegen am Lehrstuhl für Rechnungswesen, Wirtschaftsprüfung und Controlling an der Mercator School of Management der Universität Duisburg-Essen für ihre Unterstützung und Entlastung während der finalen Arbeiten am Buch. Dank gebührt schließlich dem IDW Verlag, der mir mit Frau

Annette Preuß eine kompetente und hilfsbereite Ansprechpartnerin während der Erstellung meines Werkes zur Seite gestellt hat.

Duisburg, im Januar 2018							Dr. Jochen Theis

Inhaltsverzeichnis

Vorwort 5

1   Einleitung 11

2   Grundlagen der Unternehmenspublizität 14
2.1   Begriffsbestimmung 14
2.2   Informationsbedürfnisse von Shareholdern 16
2.3   Informationsbedürfnisse weiterer Stakeholder 18
2.4   Instrumentarium der Kapitalmarktkommunikation 21

3   Theoretische Grundlagen der Nachhaltigkeitsberichterstattung 24
3.1   Begriffsbestimmung 24
    3.1.1   Nachhaltigkeit 24
    3.1.2   Nachhaltigkeitsberichterstattung 27
    3.1.3   Corporate Social Responsibility und weitere artverwandte Begriffe ... 29
3.2   Notwendigkeit der Nachhaltigkeitsberichterstattung 31
3.3   Nutzen der Nachhaltigkeitsberichterstattung 34

4   Normativer Rahmen der Nachhaltigkeitsberichterstattung 41
4.1   Begriffsbestimmung 41
4.2   Vorgaben zur Nachhaltigkeitsberichterstattung in Deutschland 42
    4.2.1   (Konzern-)Lageberichterstattung 42
    4.2.2   Deutscher Rechnungslegungs Standard Nr. 20 47
    4.2.3   Deutscher Corporate Governance Kodex 48
    4.2.4   Deutscher Nachhaltigkeitskodex 50
4.3   Global Reporting Initiative (GRI) 56
    4.3.1   Begriffsbestimmung 56
    4.3.2   Struktur eines Nachhaltigkeitsberichts nach GRI 58
    4.3.3   Kritische Betrachtung 62
4.4   Integrated Reporting 62
    4.4.1   Begriffsbestimmung 62
    4.4.2   Struktur eines Integrated Report 65
    4.4.3   Kritische Betrachtung des Integrated Reporting 70

4.5 Weitere für die Nachhaltigkeitsberichterstattung relevante Rahmenwerke 71
    4.5.1 SASB Standards 71
    4.5.2 KPIs for ESG 76
    4.5.3 UN Global Compact 78
    4.5.4 OECD-Leitsätze für multinationale Unternehmen 81
    4.5.5 CDP (ehemals Carbon Disclosure Project) 81
    4.5.6 ISO 26000 82
4.6 Grundsätze der Nachhaltigkeitsberichterstattung 86
4.7 Externe Prüfung der Nachhaltigkeitsberichterstattung 90
    4.7.1 Begriffsbestimmung 90
    4.7.2 Prüfungsstandards 92

5 Praxis der Nachhaltigkeitsberichterstattung der DAX-30-Unternehmen 96
5.1 Datengrundlage und Vorüberlegungen 96
5.2 Formale Einordnung der Nachhaltigkeitsberichterstattung 97
    5.2.1 Berichtsformat 97
    5.2.2 Verwendete Rahmenwerke 100
    5.2.3 Externe Prüfung des Berichts 103
5.3 Qualitative Einordnung der Nachhaltigkeitsberichterstattung 106
    5.3.1 IÖW/future-Ranking von Nachhaltigkeitsberichten ... 106
    5.3.2 Ergebnisse des Rankings 108
    5.3.3 Dow Jones Sustainability Index 110

6 Best-Practice-Beispiele 112
6.1 Formale Aspekte der Nachhaltigkeitsberichterstattung 113
6.2 Inhalt und die Ausgestaltung der Nachhaltigkeitsberichterstattung 115
    6.2.1 Vision, Strategie und Management 115
    6.2.2 Produktverantwortung 120
    6.2.3 Verantwortung in der Lieferkette 123
    6.2.4 Wesentlichkeit 128

7 Thesenförmige Zusammenfassung 132

8 Verzeichnisse 139
8.1 Abkürzungsverzeichnis 139
8.2 Abbildungsverzeichnis 142

8.3 Tabellenverzeichnis 143
8.4 Literaturverzeichnis 144
8.5 Verzeichnis der zitierten Gesetze, Normen und sonstigen Quellen 156
8.6 Stichwortverzeichnis 158

1 Einleitung

Bereits in der 1713 verfassten Schrift Sylvicultura Oeconomica zur Forstwirtschaft skizziert Hans Carl von Carlowitz mit seinen Ausführungen den zentralen Kern der Nachhaltigkeit: den Grundsatz, eine Ressource nicht nur zu nutzen, sondern sie gleichzeitig durch geeignete Maßnahmen zu erhalten, um sie auch zukünftig nutzen zu können. Während Überlegungen zur Nachhaltigkeit in den darauffolgenden Jahrhunderten jedoch insbesondere außerhalb der Forstwirtschaft und im breiteren Bewusstsein der Öffentlichkeit kaum eine Rolle gespielt haben, änderte sich dies etwa ab den 1960er Jahren. Spätestens mit der vom Club of Rome beauftragten und 1972 vorgestellten Studie „Die Grenzen des Wachstums", in der die Autoren zu der zentralen Schlussfolgerung kommen, dass bei unveränderter Zunahme der Weltbevölkerung, der Industrialisierung und der Ausbeutung von Rohstoffreserven die absoluten Wachstumsgrenzen auf der Erde im Laufe der nächsten hundert Jahre erreicht werden, wurde die Notwendigkeit von Nachhaltigkeit Teil öffentlicher Überlegungen.[1] Sicherlich auch als Folge der Studie, die zurückblickend als globaler Weckruf und Ausgangspunkt der ernsthaften Auseinandersetzung mit nachhaltiger Entwicklung gelten kann,[2] veröffentlichte die von den Vereinten Nationen 1983 ins Leben gerufene Weltkommission für Umwelt und Entwicklung („Brundtland-Kommission") im Jahre 1987 den Bericht „Our Common Future"[3], dem die Grundlage des Verständnisses von Nachhaltigkeit entstammt, das heute in Wissenschaft und Praxis die wohl weiteste Verbreitung besitzt: Nachhaltig ist eine Entwicklung, „die die Bedürfnisse der Gegenwart befriedigt, ohne zu riskieren, dass zukünftige Generationen ihre eigenen Bedürfnisse nicht befriedigen können."[4]

In dem Maße, in dem die Notwendigkeit nachhaltiger Entwicklung zunehmend ins weltweite gesellschaftliche Bewusstsein drang, stieg auch die Relevanz von Nachhaltigkeit für Unternehmen. Die wachsende Ausrichtung unternehmerischen Handelns auf eine nachhaltige Entwicklung muss dabei in einem Zusammenhang mit der zunehmenden Abkehr der Unternehmen vom Shareholder-Value-Konzept seit den 1990er Jahren und der Hinwendung zum Stakeholder-Value-Konzept gesehen werden. Der hierfür ursächliche Grundgedanke, nach dem Unternehmen eine gesellschaftliche Verantwortung zu tragen haben und entsprechend die ausschließliche Berücksichtigung der Interessen der Shareholder nicht vertretbar sei, ist mit dem Nachhaltigkeitsgedanken inhaltlich eng verbunden. Indem Unternehmen nachhaltig agieren, können sie ihrer sozialen Verantwortung gerecht werden und Wert nicht nur für eine Anspruchsgruppe – also die Shareholder –, sondern für alle Anspruchsgruppen – die Stakeholder – schaffen. Um einordnen zu können, inwieweit ein Unternehmen nachhaltig agiert, kann der Triple-Bottom-Line-Ansatz (auch: Drei-Säulen-Modell) Verwendung finden, nach dem Nachhaltigkeit im unternehmerischen Handeln

---

[1] Vgl. Meadows (1972). Die Studie wurde zum Zeitpunkt ihrer Veröffentlichung durchaus kritisch diskutiert, siehe für weitere Details auch Kapitel 3.1.1.
[2] Vgl. Czada (1984): 156.
[3] Vgl. Weltkommission für Umwelt und Entwicklung (1987).
[4] Weltkommission für Umwelt und Entwicklung (1987): 46.

aus den drei Dimensionen Ökonomie, Ökologie und Soziales besteht.[5] Unternehmerisches Handeln ist demnach also insbesondere dann nachhaltig, wenn alle drei Dimensionen Ökonomie, Ökologie und Soziales Berücksichtigung finden.

Während sich ökonomische Erfolge vergleichsweise einfach z. B. mittels klassischer Rechnungslegung aus der Gewinn- und Verlustrechnung ermitteln lassen, ist die Bestimmung der Leistung eines Unternehmens in den beiden anderen Dimensionen ungleich schwerer. Hier setzt nun die Nachhaltigkeitsberichterstattung an, deren Ziel die Identifikation, Messung und Offenlegung der Aktivitäten eines Unternehmens insbesondere in den Bereichen Ökologie und Soziales, unter Einbeziehung des Bereichs Ökonomie, ist.[6] Ein Nachhaltigkeitsbericht stellt die entsprechenden Aktivitäten des Unternehmens dabei ausgewogen dar und enthält sowohl positive als auch negative Elemente. Ein Nachhaltigkeitsbericht richtet sich grundsätzlich an einen breiten Adressatenkreis im Sinne des Stakeholder-Ansatzes, also z. B. an Mitarbeiter, Kunden, Lieferanten, Staat und Gesellschaft und Kapitalgeber. Bei der Nachhaltigkeitsberichterstattung handelt es sich um ein überwiegend freiwilliges Berichtsinstrument,[7] das als solches wesentlich weniger stark reguliert ist, als z. B. die (finanzielle) Regelpublizität, was dem berichterstattenden Unternehmen recht umfassende Handlungs- und Entscheidungsspielräume bei der Ausgestaltung der Nachhaltigkeitsberichterstattung eröffnet.

Ziel der nachfolgenden Ausführung ist vor diesem Hintergrund zunächst, auf Basis ausführlicher theoretischer Betrachtungen die Notwendigkeit von Nachhaltigkeitsberichterstattung abzuleiten und ein Verständnis darüber zu generieren, wie Nachhaltigkeitsberichterstattung ausgestaltet sein muss, um einen Nutzen für das berichterstattende Unternehmen und die Berichtsadressaten zu generieren. Anschließend sollen auf Basis der Betrachtung des aktuellen normativen Rahmens der Nachhaltigkeitsberichterstattung Handlungs- und Entscheidungsspielräume für Unternehmen bei der Ausgestaltung der Nachhaltigkeitsberichterstattung näher abgegrenzt und die Vor- und Nachteile unterschiedlicher Rahmenwerke zur Nachhaltigkeitsberichterstattung (z. B. GRI Standards, IR Framework) betrachtet werden. Schließlich erfolgt eine Bestandsaufnahme zur Praxis der Nachhaltigkeitsberichterstattung von DAX-30-Unternehmen, auf deren Basis schließlich Best-Practice-Beispiele für Nachhaltigkeitsberichterstattung abgeleitet werden.

In einem ersten Schritt werden daher in Kapitel 2 Grundlagen der Unternehmenspublizität vermittelt, Informationsbedürfnisse von Share- und weiteren Stakeholdern dargelegt und Nachhaltigkeitsberichterstattung innerhalb des Instrumentariums der Kapitalmarktkommunikation verortet. Kapitel 3 widmet sich dann spezifisch den

---

[5] Vgl. Elkington (1997).
[6] Siehe auch Kapitel 3.1.2 für weiterführende Ausführungen.
[7] Auch nach der Einführung von Berichtspflichten mit Bezug zur Nachhaltigkeit für bestimmte Unternehmen durch die CSR-Richtlinie (siehe auch Kapitel 4.2.1) bleibt Nachhaltigkeitsberichterstattung in Deutschland in weiten Teilen freiwillig. Zumindest bei der spezifischen Ausgestaltung der Berichterstattung verbleiben den Unternehmen vielfältige Handlungs- und Entscheidungsspielräume, weswegen eine Auseinandersetzung mit den nachfolgenden Ausführungen besonders auch für berichtspflichtige Unternehmen relevant sein könnte.

theoretischen Grundlagen von Nachhaltigkeit und Nachhaltigkeitsberichterstattung. Hier werden insbesondere die Notwendigkeit und der Nutzen von Nachhaltigkeitsberichterstattung theoretisch abgeleitet. In Kapitel 4 wird der normative Rahmen der Nachhaltigkeitsberichterstattung, unter Darlegung der Vorgaben in Deutschland sowie internationaler Rahmenwerke, erarbeitet. Daran schließt sich in Kapitel 5 die Betrachtung der aktuellen Praxis der Nachhaltigkeitsberichterstattung von DAX-30-Unternehmen an, woraus unter anderem dann in Kapitel 6 Best-Practice-Beispiele abgeleitet werden. Die Ausführungen schließen mit einer thesenförmigen Zusammenfassung in Kapitel 7.

2 Grundlagen der Unternehmenspublizität

2.1 Begriffsbestimmung

Eine allgemeingültige Definition des Begriffs **Unternehmenspublizität** lässt sich zunächst nicht identifizieren. Vielmehr existieren vielfältige Begriffsbestimmungen, die im Detail voneinander abweichen können. Dies erklärt sich auch dadurch, dass der Begriff Unternehmenspublizität nicht nur in der betriebswirtschaftlichen, sondern auch der juristischen und interdisziplinären Literatur Verwendung findet.[8] Sehr allgemein und breit lässt sich Unternehmenspublizität zunächst definieren als Offenlegung von Informationen durch bzw. veranlasst durch Unternehmen.[9] Unter Zugrundelegung eines solchen, weiten Verständnisses des Publizitätsbegriffs ließe sich Unternehmenspublizität neben Unternehmensverhalten und -erscheinungsbild als drittes Element der Corporate Identity einordnen.[10] Da Unternehmenspublizität im hier beschriebenen Sinne jedoch die gesamte Unternehmenskommunikation (Public Relations), also beispielsweise auch Marketingmaßnahmen, umfassen würde, ist das weite Begriffsverständnis für die Zwecke der nachfolgenden Auseinandersetzung ungeeignet. Vielmehr wird hier Unternehmenspublizität als „die zielgerichtete Kommunikation eines berichtenden Unternehmens von Informationen über seine Tätigkeit und wirtschaftliche Lage an bestimmte unternehmensexterne Adressatenkreise mithilfe von Publizitätsinstrumenten verstanden."[11] Damit umfasst Unternehmenspublizität sowohl periodisch wiederkehrende als auch einzelfallweise genutzte Instrumente.[12] Entsprechend lässt sich die Unternehmenspublizität im Sinne von **Abb. 2.1** zunächst als Teilbereich der **Public Relations** einordnen. Unternehmenspublizität nach hier zugrunde gelegtem Verständnis umfasst im Gegensatz zur Public Relations nur diejenigen Berichtsinhalte, die einen unmittelbaren Bezug zur Unternehmenstätigkeit und wirtschaftlichen Lage des Unternehmens aufweisen. Aktivitäten sowohl der Public Relations als auch der Unternehmenspublizität richten sich ganz allgemein an vielfältige Adressatenkreise.

Der Begriff der **Investor Relations** als Teilbereich der Unternehmenspublizität wiederum bezieht sich grundsätzlich auf die Gesamtheit der nach innen und außen gerichteten Maßnahmen von Unternehmen, mit denen die Bereitstellung finanzieller Mittel durch externe Kapitalgeber langfristig sichergestellt und die bei finanziellen Transaktionen auftretenden Probleme überwunden werden sollen.[13] Aktivitäten der Investor Relations adressieren also – anders als die Aktivitäten der Unternehmenspublizität – dezidiert die Kapitalgeber. Die **Kapitalmarktkommunikation** wiederum deckt dabei nur einen Teilbereich der Investor Relations ab und umfasst die nach außen gerichteten Kommunikationsinstrumente, mit denen die Investor Relations mit

---

[8] Vgl. Merkt (2001): 22.
[9] In Anlehnung an Merkt (2001): 22.
[10] Vgl. Birkigt/Stadler (2002): 18 f; Grüning (2011): 5.
[11] Grüning (2011): 5.
[12] Vgl. Heuser (1998): 587.
[13] Vgl. Mast (2008): 324; Kirchhoff (2005): 34 ff.

den Kapitalgebern des Unternehmens kommuniziert. In **Abb. 2.1** sind noch einmal die Begriffsabgrenzungen grafisch zusammengefasst.

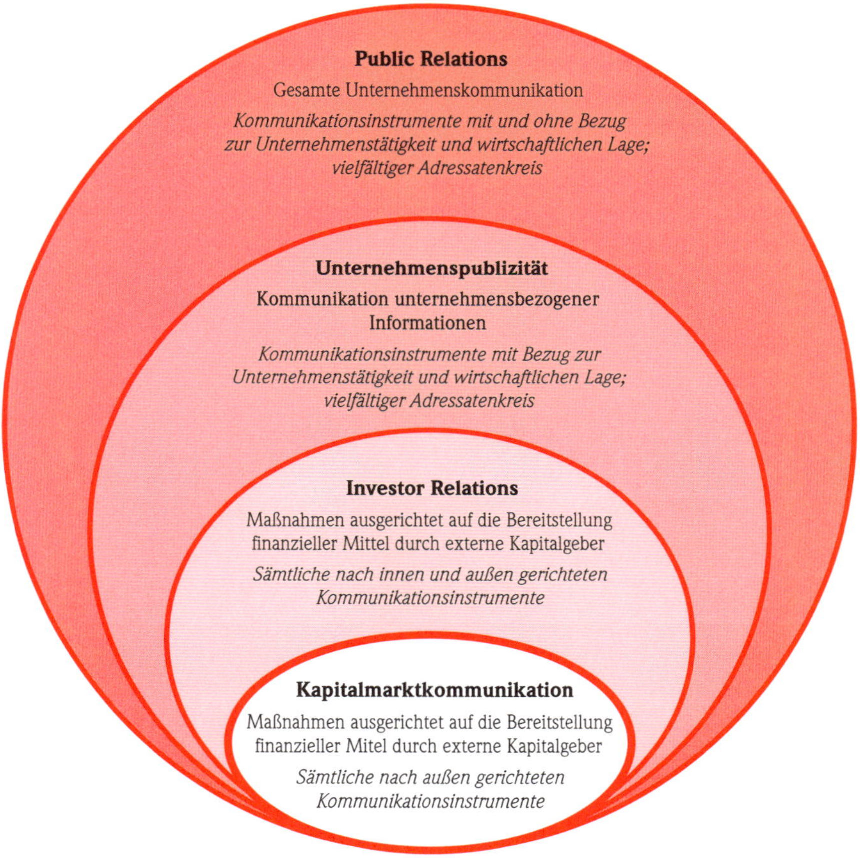

Public Relations
Gesamte Unternehmenskommunikation
Kommunikationsinstrumente mit und ohne Bezug zur Unternehmenstätigkeit und wirtschaftlichen Lage; vielfältiger Adressatenkreis

Unternehmenspublizität
Kommunikation unternehmensbezogener Informationen
Kommunikationsinstrumente mit Bezug zur Unternehmenstätigkeit und wirtschaftlichen Lage; vielfältiger Adressatenkreis

Investor Relations
Maßnahmen ausgerichtet auf die Bereitstellung finanzieller Mittel durch externe Kapitalgeber
Sämtliche nach innen und außen gerichteten Kommunikationsinstrumente

Kapitalmarktkommunikation
Maßnahmen ausgerichtet auf die Bereitstellung finanzieller Mitel durch externe Kapitalgeber
Sämtliche nach außen gerichteten Kommunikationsinstrumente

Abb. 2.1 Begriffsabgrenzung [in Anlehnung an Grüning (2011): 7].

> **Hinweis:**
> Wie im Folgenden noch deutlich werden wird, lassen sich beispielsweise klassische Berichtsformate der finanziellen Regelpublizität, wie z. B. Geschäftsbericht mit Bilanz, Gewinn- und Verlustrechnung, etc., eindeutig dem Instrumentarium der Kapitalmarktkommunikation zuordnen. Aufgrund des in der Regel breiter gefassten Adressatenkreises der **Nachhaltigkeitsberichterstattung** weist diese definitorisch hingegen Schnittmengen mit der Kapitalmarktkommunikation und der übergeordneten Unternehmenspublizität auf.

Hinführend zu einer Einordnung der Nachhaltigkeitsberichterstattung sollen nun in einem ersten Schritt Informationsbedürfnisse unterschiedlicher Adressaten von Unternehmenspublizität abgeleitet werden.

2.2 Informationsbedürfnisse von Shareholdern

Beim **Shareholder-Value-Konzept** handelt es sich um einen betriebswirtschaftlichen Ansatz zur Unternehmensführung, nach dem die Interessen von Eigenkapitalgebern bzw. Aktionären (Shareholder) im Mittelpunkt des unternehmerischen Denkens und Handelns stehen.[14] Nach den grundlegenden Arbeiten von Rappaport (1986)[15], Stewart/Stern (1991)[16] und Copeland/Koller/Murrin (2000)[17] hatte das Shareholder-Value-Konzept seit den 1990er Jahren weitgehende Akzeptanz und einen entsprechenden Eingang in die Unternehmensführungspraxis weltweit erfahren.[18] Ziel einer Ausrichtung des Unternehmens an den Interessen der Aktionäre (**Shareholder**) ist dabei die Maximierung des **Shareholder Value**, also der Rendite der Aktionäre in Form von Dividenden und Kurswertsteigerungen und damit des Werts des von den Eigentümern investierten Kapitals.[19] Somit werden dem Aktionär ausschließlich finanzielle Interessen am Unternehmen unterstellt. Das Shareholder-Value-Konzept unterscheidet sich von anderen Ansätzen, die auch auf eine Maximierung des von den Eigentümern investierten Kapitals abstellen, dadurch, dass der Marktwert des Unternehmens als die vom Manager zu maximierende Zielgröße und damit als das entscheidende Performancemaß definiert wird.[20]

Damit sich mögliche Vorzüge der Ausrichtung eines Unternehmens auf den Shareholder Value entfalten können, ist die Entwicklung eines ganzheitlichen Konzepts der wertorientierten Strategieentwicklung und -umsetzung notwendig.[21] Nach der Festlegung einer wertorientierten Zielsetzung für das Unternehmen muss daher die Ent-

---

[14] Vgl. Gorr (2008): 4; Wöhe (2000): 94.
[15] Vgl. Rappaport (1986).
[16] Vgl. Stewart/Stern (1991) zum Economic-Value-Added-Konzept (EVA).
[17] Vgl. Copeland/Koller/Murrin (2000).
[18] Vgl. Weiss/Hungenberg/Lingel (2010): 5. Weiterführend sei auch verwiesen auf Breuer (2000); Coenenberg/Salfeld (2003); Baum/Coenenberg/Günther (2007).
[19] Vgl. Rappaport (1995): 1.
[20] Vgl. Bischoff (1994): 83.
[21] Vgl. Weiss/Hungenberg/Lingel (2010): 5.

wicklung, Operationalisierung und Umsetzung einer unternehmenswertorientierten Strategie als Maßnahmen des internen Wertsteigerungsmanagements erfolgen.[22] Die Maßnahmen des internen Wertsteigerungsmanagements zielen hierbei auf die Maximierung des fundamentalen Unternehmenswerts ab: desjenigen Werts, der unter objektiven Gesichtspunkten die gegenwärtige tatsächliche wirtschaftliche Situation des Unternehmens reflektiert.[23] Zielgröße des Shareholder-Value-Konzepts ist allerdings der Marktwert des Unternehmens und damit die sich aus Sicht des Kapitalmarkts aus dem Zusammenspiel von Angebot und Nachfrage ergebende Marktkapitalisierung. Eine Steigerung des Marktwerts wiederum ist zumindest auf lange Sicht jedoch nur über einen zugrundeliegenden Zuwachs des fundamentalen Unternehmenswerts möglich.[24]

Zur Erreichung des eigentlichen Ziels des Shareholder-Value-Konzepts, der Maximierung des Marktwerts des Unternehmens, ist es daher von entscheidender Bedeutung, dass der durch internes Wertsteigerungsmanagement geschaffene fundamentale Unternehmenswert seinen Niederschlag in der externen Bewertung des Unternehmens durch den Kapitalmarkt – im Aktienkurs – findet.[25] Zwischen dem fundamentalen Wert eines Unternehmens, den das Management durch internes Wertsteigerungsmanagement zu erhöhen versucht, und seiner Marktkapitalisierung an der Börse (also dem Marktwert) besteht meistens jedoch eine **Wertlücke** (siehe **Abb. 2.2**).

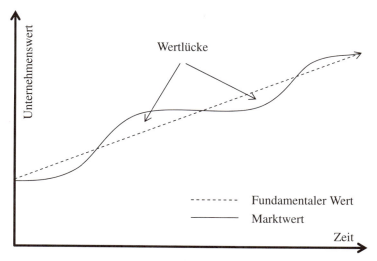

Abb. 2.2 Darstellung der Wertlücke [in Anlehnung an Wiedenhofer (2008); Theis (2014): 19].

---

[22] Vgl. Coenenberg/Salfeld (2003): 12 f.; Gorr (2008): 30.
[23] Vgl. Riedl (2000): 146.
[24] Vgl. Gorr (2008): 30 m. w. N.
[25] Vgl. Wiedenhofer (2008): 16; Volkart/Labhart (2001): 136; Gorr (2008): 30.

Die Übertragung der vom Management erzielten Wertsteigerungen auf den Aktienkurs erfolgt also keineswegs automatisch. Der Kapitalmarkt muss vielmehr zu der Überzeugung gelangen, dass sich die Ertragsaussichten und die Risikosituation des Unternehmens verändert haben.[26] Dabei stellt nun die **Kapitalmarktkommunikation** das Instrument des Unternehmens dar, mit dem die interne Wertsteigerung gegenüber dem Kapitalmarkt vermittelt wird.[27] Aufgabe der Kapitalmarktkommunikation ist es daher aus Sicht des **Shareholder-Value-Konzepts**, den Kapitalmarktteilnehmern Informationen zur Verfügung zu stellen, die diesen eine Einschätzung des derzeitigen Unternehmenswerts sowie der zukünftigen Wertentwicklung ermöglicht.[28]

2.3 Informationsbedürfnisse weiterer Stakeholder

Nachdem die Orientierung von Unternehmen am Shareholder-Value-Konzept in den 1990er Jahren zunächst wie dargelegt weitgehende Akzeptanz weltweit erfahren hatte, stand die alleinige Ausrichtung aller Entscheidungen und Handlungen des Managements an einer Maximierung des Marktwerts eines Unternehmens in der Folgezeit in der Öffentlichkeit, Wissenschaft und Praxis zunehmend in der Kritik.[29] Dabei wird in der Regel argumentiert, dass Unternehmen eine gesellschaftliche Verantwortung zu tragen haben und vor diesem Hintergrund die ausschließliche Berücksichtigung der Interessen einer Anspruchsgruppe, der Eigenkapitalgeber, nicht vertretbar sei.[30] Entsprechend rückte das bereits spätestens seit Mitte der 1980er Jahre durchaus kritisch diskutierte **Stakeholder-Value-Konzept** stärker in den Fokus der Debatte. Nach diesem soll im Gegensatz zum Shareholder-Value-Konzept Wert nicht nur für eine Anspruchsgruppe – also die Shareholder – geschaffen werden, sondern für alle Anspruchsgruppen – die Stakeholder – denen ein Unternehmen verpflichtet ist.[31] Einen **Stakeholder** definiert Freeman (1984) als „any group or individual who can affect or is affected by the achievements of the organization's objectives."[32] Der Gedanke hierbei ist auch, dass ein Unternehmen auf Dauer nur dann erfolgreich sein kann, wenn es die Interessen aller am Unternehmen beteiligter Personen und Gruppen in seinen strategischen und operativen Entscheidungen berücksichtigt.[33] Mögliche interne (z. B. Management und Mitarbeiter) und externe (z. B. Kunden) Stakeholder sind in **Abb. 2.3** dargestellt.

---

[26] Vgl. Guatri (1994): 43.
[27] Vgl. Achleitner/Bassen (2001): 4.
[28] Vgl. Wenzel (2005): 13. Im Zusammenhang mit der Ausrichtung des Shareholder-Value-Konzepts auf eine Maximierung des Marktwerts des Unternehmens darf die Aufgabe der Kapitalmarktkommunikation nicht falsch verstanden werden. Die Kapitalmarktkommunikation zielt auf die Schließung der Wertlücke ab, die in zweierlei Richtung auftreten kann. Entscheidend ist eine sachlich richtige, glaubwürdige und vertrauensschaffende Unternehmensberichterstattung, weswegen auch negative Informationen vermittelt werden, die dazu dienen können, den Marktwert eines Unternehmens an einen niedrigeren fundamentalen Wert anzugleichen.
[29] Vgl. Bischoff (1994): 4.
[30] Vgl. Bischoff (1994): 168. Für kritische Stimmen zum Shareholder-Value-Konzept sei exemplarisch verwiesen auf: Spremann (1991); Knyphausen (1992); Janisch (1993).
[31] Vgl. Kuhnle/Banzhaf (2006): 23.
[32] Vgl. Freeman (1984): 46.
[33] Vgl. Kuhnle/Banzhaf (2006): 23f.

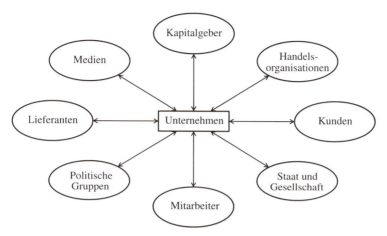

Abb. 2.3 Mögliche Stakeholder eines Unternehmens [in Anlehnung an Würz (2012); Theis (2014): 22].

Hinweis:
Das Stakeholder-Value-Konzept ist inhaltlich eng verbunden mit dem **License-to-Operate-Gedanke**. Demnach ist eine grundsätzliche gesellschaftliche Zustimmung zu den Aktivitäten eines Unternehmens – die Licence to Operate – Voraussetzung für langfristiges und erfolgreiches unternehmerisches Handeln.[34] Ein Verlust der License to Operate, z. B. aufgrund von Handlungsweisen, die gesellschaftlichen Anforderungen widersprechen, könnte sich dann in einem Verlust der unternehmerischen Kooperationsfähigkeit und einem Wegfall der Geschäftsgrundlage manifestieren.[35] Die Berücksichtigung der Interessen der am Unternehmen beteiligten Stakeholder in strategischen und operativen Entscheidungen kann dann zur Bewahrung der Licence to Operate für das Unternehmen beitragen.

Zunächst gehören **Shareholder** als Kapitalgeber auch zu der Gruppe der **Stakeholder** und finden insofern im Stakeholder-Value-Konzept ebenso Berücksichtigung. Fremdkapitalgeber, die wie Eigenkapitalgeber durch die Finanzierung geschäftlicher Aktivitäten unternehmerischen Erfolg ermöglichen, sind ebenfalls wichtige Stakeholder. Es ist davon auszugehen, dass Eigen- sowie Fremdkapitalgeber (wie auch beim Shareholder-Value-Ansatz unterstellt) einem Unternehmen in erster Linie finanzielle Interessen entgegenbringen. Sowohl Eigen- als auch Fremdkapitalgebern wird im Wesentlichen daran gelegen sein, die zukünftigen Ertragsaussichten des Unternehmens einschätzen zu können. Kapitalgeber insgesamt sind daher wichtige Adressaten der **Kapitalmarktkommunikation**.

---

[34] Vgl. Perrin (2010): 1; Morrison (2014); Beschorner/Vorbohle (2008): 105.
[35] Vgl. Lin-Hi (2014b).

Weitere Stakeholder können einem Unternehmen eine Vielzahl von finanziellen, aber eben auch nichtfinanziellen, Ansprüchen entgegenbringen. So könnten Arbeitnehmer ein Interesse an einer langfristigen Sicherung ihrer Arbeitsplätze haben, während der Staat und die Gesellschaft Maßnahmen zum Schutz der Umwelt verlangen könnten. Schon hier wird unmittelbar deutlich, dass Interessenkonflikte zwischen unterschiedlichen Stakeholdergruppen entstehen können. So ist denkbar, dass eine langfristige Sicherstellung von Arbeitsplätzen und der Schutz der Umwelt finanzielle Ressourcen verzehren, die den Kapitalgebern zugeflossen wären, hätte auf die Befriedigung der Interessen anderer Stakeholder verzichtet werden können. Wichtig ist zu erkennen, dass die Erfüllung einer Vielzahl denkbarer **Stakeholder-Ansprüche** vom finanziellen Erfolg des Unternehmens abhängt. So werden Investitionen in den Umweltschutz oder die langfristige Sicherung von Arbeitsplätzen nur einem profitablen Unternehmen gelingen können. Versteht man ein Unternehmen als eine Koalition verschiedener Stakeholder,[36] so lässt sich aus einer Stakeholder-Value-Perspektive die Schaffung eines Shareholder Value als eine wichtige Nebenbedingung charakterisieren, die eingehalten werden muss, damit die Koalition nicht zerbricht.[37] Im Kern der Kritik am Stakeholder-Value-Konzept steht die Frage, mit welchem Recht Stakeholder ihre Ansprüche auf eine Berücksichtigung bei der unternehmerischen Zielbildung überhaupt geltend machen und wie Zielkonflikte zwischen den Stakeholdern aufzulösen sind.[38]

> **Hinweis:**
> Es lässt sich festhalten, dass nicht nur Shareholder interessiert sein dürften, vom Unternehmen Informationen zur Verfügung gestellt zu bekommen, die ihnen eine Einschätzung des derzeitigen Unternehmenswerts sowie der zukünftigen Wertentwicklung ermöglichen. Auch weitere Stakeholder müssten ein Interesse an solchen Informationen haben, um einschätzen zu können, inwieweit das Unternehmen in der Lage ist, finanzielle aber auch nichtfinanzielle Interessen der Stakeholder zu befriedigen. Darüber hinaus haben Share- und andere Stakeholder ein Interesse daran, umfassende Informationen darüber zu erhalten, auf welche Weise Unternehmen mögliche nichtfinanzielle Ansprüche von Stakeholdern befriedigen. So können Stakeholder besser einschätzen, inwieweit das Unternehmen ihre nichtfinanziellen Interessen auch in Zukunft befriedigt.

Shareholder hingegen können einordnen, inwieweit entsprechende Maßnahmen von Unternehmen ihren eigenen (finanziellen) Interessen entgegenstehen, oder für diese vielmehr förderlich sind.[39] Wie sich nachfolgend noch näher zeigen wird, kommt hier

---

[36] Vgl. Cyert/March (1963).
[37] Vgl. Düsterlho (2003): 23; Skrzipek (2005): 46 ff.
[38] Vgl. Schneider (1989): 19; Bischoff (1994): 170. Für einen ersten Ansatz zum Umgang mit Zielkonflikten vgl. Freeman et al. (2010).
[39] Gerade in Bezug auf letztgenannten Aspekt wird sich im Verlauf der weiteren Ausführungen noch zeigen, dass die Befriedigung von (nichtfinanziellen) Stakeholder-Interessen dem finanziellen Erfolg eines Unternehmens mitnichten entgegensteht.

insbesondere der **Nachhaltigkeitsberichterstattung** mit ihrem Fokus auf der Vermittlung nichtfinanzieller Informationen besondere Bedeutung zu. Anhand des Share- und des Stakeholder-Value-Konzepts wurde in diesem Kapitel also darlegt, dass der Kapitalmarktkommunikation im Allgemeinen und der Nachhaltigkeitsberichterstattung im Speziellen eine entscheidende Bedeutung für das Unternehmen zukommt.[40]

2.4 Instrumentarium der Kapitalmarktkommunikation

Das Instrumentarium der **Kapitalmarktkommunikation** kommt im Unternehmen als Teil der **Investor Relations** zum Einsatz. Unter Investor Relations versteht man im Allgemeinen die Gesamtheit der nach innen und außen gerichteten Maßnahmen von Unternehmen, mit denen die Bereitstellung finanzieller Mittel durch externe Kapitalgeber langfristig sichergestellt und die bei finanziellen Transaktionen auftretenden Probleme überwinden werden sollen.[41] Gemäß dieser weiten Definition adressieren die Aktivitäten der Investor Relations nicht nur Eigenkapitalgeber, sondern sollen auch die informationellen Bedürfnisse von Fremdkapitalgebern befriedigen.[42] Des Weiteren kann die Investor Relations als Teilbereich der **Public Relations** eines Unternehmens verstanden werden,[43] die wiederum übergeordnet eine strategisch geplante und organisierte kommunikative Tätigkeit, also das „Kommunikationsmanagement zwischen Organisationen und ihren internen und externen Teilöffentlichkeiten bzw. publics"[44] darstellt.

Die Kapitalmarktkommunikation deckt dabei nur einen Teilbereich der Investor Relations ab und umfasst die nach außen gerichteten Kommunikationsinstrumente, mit denen die Investor Relations mit den Kapitalgebern des Unternehmens kommuniziert. Zu den Aufgaben der Investor Relations gehört jedoch zunächst nicht nur die Vermittlung von Informationen an Kapitalgeber, sondern auch die Erfassung der Reaktionen von Kapitalgeber auf vom Unternehmen getroffene Entscheidungen. Auf diese Weise leistet die Investor Relations im Sinne des **Shareholder-Value-Ansatzes** einen aktiven Beitrag zur zielgerichteten Entwicklung des Unternehmens im Interesse der Kapitalgeber und agiert als Kommunikationsdrehscheibe zwischen Unternehmen und Kapitalmarkt.[45] Der **Adressatenkreis** der Investor Relations umfasst dabei im Wesentlichen drei Gruppen von Akteuren: professionelle Kapitalmarktteilnehmer im weitesten Sinne (institutionelle Anleger, Finanzanalysten und die Finanzpresse), nicht-professionelle Kapitalmarktteilnehmer (Privataktionäre) und Fremdkapitalgeber.[46] **Abb. 2.4** vermittelt einen Überblick über die wesentlichen, nach innen und außen gerichteten Kommunikationsinstrumente der Investor Relations.

---

[40] Siehe für die vorstehenden Ausführungen zum Stakeholder- sowie Shareholder-Value-Ansatz auch Theis (2014): 16-23.
[41] Vgl. Mast (2008): 324; Kirchhoff (2005): 34 ff.
[42] Vgl. Kuhnle/Banzhaf (2006): 52.
[43] Vgl. Hartmann (1968): 70.
[44] Bentele/Will (2006): 152. Die dargestellte Definition von Public Relations fasst dabei verschiedene Aspekte alternativer Definitionen zusammen.
[45] Vgl. für die Ausführungen im vorstehenden Abschnitt Ahlers (2000): 31 f.
[46] Vgl. Kirchhoff (2005): 42.

Wie zu erkennen, lässt sich das **Instrumentarium der Kapitalmarktkommunikation** anhand der Dimensionen persönliche/unpersönliche sowie verpflichtende/freiwillige Instrumente kategorisieren. Bei **unpersönlichen Instrumenten** ist eine direkte Interaktion zwischen Unternehmen und Informationsempfänger nicht möglich, auch weil ein nicht näher spezifizierter Adressatenkreis über das Instrument angesprochen wird. Hierzu zählen die meisten Elemente der regelmäßigen Publizität (auch: Regelpublizität) des Unternehmens, wie der Geschäftsbericht (wozu z. B. der Lagebericht gehört). **Persönliche Instrumente** der Kapitalmarktkommunikation richten sich hingegen an näher spezifizierte Adressaten oder ermöglichen eine Interaktion zwischen Unternehmen und Kommunikationspartner (z. B. bei Roadshows, in Gruppen-/oder Einzelgesprächen, Analystenkonferenzen aber auch im Rahmen von Hauptversammlungen). **Verpflichtende Instrumente** der Kapitalmarktkommunikation sind dadurch charakterisiert, dass ihre Anwendung gesetzlich oder durch einen Standardsetter vorgeschrieben ist. Eine Anwendung **freiwilliger Instrumente** ist entsprechend weder gesetzlich noch durch einen Standardsetter vorgeschrieben.[47]

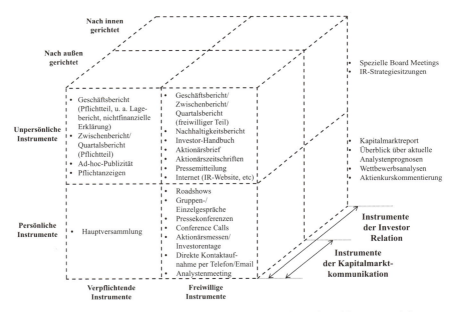

Abb. 2.4 Instrumente der Kapitalmarktkommunikation und Investor Relations [in Anlehnung an Wichels (2002): 22; Weiss/Hungenberg/Lingel (2010): 16; Theis (2014): 71].

---

[47] Siehe Theis (2014): 68-72 für eine detailliertere und umfassendere Darstellung der hier beschriebenen Sachverhalte.

Häufig wird die **Nachhaltigkeitsberichterstattung** definitorisch in das Instrumentarium der Kapitalmarktkommunikation eingeordnet,[48] was vor dem Hintergrund der besonderen Bedeutung von Kapitalgebern für Unternehmen einerseits und wiederum der hohen Relevanz von Nachhaltigkeitsberichterstattung für Kapitalgeber andererseits adäquat erscheint. Für eine entsprechende Einordnung spricht auch, dass sich mehrere der wichtigsten, in Kapitel 4 noch näher erläuterten, Rahmenwerke zur Nachhaltigkeitsberichterstattung explizit primär an Kapitalgeber richten (z. B. IR Framework, SASB Standards).

> **Hinweis:**
> Die im Folgenden noch näher dargestellte **nichtfinanzielle Erklärung**, die von bestimmten Unternehmen in Deutschland zu veröffentlichen ist,[49] lässt sich insofern zunächst als **verpflichtendes, unpersönliches Instrument** der Kapitalmarktkommunikation kategorisieren. Ein (darüber hinaus) **freiwillig veröffentlichter Nachhaltigkeitsbericht** wiederum wäre zunächst den **freiwilligen, unpersönlichen Instrumenten** der Kapitalmarktkommunikation zuzuordnen (siehe **Abb. 2.4**). Wie im Rahmen der Auseinandersetzung mit einer Definition von Nachhaltigkeitsberichterstattung im nächsten Kapitel noch deutlich werden wird, richtet sich der Nachhaltigkeitsbericht jedoch nicht ausschließlich, je nach zugrunde gelegtem Begriffsverständnis noch nicht einmal primär, an Kapitalgeber. Aufgrund des in der Regel **breiter gefassten Adressatenkreises der Nachhaltigkeitsberichterstattung** könnte eine Einordnung in den Bereich der Kapitalmarktkommunikation daher zu kurz greifen. Wichtig an dieser Stelle ist also, zu betonen, dass Nachhaltigkeitsberichterstattung eindeutig auch definitorische Schnittmengen mit dem übergeordneten Begriff der **Unternehmenspublizität** aufweist.

---

[48] Vgl. Kirchhoff (2005): 48.
[49] Siehe hierzu Kapitel 4.2.1.

3 Theoretische Grundlagen der Nachhaltigkeitsberichterstattung

3.1 Begriffsbestimmung

3.1.1 Nachhaltigkeit

Eine erste inhaltliche Beschreibung des Begriffs **Nachhaltigkeit** lässt sich auf Hans Carl von Carlowitz zurückführen. Mit seinen Ausführungen zur Forstwirtschaft in der 1713 verfassten Schrift **Sylvicultura Oeconomica** skizziert er in barockem Sprachstil letztlich bereits recht präzise den Kern des modernen Nachhaltigkeitsgedankens:[50]

„Wird derhalben die größte Kunst/Wissenschaft/Fleiß und Einrichtung hiesiger Lande darinnen beruhen / wie eine sothane Conservation und Anbau des Holtzes anzustellen / daß es eine continuierliche beständige und nachhaltende Nutzung gebe / weiln es eine unentberliche Sache ist / ohne welche das Land in seinem Esse [im Sinne von Wesen, Dasein, d. Verf.] nicht bleiben mag"[51]

Hans Carl von Carlowitz beschreibt damit als zentralen Kern der Nachhaltigkeit den Grundsatz, eine Ressource (hier: Holz) nicht nur zu nutzen, sondern sie gleichzeitig durch geeignete Maßnahmen (hier: Aufforstung) zu erhalten, um sie auch zukünftig nutzen zu können. Während Überlegungen zur Nachhaltigkeit in den darauffolgenden Jahrhunderten insbesondere außerhalb der Forstwirtschaft und im breiteren Bewusstsein der Öffentlichkeit kaum eine Rolle gespielt haben, änderte sich dies etwa ab den 1960er Jahren. Spätestens mit der 1972 vorgestellten und vom Club of Rome[52] beauftragten Studie **„Die Grenzen des Wachstums"**[53] wurde die Notwendigkeit von Nachhaltigkeit Teil öffentlicher Überlegungen. Auf Basis der computergestützten Berechnung unterschiedlicher Szenarien zur Zukunft der Weltwirtschaft, bei der insbesondere die fünf Faktoren Industrialisierung, Bevölkerungswachstum, Unterernährung, Ausbeutung von Rohstoffreserven und Zerstörung von Lebensraum Berücksichtigung finden,[54] kommen die Autoren der Studie um Dennis Meadows zu der zentralen Schlussfolgerung:

„Wenn die gegenwärtige Zunahme der Weltbevölkerung, der Industrialisierung, der Umweltverschmutzung, der Nahrungsmittelproduktion und der Ausbeutung von na-

---

[50] Vgl. Grober (2010): 116.
[51] Carlowitz (1713): 105-106.
[52] Der Club of Rome wurde 1968 auf Betreiben des italienischen Industriellen Aurelio Peccei und des schottischen Wissenschaftlers Alexander King als zunächst informeller Zusammenschluss gegründet. Der Club of Rome „is an organisation of individuals who share a common concern for the future of humanity and strive to make a difference. Our members are notable scientists, economists, businessmen and businesswomen, high level civil servants and former heads of state from around the world. Our mission is to promote understanding of the global challenges facing humanity and to propose solutions through scientific analysis, communication and advocacy" (www.clubofrome.org).
[53] Vgl. Meadows (1972).
[54] Vgl. Meadows (1972).

türlichen Rohstoffen unverändert anhält, werden die absoluten Wachstumsgrenzen auf der Erde im Laufe der nächsten hundert Jahre erreicht. Mit großer Wahrscheinlichkeit führt dies zu einem ziemlich raschen und nicht aufhaltbaren Absinken der Bevölkerungszahl und der industriellen Kapazität."[55]

Die Studie „Die Grenzen des Wachstums", die zum Zeitpunkt der Veröffentlichung nicht nur die vom Club of Rome beabsichtigte weltweite Rezeption und Betroffenheit, sondern auch Kritik und Widerspruch erfuhr,[56] kann auch zurückblickend als globaler Weckruf und Ausgangspunkt der ernsthaften Auseinandersetzung mit nachhaltiger Entwicklung gelten.[57] Die sicherlich auch als Folge der eben beschriebenen Entwicklungen 1983 von den Vereinten Nationen unter Vorsitz der ehemaligen norwegischen Ministerpräsidentin Gro Harlem Brundtland ins Leben gerufene Weltkommission für Umwelt und Entwicklung (auch: „Brundtland-Kommission") veröffentlichte 1987 den Bericht „Our Common Future"[58]. Dem allgemein auch als **„Brundtland-Bericht"** bekannten Dokument entstammt die Grundlage des Verständnisses von **Nachhaltigkeit**, das heute in Wissenschaft und Praxis die wohl weiteste Verbreitung besitzt:[59]

Nachhaltig ist eine Entwicklung, „die die Bedürfnisse der Gegenwart befriedigt, ohne zu riskieren, dass zukünftige Generationen ihre eigenen Bedürfnisse nicht befriedigen können."[60]

Während sich hier ganz grundlegend die Idee der Ressourcenerhaltung wiederfindet, die schon Hans Carl von Carlowitz formuliert hat, ist die Definition aus dem Brundtland-Bericht zunächst allgemeiner und trotz ihrer Kürze bestechend präzise. Der Verweis auf die Bedürfnisse der heutigen Generation zielt auf die gerechte Verteilung von Ressourcen zwischen der gesamten zu einem Zeitpunkt auf der Erde lebende Bevölkerung ab (**intragenerative Gerechtigkeit**). Der Verweis auf zukünftige Generationen beschreibt zusätzlich die Verpflichtung zur Übernahme von Zukunftsverantwortung (**intergenerative Gerechtigkeit**).

> **Hinweis:**
> Nachhaltig ist eine Entwicklung also dann, wenn sie zu einer gleichzeitigen Erfüllung der beiden gleichrangigen Dimensionen **intra- und intergenerative Gerechtigkeit** beiträgt. In diesem Sinne ist eine Generation berechtigt, die von früheren Generationen übernommenen natürlichen oder künstlichen Ressour-

---

[55] Meadows (1972): 17.
[56] Eine weiterführende kritische Auseinandersetzung mit der Studie „Die Grenzen des Wachstums" ist nicht Bestandteil der vorliegenden Arbeit. Hierfür sei beispielhaft verweisen auf Czada (1984) und Haq (1972).
[57] Vgl. Czada (1984): 156.
[58] Vgl. Weltkommission für Umwelt und Entwicklung (1987).
[59] Gleichzeitig sei betont, dass verschiedene Ansätze zur Definition des Begriffs Nachhaltigkeit existieren. Vgl. z. B. Ninck (1997): 50-52 für eine Übersicht. Kritik an der Begriffsbestimmung der Brundtland-Kommission setzt beispielsweise daran an, dass die Bedürfnisse zukünftiger Generationen gar nicht vorhergesehen werden können und entsprechend auch nicht adäquat abgesichert werden können. Vgl. Smith (1997): 2.
[60] Weltkommission für Umwelt und Entwicklung (1987): 46.

cen zu nutzen, sofern diese treuhänderisch für nachfolgende Generationen verwaltet werden.⁶¹

In dem Maße, in dem die Notwendigkeit nachhaltiger Entwicklung zunehmend ins weltweite gesellschaftliche Bewusstsein drang, stieg auch die Relevanz von Nachhaltigkeit für Unternehmen.⁶² Die wachsende Ausrichtung unternehmerischen Handels auf eine nachhaltige Entwicklung muss dabei in einem Zusammenhang mit der zunehmenden Abkehr der Unternehmen vom **Shareholder-Value-Konzept** seit den 1990er Jahren und der Hinwendung zum **Stakeholder-Value-Konzept** gesehen werden. Der hierfür ursächliche, bereits oben dargelegte Grundgedanke, nach dem Unternehmen eine **gesellschaftliche Verantwortung** zu tragen haben und entsprechend die ausschließliche Berücksichtigung der Interessen der Shareholder nicht vertretbar sei, ist mit dem Nachhaltigkeitsgedanken inhaltlich eng verbunden. Indem Unternehmen nachhaltig agieren, können sie ihrer sozialen Verantwortung gerecht werden und Wert nicht nur für eine Anspruchsgruppe – also die Shareholder –, sondern für alle Anspruchsgruppen – die Stakeholder – schaffen.

Hinweis:
Um einordnen zu können, inwieweit ein Unternehmen nachhaltig agiert, kann der von John Elkington im Jahre 1994 inhaltlich und begrifflich geprägte und im Stakeholder-Value-Konzept verankerte **Triple-Bottom-Line-Ansatz**⁶³ Verwendung finden. Der Begriff „Bottom Line" steht dabei im bildlichen Sinne für die Saldozeile am Ende einer Erfolgsrechnung.⁶⁴ Der Begriff „Triple" deutet an, dass **Nachhaltigkeit** im unternehmerischen Handeln aus drei Dimensionen besteht. Dabei handelt es sich um die ökonomische, die ökologische und die soziale Dimension.⁶⁵

Im klassischen Triple-Bottom-Line-Ansatz werden die drei Dimensionen als gleichrangig bedeutsam für unternehmerisches Handeln gesehen, während beim ökonomischen Triple-Bottom-Line-Ansatz die Verfolgung ökologischer und sozialer Ziele nur dann als sinnvoll angesehen wird, sofern dies zur Erreichung ökonomischer Ziele beiträgt.⁶⁶ Für eine grafische Darstellung beider Triple-Bottom-Line-Ansätze sei auf **Abb. 3.1** verwiesen. Im deutschen Sprachraum ist das mit dem Triple-Bottom-Line-Ansatz letztlich identische **„Drei-Säulen-Modell"** weit verbreitet.⁶⁷ Der Triple-Bottom-Line-Ansatz bzw. das Drei-Säulen-Modell stellt zusammenfassend einen äußerst wichtigen konzeptionellen Ansatzpunkt einer nachhaltigen Entwicklung dar. Unter-

---

⁶¹ Vgl. Grunwald/Kopfmüller (2012): 61.
⁶² Vgl. Amran/Ooi (2014): 38.
⁶³ Vgl. Elkington (1997).
⁶⁴ Vgl. Langenscheidt (2017).
⁶⁵ Vgl. Elkington (1997).
⁶⁶ Vgl. Weber et al. (2012): 17; Steinke et al. (2014).
⁶⁷ Vgl. Quick/Knocinski (2006): 616. Das Drei-Säulen-Modell kann keinem einzelnen Autor eindeutig zugeschrieben werden, da es historisch gewachsen und mit dem Triple-Bottom-Line-Ansatz verwoben ist. Vgl. Kleine (2009): 5; Barbier (1987); Heins (1994).

nehmerisches Handeln ist demnach also insbesondere dann nachhaltig, wenn alle drei Dimensionen Ökonomie, Ökologie und Soziales Berücksichtigung finden.[68]

Kritik am Triple-Bottom-Line-Ansatz bzw. Drei-Säulen-Modell setzt zumeist daran an, dass eine mögliche Unvereinbarkeit zwischen den Dimensionen häufig ausgeklammert wird. So ist durchaus denkbar, dass eine Berücksichtigung aller drei Dimensionen im Rahmen unternehmerischen Handels zu Zielkonflikten führt, die nicht oder nur schwer aufzulösen sind.[69] So sind z. B. signifikante Investitionen in Ökologie und Soziales in der Regel kostspielig und gehen damit (zumindest kurzfristig) zu Lasten der Ökonomie. Auch wenn viele solcher Investitionen zumindest langfristig durch gestiegene Reputation oder Verbesserung der Stakeholder-Beziehungen auch zur Erreichung ökonomischer Ziele beitragen und insofern auch ökonomisch erfolgreich sein dürften, ist ein ökonomischer Erfolg häufig zum Zeitpunkt der Investition zumindest unsicher.[70] Insbesondere aufgrund der konzeptionellen Gleichrangigkeit der drei Dimensionen im Triple-Bottom-Line-Ansatz bzw. Drei-Säulen-Modell helfen beide kaum bei der Auflösung auftretender Zielkonflikte.[71]

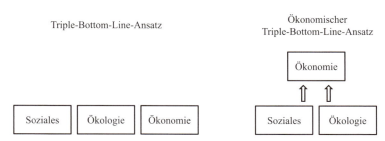

Abb. 3.1 Klassischer und ökonomischer Triple-Bottom-Line-Ansatz [in Anlehnung an Weber/Georg/Janke/Mack (2012): 17].

3.1.2 Nachhaltigkeitsberichterstattung

Während sich ökonomische Erfolge vergleichsweise einfach mittels klassischer Rechnungslegung z. B. aus der Gewinn- und Verlustrechnung ermitteln lassen, ist die Bestimmung der Leistung eines Unternehmens in den beiden anderen Dimensionen ungleich schwerer. Hier setzt nun die **Nachhaltigkeitsberichterstattung** an, deren Ziel die Identifikation, Messung und Offenlegung der Aktivitäten eines Unternehmens insbesondere in den Bereichen Ökologie und Soziales, unter Einbeziehung des Bereichs Ökonomie, ist.[72] Ein Nachhaltigkeitsbericht stellt die entsprechenden Aktivitäten des Unternehmens dabei ausgewogen dar und enthält sowohl positive als

---

[68] Vgl. Kleine (2009) : 6.
[69] Vgl. Hauff (2014): 161.
[70] Vgl. Steinke et al. (2014).
[71] Anders beim ökonomischen Triple-Bottom-Line-Ansatz: hier sind nur diejenigen Investitionen in Ökologie und Soziales zu tätigen, die einen ökonomischen Erfolg versprechen.
[72] Vgl. Benn/Bolton (2011): 51.

auch negative Elemente.⁷³ Dass im Rahmen der Nachhaltigkeitsberichterstattung ein Schwerpunkt auf den Bereichen Ökologie und Soziales liegt, bedeutet keineswegs, dass die ökonomische Dimension weniger Relevanz aufweist. Vielmehr soll mit der Schwerpunktsetzung eine Abgrenzung zum klassischen Geschäftsbericht erreicht werden, in dessen Zentrum die Berichterstattung über die ökonomische Dimension steht. Entsprechend ergibt sich ein Bild der Leistung eines Unternehmens in allen drei Dimensionen der Nachhaltigkeit meist nur bei gemeinsamer Betrachtung der häufig separat veröffentlichen Geschäfts- und Nachhaltigkeitsberichte eines Unternehmens. Entschließt sich ein Unternehmen hingegen dazu, über alle drei Dimensionen der Nachhaltigkeit gemeinsam und vollständig in einem Dokument zu berichten, liegt ein sogenannter integrierter Bericht vor.⁷⁴ Ein Nachhaltigkeitsbericht richtet sich dabei grundsätzlich an einen breiten **Adressatenkreis** im Sinne des **Stakeholder-Ansatzes**, also z. B. an Mitarbeiter, Kunden, Lieferanten, Staat und Gesellschaft und Kapitalgeber (siehe **Abb. 2.3** für eine Übersicht über mögliche Adressaten). Den Begriffen Nachhaltigkeitsberichterstattung bzw. Nachhaltigkeitsbericht liegt in den vorliegenden Ausführungen grundsätzlich ein sehr breites Verständnis zugrunde. Insbesondere sollen darunter, wie bereits angedeutet, vielfältige Formate der Berichterstattung subsumiert werden, wie z. B. der klassische separate, umfassende Nachhaltigkeitsbericht, ein integrierter Bericht bzw. Integrated Report, aber auch weniger umfassende Berichtsformate mit Nachhaltigkeitsbezug. Für eine Auseinandersetzung mit möglichen Ausgestaltungsformen der Nachhaltigkeitsberichterstattung sei auch auf die nachfolgenden Kapitel verwiesen.

Gegenstand der Nachhaltigkeitsberichterstattung in oben dargelegtem Sinne ist dabei die tatsächlich vom Unternehmen realisierte Leistung im Hinblick auf Nachhaltigkeit (**Nachhaltigkeitsleistung**). Diese Präzisierung mag im ersten Augenblick ungewöhnlich erscheinen, ist aber zentral. Wie im Rahmen der Auseinandersetzung mit den normativen Grundlagen der Nachhaltigkeitsberichterstattung noch deutlich werden wird, ist Nachhaltigkeitsberichterstattung ein überwiegend freiwilliges Berichtsinstrument und als solches wesentlich weniger stark reguliert als z. B. die (finanzielle) Regelpublizität. Dies bietet Unternehmen grundsätzlich die Möglichkeit, Nachhaltigkeitsberichterstattung in vergleichsweise hohem Ausmaß als Marketing- bzw. **Greenwashing**-Instrument zu verwenden. Greenwashing bezeichnet den Versuch von Unternehmen, „ein ‚grünes' Image zu erlangen, ohne allerdings entsprechende Maßnahmen im Rahmen der Wertschöpfung zu implementieren."⁷⁵ Greenwashing impliziert dabei nicht notwendigerweise Falschdarstellungen, sondern kann auch aus einseitig positiver Berichterstattung resultieren.⁷⁶ Wie bereits an der Begrifflichkeit zu erkennen, bezog sich diese ursprünglich auf eine suggerierte Umweltfreundlich-

---

[73] In Anlehnung an GRI Standard 101: 2, vgl. GRI (2016).
[74] Der im deutschen Sprachgebrauch und in der Berichtspraxis verwendete Begriff „integrierter Bericht" ist nicht unbedingt deckungsgleich mit dem sogenannten „Integrated Report". Für nähere Ausführungen hierzu sei verwiesen auf Kapitel 4.4.
[75] Lin-Hi (2014a).
[76] Vgl. Mahoney et al. (2013): 353.

keit, wird heute aber breiter im Sinne von Nachhaltigkeit verstanden.[77] Wird Nachhaltigkeitsberichterstattung im Sinne von Greenwashing betrieben, ergibt sich der in Kapitel 3.3 diskutierte Nutzen der Nachhaltigkeitsberichterstattung höchstens kurzfristig, solange bis die Adressaten der Nachhaltigkeitsberichterstattung, die Stakeholder, das Greenwashing erkennen. Ein damit verbundener Vertrauensverlust in die Nachhaltigkeitsberichterstattung eines Unternehmens dürfte in aller Regel auch die wahrgenommene Glaubwürdigkeit anderer (insbesondere auch finanzieller) Berichtsinstrumente negativ beeinflussen und das Image eines Unternehmens nachhaltig schädigen.[78] Insofern soll im Folgenden, sofern nicht ausdrücklich anders dargelegt, für die Ausführungen davon ausgegangen werden, dass ein Nachhaltigkeitsbericht grundsätzlich adäquat die Nachhaltigkeitsleistung eines Unternehmens wiedergibt.

3.1.3 Corporate Social Responsibility und weitere artverwandte Begriffe

Im Zusammenhang mit dem Begriff **Corporate Social Responsibility** (CSR) legen Votaw/Sethi (1973) dar: „The term is a brilliant one; it means something, but not always the same thing to everybody".[79] Damit wird zunächst deutlich, dass im Hinblick auf CSR kein einheitliches Begriffsverständnis existiert und entsprechend eine Vielzahl von Begriffsbestimmungen vorliegt. In diesem Sinne kann CSR begrifflich als Leerformel bezeichnet werden, die mit gesellschaftlich-normativen Rollenerwartungen an Unternehmen befüllt werden muss.[80] Da sich die gesellschaftlich-normative Rollenerwartung an Unternehmen im Zeitablauf wie oben dargelegt verändert hat, unterliegt nach eben beschriebener Begriffslogik auch der Terminus CSR einem steten definitorischen Wandel. Das früher vorherrschende Begriffsverständnis lässt sich exemplarisch anhand der Definition von Davis (1973) verdeutlich. Demnach ist CSR „the firm's consideration of, and response to, issues beyond the narrow economic, technical, and legal requirements of the firm" [81] im Bereich Soziales. Der enge Fokus auf den Bereich Soziales ist letztlich ja auch bereits im Begriff selbst angelegt. Darüber hinaus wird hier auf im Wesentlichen freiwilliges Engagement, über den engen wirtschaftlichen, technischen und rechtlichen Rahmen hinaus, abgestellt. Eben dadurch, dass sich der wirtschaftliche, technische und rechtliche Rahmen für Unternehmen im Zeitablauf verändert, wird abermals deutlich, dass der Begriff CSR einer Weiterentwicklung unterliegt. Eine jüngere Begriffsbestimmung versucht Duong Dinh (2011): „Allgemein wird der Begriff der Corporate Social Responsibility als verantwortliches und nachhaltiges Handeln des Unternehmens gegenüber der Gesellschaft und der natürlichen Umwelt verstanden, das auf sozialen Werten und Normen basiert".[82] Explizit zeigt sich hier eine Erweiterung des Begriffsverständnisses um ökologische Aspekte. Darüber hinaus wird bereits eine Verbindung zum Begriff **Nachhaltigkeit** hergestellt, was zusätzlich die Berücksichtigung der ökonomischen Komponente nach dem Triple-Bottom-Line-Ansatz impliziert. Die explizite

---

[77] Vgl. Lin-Hi (2014a).
[78] Vgl. z. B. Dahl (2010): A248; Shahudin/Md Shah/Mahzan (2015): 8.
[79] Votaw/Sethi (1973): 11, zitiert nach Curbach (2009): 26.
[80] Vgl. Curbach (2009): 26.
[81] Davis (1973): 312.
[82] Duong Dinh (2011): 13.

Berücksichtigung der Komponente Ökonomie ist wie oben dargelegt inhärenter Bestandteil von Nachhaltigkeit, jedoch je nach zugrunde gelegtem Begriffsverständnis nicht zwangsläufig von CSR. Sofern CSR und Nachhaltigkeit also nicht als Synonyme verstanden werden, kann CSR definitorisch als Teilmenge von Nachhaltigkeit gesehen werden.[83] Insgesamt zeigt sich abschließend, dass die Begriffe CSR und Nachhaltigkeit insbesondere im deutschsprachigen Raum häufig als Synonyme verwendet werden und außerdem der Begriff Nachhaltigkeit (im begrifflichen Kontext von CSR auch: Corporate Sustainability) zunehmend dominiert.[84]

Ein weiterer artverwandter Begriff ist **Corporate Citizenship**. Corporate Citizenship beschreibt nach gängigen Definitionen das gesellschaftliche Engagement des Unternehmens, das zumeist nicht mit dem Kerngeschäft verbunden ist. Unter Corporate Citizenship fallen demnach z. B. Spenden-, Sponsoring-, Stiftungsaktivitäten oder die Förderung gemeinnützigen Engagements der Mitarbeiter. Entsprechend reflektiert Corporate Citizenship einen Teilbereich von Corporate Social Responsibility.[85] Damit ergibt sich in Bezug auf die hier dargelegten Begriffe die in **Abb. 3.2** dargestellte hierarchische Beziehung.[86]

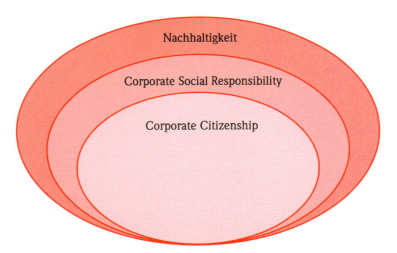

Abb. 3.2 Begriffshierarchie.

---

[83] Vgl. Gabriel (2015): 19.
[84] Vgl. Curbach (2009): 26-27; Gabriel (2015): 16; Loew et al. (2004): 8.
[85] Vgl. Gabriel (2015): 16.
[86] Die in diesem Kapitel dargelegten Wechselbeziehungen zwischen den Begriffen entsprechen gängiger Auffassung. In Anbetracht der Heterogenität in Bezug auf die Begriffsbestimmungen sei jedoch ausdrücklich darauf verwiesen, dass dem Leser hier kein vollständiger Überblick über existierende Sichtweisen gegeben werden soll, sondern vielmehr das im Folgenden zugrunde gelegte Begriffsverständnis vermittelt werden soll. Für eine weiterführende Auseinandersetzung mit der Thematik sei exemplarisch verwiesen auf Gerritsen (2016): 14-25.

3.2 Notwendigkeit der Nachhaltigkeitsberichterstattung

Wie bereits im Rahmen der Auseinandersetzung mit dem Shareholder- und dem Stakeholder-Value-Konzept dargelegt, haben sowohl Shareholder als auch andere Stakeholder ein Interesse daran, vom Unternehmen Informationen zur Verfügung gestellt zu bekommen, die ihnen eine Einschätzung des derzeitigen Unternehmenswerts sowie der zukünftigen Wertentwicklung ermöglichen. Sie haben außerdem ein Interesse daran, umfassende Informationen darüber zu erhalten, auf welche Weise Unternehmen mögliche nichtfinanzielle Ansprüche von Stakeholdern befriedigen. So können zunächst Stakeholder besser einschätzen, inwieweit das Unternehmen ihre nichtfinanziellen Interessen auch in Zukunft befriedigt. Shareholder hingegen können einordnen, inwieweit entsprechende Maßnahmen von Unternehmen ihren eigenen (finanziellen) Interessen entgegenstehen, oder für diese vielmehr förderlich sind.

Die **Informationsbedürfnisse der Share- sowie der weiteren Stakeholder** selbst – und damit auch die Notwendigkeit der Einrichtung einer geeigneten Kapitalmarktkommunikation im Allgemeinen und der Nachhaltigkeitsberichterstattung im Speziellen – resultieren aus **Informationsasymmetrien** zwischen Unternehmen und Stakeholdern. Entsprechende Informationsasymmetrien wiederum sind das Ergebnis eines **Prinzipal-Agenten-Problems**. Das Prinzipal-Agenten-Problem ist Kernelement der Agency-Theorie. Die Agency-Theorie befasst sich mit der Analyse und optimalen Gestaltung von vertraglich geregelten Kooperationen, bei denen Individuen oder Gruppen von Individuen durch eine Auftragsbeziehung miteinander verbunden sind. Zentrale Annahme dabei ist auch, dass sich die jeweiligen Akteure durch eigennütziges Verhalten auszeichnen.[87] Das Prinzipal-Agenten-Modell innerhalb der Agency-Theorie beschreibt ein Individuum, den Prinzipal, der innerhalb einer vertraglich geregelten Auftragsbeziehung eine Entscheidung an den Agenten delegiert (**Prinzipal-Agenten-Beziehung**).[88] Aus der Auftragsbeziehung ergeben sich sowohl die Verpflichtung des Agenten, die delegierte Entscheidung für den Prinzipal zu treffen (Leistungspflicht), als auch die Art und Höhe der Vergütung, die der Agent für die Erfüllung seiner Leistungspflicht als Gegenleistung erhält.[89] Grundsätzlich ist in der Vereinbarung darüber hinaus geregelt, dass der Agent im Interesse des Prinzipals zu handeln hat.[90] Zwischen dem Prinzipal und dem Agenten bestehen im Rahmen der Auftragsbeziehung Informationsasymmetrien, aus denen für den Prinzipal das Risiko entsteht, von einem opportunistisch handelnden Agenten ausgenutzt zu werden (Prinzipal-Agenten-Problem).[91] Das Prinzipal-Agenten-Problem manifestiert sich im Wesentlichen in zwei **Prinzipal-Agenten-Konflikten**: Hidden Characteristics sowie Moral Hazard (in den Erscheinungsformen Hidden Action, Hidden Information und Hidden Intention).

---

[87] Vgl. Kiener (1990): 4; Rousek (1995).
[88] Vgl. Kiener (1990): 19.
[89] Vgl. Alparslan (2006): 13.
[90] Vgl. Oppermann (2008): 77.
[91] Vgl. Alparslan (2006): 24 ff. für den gesamten Abschnitt.

(1) **Hidden Characteristics** bezeichnet die Situation, dass der Prinzipal vor Vertragsabschluss nicht in der Lage ist, die Eignung des Agenten zur Erfüllung des Auftrags vollständig zu beurteilen. Handelt der Prinzipal dann annahmegemäß rational und bietet potenziellen Agenten einen Vertrag an, der auf den durchschnittlichen Agenten zugeschnitten ist, gewinnt er lediglich Agenten für sich, die die notwendigen Eigenschaften nicht besitzen, jedoch imitieren. Dieses als Adverse Selection bezeichnete Phänomen resultiert daraus, dass ein auf den durchschnittlichen Agenten zugeschnittener Vertrag den Agenten mit den besten Eigenschaften keinen Anreiz zum Eingehen des Vertrags bietet.[92] Instrumente, mit denen dieser Prinzipal-Agenten-Konflikt gelöst werden kann, sind: Signaling, Screening und Self-Selection. Signaling ist eine vom Agenten initiierte Maßnahme, bei der sich der Agent darum bemüht, dem Prinzipal (vor Vertragsabschluss) durch ein geeignetes Signal die tatsächlichen Ausprägungen seiner Eigenschaften zu vermitteln, mit dem Ziel, eine für beide Seiten vorteilhafte Vertragsgestaltung zu erreichen. Ein Signal ist jedoch wertlos, wenn es für den Agenten kostenlos getätigt und von anderen Agenten, die nicht die gleichen Eigenschaften besitzen, ohne weiteres imitiert werden kann. Als Screening wird eine vom Prinzipal ausgehende Maßnahme, mit der die wahren Ausprägungen der Eigenschaften des Agenten ermittelt werden sollen, bezeichnet (z. B. bei Arbeitgeber-Arbeitnehmerbeziehungen: Einstellungstest, Arbeitsproben etc.). Self-Selection zielt darauf ab, dass Agenten aufgrund einer differenzierten Ausgestaltung von Verträgen durch die Wahl des entsprechenden Vertragsangebots die wahren Ausprägungen ihrer Eigenschaften selbst anzeigen (Beispiel: Krankenversicherungen mit unterschiedlich hohen Selbstbeteiligungen und Prämien).[93]

(2) **Moral Hazard** (moralisches Risiko) entsteht im Wesentlichen dadurch, dass der Prinzipal nach Vertragsabschluss häufig nicht in der Lage ist, die Handlung des Agenten vollständig zu beobachten. Da das Ergebnis der Handlungen des Agenten nicht nur von dessen Aktivität, sondern auch von exogenen Einflüssen abhängig ist, kann der Prinzipal durch Betrachtung des Ergebnisses der Handlung des Agenten nicht unbedingt beurteilen, ob der Agent im Interesse des Prinzipals gehandelt hat („Hidden Action"). „Hidden Information" bezeichnet in diesem Zusammenhang schließlich den Zustand, dass der Agent Informationen zu den exogenen Einflüssen hat, die seine Handlung beeinflussen, der Prinzipal aber nicht. Insofern ist es dem Prinzipal nicht möglich nachvollziehen, inwieweit der Agent die ihm zur Verfügung stehenden Informationen optimal im Sinne des Prinzipals einsetzt.[94] In beiden Fällen ergibt sich für den Agenten ein diskretionärer Handlungsspielraum, der es ihm ermöglicht, seine eigenen (opportunistischen) Ziele zu verfolgen, die nicht unbedingt im Interesse des Prinzipals liegen müssen.[95] Selbst wenn der Prinzipal jedoch in der Lage wäre, die Handlung des Agenten vollständig zu beobachten, besteht die Gefahr eines rein eigennützigen Handels des Agenten weiter, da dem Prinzipal in aller Regel dessen wahre Absichten verborgen bleiben (hidden intention).

---

[92] Vgl. Theis (2014): 26.
[93] Vgl. Pleier (2008): 107.
[94] Vgl. Wolff (2000): 42 f.; Kleine (1995): 40.
[95] Vgl. Theis (2014): 27.

Das Prinzipal-Agenten-Problem besteht grundsätzlich für eine Vielzahl von, im unternehmerischen Bereich identifizierbare, Prinzipal-Agenten-Beziehungen. Von besonderer Bedeutung ist dabei zunächst die Beziehung zwischen Kapitalgebern und Unternehmen. Der Eigentümer eines Unternehmens (Eigenkapitalgeber/Shareholder) delegiert als Prinzipal die Leitung desselben häufig an einen Manager (Agent), der im Rahmen seiner Tätigkeit für den Eigentümer optimale unternehmerische Entscheidungen treffen soll. Fremdkapitalgeber (Prinzipal) wiederum übereignen einem Unternehmen bzw. dessen Management (Agent) als Kreditnehmer finanzielle Mittel (Kredit) und gehen davon aus, dass diese Mittel in einer Weise verwendet werden, die eine Rückzahlung des Kredits gestattet.[96] Gleichermaßen können auch zwischen weiteren Stakeholdern und Unternehmen (repräsentiert durch das Management) Prinzipal-Agenten-Beziehungen entstehen, z. B. zwischen Management und Mitarbeitern, Management und Lieferanten oder zwischen Management und Gesellschaft. Wer nun in der jeweiligen Beziehung als Prinzipal und wer als Agent qualifiziert, kann von der konkreten Ausgestaltung der Auftragsbeziehung sowie vom Blickwinkel abhängen. Betrachtet man exemplarisch Management und Gesellschaft, so entsteht eine Prinzipal-Agenten-Beziehungen z. B. dadurch, dass die Gesellschaft (Prinzipal) dem Management als Repräsentanten des Unternehmens (Agent) die **Licence to Operate** überträgt, in der Erwartung, dass die gesellschaftlichen Anforderungen erfüllt werden.

Um zu vermeiden, dass der Agent seinen Informationsvorsprung zum Nachteil des Prinzipals ausnutzt, „kommen alle Lösungsansätze in Betracht, die dazu beitragen, die Informationsasymmetrie zwischen Prinzipal und Agent zu reduzieren oder eine Interessenangleichung zwischen ihnen herzustellen."[97] Letztere Lösungsansätze beziehen sich im Wesentlichen auf die Gestaltung und Einrichtung eines Anreizsystems durch den Prinzipal, welches den Agenten zu einer effizienten Aufgabenerfüllung im Interesse des Prinzipals motivieren soll. Hierzu gehört im unternehmerischen Bereich beispielsweise ein entsprechend strukturiertes, erfolgsabhängiges Entlohnungssystem.[98]

Erstere **Lösungsansätze** zur Minderung bzw. Lösung von Prinzipal-Agenten-Konflikten und letztlich des Prinzipal-Agenten-Problems umfassen Instrumente, die darauf abzielen, die Handlungen des Agenten für den Prinzipal durch den Abbau von Informationsasymmetrien beobachtbar zu machen. Solche Maßnahmen werden als „Monitoring" bezeichnet.[99] **Monitoring** im Kontext von Prinzipal-Agenten-Beziehungen zwischen Unternehmen und Stakeholdern umfasst mehrere Maßnahmen. Ein Beispiel für eine Monitoring-Maßnahme im Unternehmensumfeld ist die Ein-

---

[96] Vgl. Kiener (1990): 21.
[97] Alparslan (2006): 28; vgl. auch Roiger (2007): 16.
[98] Vgl. Roiger (2007): 16.
[99] Monitoring verursacht in der Regel Monitoring-Kosten, da Informationsbeschaffung üblicherweise nicht kostenlos ist. Gemeinsam mit anderen Kosten, die im Vergleich zu einer Situation entstehen, in der kein Prinzipal-Agenten-Problem besteht, werden Monitoring-Kosten auch Agency-Kosten genannt. Anders ausgedrückt bezeichnen Agency-Kosten also den aus den Informationsasymmetrien zwischen Prinzipal und Agent resultierenden Wohlfahrtsverlust. Vgl. Kleine (1995): 29, auch für den vorstehenden Absatz.

richtung eines Aufsichtsrats bei einer Aktiengesellschaft, die insbesondere auf den Abbau von Informationsasymmetrien zwischen Eigenkapitalgebern und Management abzielt, da der Aufsichtsrat die Aktivitäten der Unternehmensleitung im Auftrag der Unternehmenseigentümer (Eigenkapitalgeber) überwacht.

> **Hinweis:**
> Eine weitere wichtige Maßnahme, die im Rahmen des Monitoring zwischen Stakeholdern und Unternehmen bzw. Managern notwendigerweise eingerichtet werden muss, ist eine geeignete **Kapitalmarktkommunikation**. Hierzu zählen neben den Elemente der regelmäßigen Publizität des Unternehmens, wie der Geschäftsbericht, insbesondere auch ein freiwillig veröffentlichter **Nachhaltigkeitsbericht**.

Aufgrund des Abbaus von **Informationsasymmetrien** durch das Instrumentarium der Kapitalmarktkommunikation ist es den Shareholdern und den weiteren Stakeholdern dabei besser möglich, darüber zu urteilen, inwieweit der Manager der ihm zugeteilten Aufgabe adäquat gerecht geworden ist und inwieweit das Unternehmen die finanziellen und/oder nichtfinanziellen Interessen der Stakeholder auch in Zukunft befriedigen kann.[100]

3.3 Nutzen der Nachhaltigkeitsberichterstattung

Innerhalb des **Stakeholder-Value-Ansatzes** wird, wie bereits dargelegt, ein Unternehmen als eine Koalition verschiedener Stakeholder betrachtet, deren Interessen im Rahmen der strategischen und operativen Entscheidungen Berücksichtigung finden müssen, damit die Koalition nicht zerbricht. Wenn nun der Abbau von Informationsasymmetrien durch das Instrumentarium der **Kapitalmarktkommunikation** dazu führt, dass Stakeholder besser einschätzen können, inwieweit das Unternehmen ihre finanziellen und/oder nichtfinanziellen Interessen auch in Zukunft befriedigen kann, dann tragen die Instrumente der Kapitalmarktkommunikation im Allgemeinen dazu bei, die Koalition von Stakeholdern zu erhalten.

> **Praxistipp:**
> Der übergeordnete Nutzen der **Nachhaltigkeitsberichterstattung** im Speziellen ergibt sich vor diesem Hintergrund aus dem Abbau von **Informationsasymmetrien** bezüglich der Aktivitäten eines Unternehmens in den Bereichen Ökonomie und Soziales, sowie deren Verknüpfung mit dem Bereich Ökonomie. Nachhaltigkeitsberichterstattung kann also dazu beitragen, den Koalitionswillen von Stakeholdern zu erhalten bzw. überhaupt zu erzeugen.

---

[100] Vgl. Theis (2014): 28. Für eine vertiefende und weiterführende Auseinandersetzung mit der Agency-Theorie und den hier dargestellten Sachverhalten, siehe Theis (2014): 24-29.

Erlischt hingegen der Koalitionswille bei einzelnen Stakeholdern, kann dies dazu führen, dass Unternehmen Zugang zu wichtigen Ressourcen verlieren bzw. mit neuen Koalitionspartnern nur zu ungünstigeren Konditionen erhalten (z. B. schlechtere Rohstoffqualität, geringer qualifiziertes Personal, schlechtere Infrastruktur). Konkreter gefasst, schlägt sich der Abbau von Informationsasymmetrien durch Nachhaltigkeitsberichterstattung vorteilhaft mindestens in den in **Abb. 3.3** dargelegten Bereichen nieder, wodurch Unternehmen ein direkt greifbarer **Nutzen** entstehen kann. Auf die wichtigsten Bereiche wird im Folgenden noch näher eingegangen.[101]

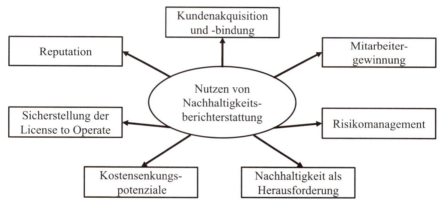

Abb. 3.3 Nutzen von Nachhaltigkeitsberichterstattung [in Anlehnung an Brugger (2010): 29].

Personal. Ergebnisse unterschiedlicher Studien legen nahe, dass Unternehmen, die in den Bereichen Ökonomie und Soziales intensiv aktiv sind und ihre Leistungen in einem Nachhaltigkeitsbericht umfassend nach außen vermitteln, besser in der Lage sind, **talentiertes und hochqualifiziertes Personal** zu attrahieren.[102] Greening/Turban (2000) begründen dies damit, dass Bewerber die Nachhaltigkeitsleistung eines Unternehmens als Signal über dessen Werte und Normen interpretieren. Ein entsprechendes Signal würde demnach beim Bewerber einen positiven Eindruck bezüglich der Arbeitsbedingungen beim betreffenden Unternehmen erzeugen und damit die Attraktivität des potenziellen Arbeitgebers erhöhen.[103] Die Gewinnung geeigneten Personals ist auch deswegen besonders wichtig, da darin ein möglicher Wettbewerbsvorteil zu sehen ist, dessen Bedeutung in den letzten Jahren nochmals zugenommen hat. Während in der Vergangenheit unternehmerischer Erfolg noch stärker an Produkteigenschaften, Prozessabläufen, oder der Erzeugung von Größen-

---

[101] Vgl. für eine weiterführende Auseinandersetzung mit möglichem Nutzen aus Nachhaltigkeit z. B. Brugger (2010): 24-33.
[102] Vgl. z. B. Pfeffer (1994); Teece (1998); Turban/Greening (1997); Greening/Turban (2000).
[103] Vgl. Greening/Turban (2000): 259.

degressionseffekten[104] geknüpft war, wird argumentiert, dass die Bedeutung solcher Wettbewerbsvorteile stetig sinkt.[105] Vielmehr wird zunehmend die Fähigkeit eines Unternehmens, Wissen zu generieren, zu managen und zu transferieren als zentral für den unternehmerischen Erfolg gesehen. Dies kann nur mithilfe hochqualifizierten Personals langfristig gelingen.[106]

Kunden. Eine Vielzahl von Studien legt dar, dass Kunden die Nachhaltigkeitsleistung bei der Beurteilung von Unternehmen und deren Produkten berücksichtigen und dass unternehmerisches Engagement in den Bereichen Ökologie und Soziales entsprechend die Einstellung, **Kaufabsicht, Kundenloyalität und -zufriedenheit** beeinflusst.[107] Auch wenn sich zeigt, dass Nachhaltigkeit nur für einen Bruchteil potenzieller Kunden den kaufentscheidenden Faktor darstellt,[108] legen doch beispielsweise die Ergebnisse von Biehal/Sheinin (2007) und Brown/Dacin (1997) nahe, dass positive Eindrücke von der Nachhaltigkeitsleistung eines Unternehmens Produktbeurteilungen verbessern und Kaufabsichten verstärken.[109] Insofern kann die Nachhaltigkeitsberichterstattung eines Unternehmens durchaus dazu beitragen, neue Kunden zu gewinnen bzw. die Bindung zu bestehenden Kunden zu festigen. Wichtig ist in diesem Zusammenhang jedoch auch, dass negative Eindrücke von der Nachhaltigkeitsleistung eines Unternehmens Entscheidungen von Kunden wesentlich stärker beeinflussen, als positive Eindrücke. Während positive Eindrücke wie dargelegt Produktbeurteilungen verbessern und Kaufabsichten verstärken, können negative Eindrücke gravierende Folgen für das Unternehmen haben.[110] Exemplarisch kann man sich hier den Brent-Spar-Fall von Shell vor Augen führen. Nach intensiver Auseinandersetzung mit verschiedenen Entsorgungsmöglichkeiten für die Öllager- und Verladeplattform Brent Spar, unter Einbeziehung der zuständigen Behörden, von wissenschaftlichen Beratern der Aberdeen University und der Anrainerstaaten, wurde die Versenkung der Plattform in der Nordsee von Shell als die praktikabelste und kosteneffizienteste Lösung mit minimalen ökologischen Auswirkungen eingeordnet. Obwohl sich Shell mit dem Vorhaben innerhalb des normativen Rahmens bewegte und entsprechende Genehmigungen vorlagen, führte dessen öffentliche Bekanntmachung durch Greenpeace zu umfassenden Kundenboykotten insbesondere in Deutschland, Dänemark und den Niederlanden. Dies führte nicht nur zu empfindlichen Umsatzeinbußen bei Shell, sondern auch zu einer Revidierung der getroffenen Entscheidung und einer Entsorgung von Brent Spar an Land.[111] Ein stärkerer Fokus von Shell auf Nachhaltigkeit

---

[104] Durch Größendegressionseffekte kann eine relative Verringerung der Kosten je Stück erreicht werden. Größendegressionseffekte entstehen dann, wenn die Menge an erzeugter Leistung innerhalb eines definierten Zeitraums steigt. Vgl. Sterzenbach (2010): 121.
[105] Vgl. Pfeffer (1994); Snell/Youndt/Wright (1996). Siehe auch Arnold (2012): 230 für die Ausführungen in diesem Abschnitt.
[106] Vgl. Pfeffer (1994); Snell/Youndt/Wright (1996).
[107] Vgl. für einen Überblick über entsprechende Studien z. B. Öberseder/Schlegelmilch/Murphy (2013): 1840.
[108] Vgl. Mohr/Webb/Harris (2001).
[109] Vgl. Biehal/Sheinin (2007); Brown/Dacin (1997).
[110] Vgl. Öberseder/Schlegelmilch/Murphy (2013): 1840.
[111] Der Brent-Spar-Fall ist zu vielschichtig, um ihm im Rahmen der Ausführungen hier gerecht zu werden. Vgl. für die Ausführungen sowie eine umfassende und ausgewogene Darstellung des Brent-Spar-Falls Grolin (1998).

hätte möglicherweise ex ante zu der Entscheidung geführt, auf eine Versenkung der Plattform zu verzichten. Umgekehrt ist auch denkbar, dass eine bessere Kommunikation der aus ökologischer und ökonomischer Perspektive als optimal eingeordnete Entsorgungslösung – die Versenkung – gegenüber den Stakeholdern die Probleme vermieden hätte. Nachhaltigkeitsberichterstattung kann in diesem Sinne auch als Versicherung verstanden werden. Wenn unternehmerische Handlungen gesellschaftlichen Erwartungen widersprechen – wie die Entscheidung, die Brent Spar in der Nordsee zu versenken – kann das Markenimage eines Unternehmens wie dargelegt stark beschädigt werden und die wirtschaftliche Überlebensfähigkeit gefährdet sein. Eine umfassende Ausrichtung des Unternehmens auf Nachhaltigkeit kann vor diesem Hintergrund auch wie eine Versicherung gegen solche Fehler bzw. Fehleinschätzungen des Managements wirken.[112]

Kapital. Zunächst lässt sich konstatieren, dass die Relevanz von Nachhaltigkeit für den Zugang von Unternehmen zu Kapital zunimmt. Verschiedene Studien zeigen, dass die Anzahl und die Volumina von aufgelegten **nachhaltigen Geldanlagen** stetig zunehmen.[113] Institutionelle Investoren und Asset Manager, aber auch Kleinanleger, berücksichtigen bei ihren Anlageentscheidungen in immer größerem Ausmaß Analysen und Bewertungen von Informationsintermediären aus dem Bereich Nachhaltigkeit, wie z. B. CSR-Rating-Agenturen.[114] Daneben wurden weltweit **Nachhaltigkeitsindizes** lanciert, wie z. B. die Dow Jones Sustainability Indexes oder der FTSE4Good.[115] Darüber hinaus setzen Banken und Finanzinstitute zunehmend auf Nachhaltigkeit, z. B. indem sie Unternehmen vor der Kreditvergabe zur Erreichung von Nachhaltigkeitszielen zur Differenzierung vom Wettbewerb verpflichten.[116] Es zeigt sich auch, dass mittel- und langfristig von einer (noch stärkeren) Integration von Nachhaltigkeitskriterien in die Risikoabschätzung und Finanzanalyse, z. B. im Rahmen von Unternehmensbewertungen oder bei der Beurteilung von Investitionen, auszugehen ist.[117] Entsprechend kann Engagement im Bereich Nachhaltigkeit sowie die Berichterstattung hierüber im Rahmen der **Nachhaltigkeitsberichterstattung** den Zugang von Unternehmen zu Eigen- und Fremdkapital erleichtern bzw. ermöglichen. Auch wenn nachhaltige Geldanlagen massiv an Bedeutung gewinnen (Gesamtmarkt in Deutschland, Österreich und der Schweiz zum 31.12.2016/2015/2014: 419,5/326,3/197,5 Milliarden Euro)[118], so ist deren Anteil am Gesamtmarkt bisher insgesamt überschaubar. So beträgt z. B. alleine das Gesamtvolumen an Fonds in Deutschland zum 31.12.2016 in Summe 2.802,5 Milliarden Euro.[119] Somit bleibt für

---

[112] Vgl. z. B. Werther/Chandler (2005): 317.
[113] Vgl. Forum Nachhaltige Geldanlagen (2008); Eurosif (2008).
[114] Siehe hierzu z. B. auch Ausführungen zum CDP (ehemals Carbon Disclosure Project) in Kapitel 4.5.5.
[115] Vgl. Arnold (2012): 230.
[116] Vgl. Arnold (2012): 230.
[117] Vgl. Knoepfel (2009); Arnold (2012): 230. Siehe hierzu z. B. auch Ausführungen zu den KPIs for ESG 3.0 in Kapitel 4.5.2.
[118] Vgl. Forum Nachhaltige Geldanlagen (2017, 2016, 2015).
[119] Vgl. BVI (2017): 9. Aufgrund unterschiedlicher Arten von Anlagen, die in die jeweiligen Gesamtvolumina einfließen, und anderer geografischer oder zeitlicher Abgrenzungen, fällt es schwer, einen prozentualen Anteil von nachhaltigen Geldanlagen an allen Geldanlagen zu berechnen.

viele Investoren die Rendite das zentrale Kriterium bei der Anlageentscheidung, was abermals deutlich macht, weswegen bei der Auseinandersetzung mit Nachhaltigkeit die Dimension Ökonomie nicht außer Acht gelassen werden darf.

> **Praxistipp:**
> Bei einer Auseinandersetzung mit dem Nutzen von Nachhaltigkeitsberichterstattung bzw. ganz grundlegend von nachhaltigem Engagement ist jedoch zu berücksichtigen, dass die Realisierung eines möglichen Nutzens von Nachhaltigkeitsberichterstattung ganz entscheidend von der Nachhaltigkeitsleistung eines Unternehmens abhängt. Umgekehrt besteht die Gefahr, dass umfassendes Engagement im Bereich Nachhaltigkeit keine Beachtung oder Anerkennung findet, wenn eine Nachhaltigkeitsberichterstattung unterbleibt.

Insofern ist eine Berücksichtigung der **Wechselwirkung zwischen Nachhaltigkeitsberichterstattung und -leistung** bedeutsam, was jedoch häufig außer Acht gelassen wird. Unterscheidet man einerseits in Bezug auf die Nachhaltigkeitsberichterstattung zwischen keiner, einer einseitig positiven und einer ausgewogenen Berichterstattung[120] und andererseits zwischen einer schwachen und einer starken Nachhaltigkeitsleistung, ergibt sich die in **Abb. 3.4** dargestellte Matrix zur Einordnung des **Chancen- und Risikopotenzials von Nachhaltigkeitsberichterstattung**.

Zunächst erfüllt die Kombination aus einseitig positiver Nachhaltigkeitsberichterstattung bei schwacher Nachhaltigkeitsleistung die Definition von Greenwashing. Hier wird seitens des Unternehmens versucht, mittels der Nachhaltigkeitsberichterstattung den Eindruck von sozialem und ökologischem Engagement zu erwecken, ohne dass Nachhaltigkeit wesentliche Berücksichtigung in strategischen und operativen Entscheidungen fände. Nachhaltigkeitsberichterstattung kann hier höchstens kurzfristig Vorteile für das Unternehmen generieren, solange bis die Adressaten der Nachhaltigkeitsberichterstattung die Täuschung erkennen. Insgesamt birgt einseitig positive Nachhaltigkeitsberichterstattung bei schwacher Nachhaltigkeitsleistung ein hohes Risikopotenzial für das berichtende Unternehmen, da ein drohender Vertrauensverlust das Image eines Unternehmens nachhaltig schädigen dürfte.

---

[120] Auch wenn rein theoretisch auch denkbar ist, dass ein Unternehmen einseitig negativ berichtet, erscheint dieser Fall irrational und unrealistisch und wird daher im Folgenden nicht betrachtet.

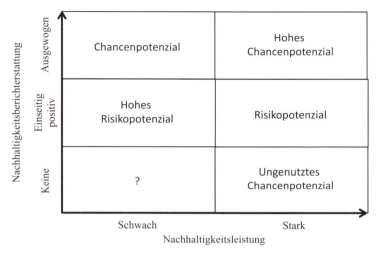

Abb. 3.4 Chancen- und Risikopotenzial der Nachhaltigkeitsberichterstattung.

Berichtet ein Unternehmen mit **schwacher Nachhaltigkeitsleistung** hingegen adäquat, also ausgewogen in einer Weise, die die tatsächliche Nachhaltigkeitsleistung des Unternehmens widerspiegelt, erscheint eine Chancen/Risiken-Abwägung nicht ganz trivial. Während ohne Nachhaltigkeitsberichterstattung die schwache Nachhaltigkeitsleistung des Unternehmens Stakeholdern möglicherweise gar nicht bekannt war, wird sie mittels ausgewogener Nachhaltigkeitsberichterstattung transparent, was sicherlich grundsätzlich die Gefahr adverser Reaktionen von Stakeholdern birgt. Andererseits ist jedoch auch fraglich, wie ein Verzicht auf eine Nachhaltigkeitsberichterstattung vor dem Hintergrund ihrer zunehmenden Bedeutung von Stakeholdern eingeordnet wird. Insgesamt überwiegen die Chancen einer glaubwürdigen, ausgewogenen Nachhaltigkeitsberichterstattung bei Unternehmen mit schwacher Nachhaltigkeitsleistung vermutlich potenzielle Risiken. Die Nachhaltigkeitsberichterstattung gestattet es dem Unternehmen dann, gegenüber den Stakeholdern zu signalisieren, wie mit Nachhaltigkeit als Herausforderung umgegangen wird und wie sich potenziell ergebende Chancenpotenziale zumindest zukünftig gehoben werden sollen (siehe auch **Abb. 3.3**).

Berichtet ein Unternehmen mit **starker Nachhaltigkeitsleistung** einseitig positiv in seiner Nachhaltigkeitsberichterstattung, liegt hierin grundsätzlich ein Risikopotenzial begründet. Während das Unternehmen grundsätzlich die Möglichkeit hätte, die in **Abb. 3.3** dargelegten Nutzenaspekte durch Nachhaltigkeitsberichterstattung zu realisieren, birgt ein einseitig positiver Nachhaltigkeitsbericht vor dem Hintergrund, dass es realistisch kaum ein Unternehmen geben dürfte, das weder im Bereich Ökologie noch im Bereich Soziales Weiterentwicklungsmöglichkeiten besitzt, die Gefahr, von Stakeholdern als Greenwashing-Instrument eingeordnet zu werden. Damit drohen wiederum adverse Reaktionen von Stakeholdern, obwohl das Unternehmen umfassend im Bereich Nachhaltigkeit aktiv ist. Ein grundsätzlich denkbarer vollkommener Verzicht auf Nachhaltigkeitsberichterstattung durch ein solches Unternehmen scheint irrational. Damit würde das Unternehmen auf die Möglichkeit verzichten, durch Transparenz über die eigene Nachhaltigkeitsleistung gegenüber Stakeholdern einige der in **Abb. 3.3** dargelegten Nutzenaspekte zu heben. So setzt z. B. die Realisierung von Vorteilen bei der Kundenakquisition oder der Mitarbeitergewinnung entsprechende Transparenz voraus.

Idealerweise berichtet ein Unternehmen mit starker Nachhaltigkeitsleistung daher ausgewogen und umfassend im Rahmen der Nachhaltigkeitsberichterstattung. Dadurch lassen sich die in **Abb. 3.3** gezeigten Nutzenaspekte potenziell realisieren. Wie gezeigt gestattet also erst die gemeinsame Betrachtung von Nachhaltigkeitsleistung und Nachhaltigkeitsberichterstattung eine umfassende Beurteilung des möglichen Nutzens von Nachhaltigkeitsberichterstattung.

4 Normativer Rahmen der Nachhaltigkeitsberichterstattung

4.1 Begriffsbestimmung

Grundsätzlich lassen sich unterschiedliche **Arten von Regulierung** identifizieren, die auch im Zusammenhang mit Nachhaltigkeitsberichterstattung einschlägig sind (siehe **Abb. 4.1** für einen Überblick). Gleiches gilt grundsätzlich auch für die Nachhaltigkeitsleistung eines Unternehmens, was im Folgenden aber nicht im Zentrum der Betrachtungen stehen soll.[121] **Harte staatliche Regulierung** als ein Extrem des Spektrums verwendet rechtliche und/oder ökonomische Instrumente, deren verpflichtende Einhaltung von staatlichen Organen überwacht und sanktioniert wird. Dem gegenüber steht am anderen Ende des Spektrums die **freiwillige Selbstverpflichtung** der Unternehmen. Dabei regulieren sich Unternehmen oder Industrien ohne unmittelbare Einflussnahme durch den Staat oder sonstige externe Akteure z. B. über Verhaltensrichtlinien, freiwillige Vereinbarungen, oder Industriestandards selbst.[122] Ko-Regulierung bezeichnet einen Bereich, in dem Instrumente in der Regel von staatlichen Akteuren in partnerschaftlicher Zusammenarbeit mit Unternehmen und/oder Nichtregierungsorganisationen (NGOs[123]) entwickelt werden. Zu diesen Instrumenten gehören „Public-Private Partnerships" zur Bereitstellung öffentlicher Güter und Dienstleistungen sowie Vereinbarungen, die zwischen den beteiligten Akteuren getroffen werden. „Weiche" staatliche Regulierungsinstrumente zielen eher darauf ab, Unternehmen durch Information davon zu überzeugen bzw. durch ökonomische Anreize dazu zu bewegen, im Sinne der Regulierung zu agieren. Ziel der freiwilligen Selbstregulierung von Unternehmen bzw. Industrien ist oft auch, eine strengere (staatliche) Regulierung abzuwenden. Darüber hinaus folgen strengere Arten der Regulierung häufig auf freiwillige, insbesondere wenn sich freiwillige Maßnahmen als nicht ausreichend zur Erreichung eines Regulierungsziels erweisen. Gerade wenn Regulierungszielen eine hohe (z. B. gesellschaftliche) Relevanz beigemessen wird und diese kurzfristig erreicht werden sollen, ist sicherlich strengeren regulatorischen Instrumenten der Vorzug vor eher freiwilligen Instrumenten zu geben.[124]

Der **normative Rahmen der Nachhaltigkeitsberichterstattung** besteht grundsätzlich aus Elementen, die sich ganz unterschiedlichen Arten der Regulierung zuordnen lassen. Darüber hinaus ist der normative Rahmen der Nachhaltigkeitsberichterstattung – wie übrigens auch der normative Rahmen einer (finanziellen) Regelpublizität – länder- bzw. regionenspezifisch. Während beispielsweise in Südafrika Integrated Reporting gesetzlich vorgeschrieben ist, existiert in den USA keine Pflicht zur (separaten)

---

[121] So gibt es beispielsweise gesetzlich vorgegebene Umweltstandards, die von Unternehmen verpflichtend im Rahmen ihrer Produktion einzuhalten sind („harte" Regulierung). Gleichermaßen ist denkbar, dass sich innerhalb einer Industrie Standards etabliert haben, die über gesetzliche Vorgaben hinausgehen und von Unternehmen im Sinne einer Selbstregulierung freiwillig angewendet werden.
[122] Vgl. z. B. Gunningham/Rees (1997).
[123] Im Englischen: Non-governmental organizations.
[124] Vgl. für den gesamten vorstehenden Abschnitt Steurer (2015): 1206-1208.

Nachhaltigkeitsberichterstattung.[125] Gleichfalls existiert in Deutschland keine Pflicht zur Veröffentlichung eines separaten Nachhaltigkeitsberichts. Dennoch liegen unterschiedliche Normen aus dem gesamten Spektrum an Regulierungsarten im Zusammenhang mit Nachhaltigkeitsberichterstattung vor, die im Folgenden diskutiert werden sollen.

4.2 Vorgaben zur Nachhaltigkeitsberichterstattung in Deutschland

4.2.1 (Konzern-)Lageberichterstattung

Zunächst ist der – im Sinne harter Regulierung – existierende **normative Rahmen** der **Nachhaltigkeitsberichterstattung** in Deutschland stark durch die **Europäische Union** geprägt. Die Einbindung von nichtfinanziellen Informationen in die Pflichtpublizität erfolgt dabei über die (Konzern-)Lageberichterstattung, was auf EU-Ebene erstmals im Jahre 2003 mit der Richtlinie 2003/51/EG umgesetzt wurde. Durch die Änderung von Artikel 46 der Richtlinie 78/660/EWG und von Artikel 36 der Richtlinie 83/349/EWG wurde festgelegt, dass der Lagebericht bzw. der Konzernlagebericht nicht nur die Analyse der wichtigsten finanziellen, sondern auch – soweit angebracht – nichtfinanziellen Leistungsindikatoren, die für die Geschäftstätigkeit von Bedeutung sind, umfasst – „soweit dies für das Verständnis des Geschäftsverlaufs, des Geschäftsergebnisses oder der Lage der Gesellschaft erforderlich ist".[126]

Nach weiteren normativen Entwicklungen auf europäischer Ebene erfolgte die jüngste Anpassung der Vorgaben mit der Richtlinie 2014/95/EU des Europäischen Parlaments und des Rates vom 22.10.2014 zur Änderung der Richtlinie 2013/34/EU im Hinblick auf die Angabe nichtfinanzieller und die Diversität betreffender Informationen durch bestimmte große Unternehmen und Gruppen (**CSR-Richtlinie**). Mit der Richtlinie 2014/95/EU ist das Ziel verbunden, die Konsistenz und Vergleichbarkeit der offengelegten Informationen zur Nachhaltigkeit unionsweit zu erhöhen.[127] Die neuen Vorschriften betreffen dabei große „Unternehmen, die Unternehmen von öffentlichem Interesse sind und am Bilanzstichtag das Kriterium erfüllen, im Durchschnitt des Geschäftsjahres mehr als 500 Mitarbeiter zu beschäftigen",[128] bzw. solche Unternehmen von öffentlichem Interesse, die Mutterunternehmen einer großen Gruppe nach Maßgabe der genannten Größenkriterien auf konsolidierter Basis sind.[129] Grundsätzlich war die Richtlinie so in nationales Recht umzusetzen, dass die Vorschriften für das am 1. Januar 2017 beginnende Geschäftsjahr oder während des Kalenderjahres 2017 Geltung erlangen.[130]

Die durch die CSR-Richtlinie geänderten Artikel 19a bzw. 29a der Richtlinie 2013/34/EU sehen vor, dass die betreffenden Unternehmen bzw. Mutterunternehmen eine so-

---
[125] Vgl. EY (2011): 14; EY (2014): 6.
[126] Richtlinie 2003/51/EG: Art. 1 Abs. 14.
[127] Vgl. Richtlinie 2014/95/EU: L 330/2.
[128] Richtlinie 2014/95/EU: Art. 1 Abs. 1.
[129] Vgl. Richtlinie 2014/95/EU: Art. 1 Abs. 3.
[130] Vgl. Richtlinie 2014/95/EU: L 330/8.

Vorgaben zur Nachhaltigkeitsberichterstattung in Deutschland

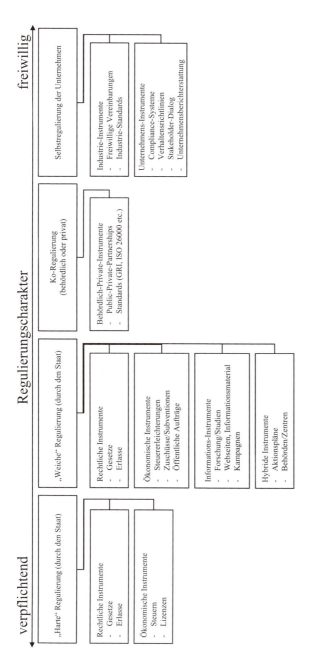

Abb. 4.1 Arten der Regulierung für Nachhaltigkeitsleistung und -berichterstattung [in Anlehnung an: Steurer (2015): 1206].

genannte **(konsolidierte) nichtfinanzielle Erklärung** in ihren **Lagebericht bzw. Konzernlagebericht** einbinden müssen (die konsolidierte nichtfinanzielle Erklärung wird im Folgenden auch nichtfinanzielle Konzernerklärung genannt)[131]. Die (konsolidierte) nichtfinanzielle Erklärung enthält Angaben, „die für das Verständnis des Geschäftsverlaufs, des Geschäftsergebnisses, der Lage des Unternehmens [der Gruppe] sowie der Auswirkungen seiner [ihrer] Tätigkeit erforderlich sind und sich mindestens auf Umwelt-, Sozial-, und Arbeitnehmerbelange, auf die Achtung der Menschenrechte und auf die Bekämpfung von Korruption und Bestechung beziehen".[132] Dabei umfasst die (konsolidierte) nichtfinanzielle Erklärung auch eine kurze Beschreibung des Geschäftsmodells, eine Beschreibung der vom Unternehmen/der Gruppe in Bezug auf die vorstehend genannten Belange verfolgten Konzepte, einschließlich der Due-Diligence-Prozesse, sowie eine Darstellung der Ergebnisse dieser Konzepte. Darüber hinaus sind in der (konsolidierten) nichtfinanziellen Erklärung die wesentlichen Risiken im Zusammenhang mit den vorstehend genannten Belangen darzustellen, „die mit der Geschäftstätigkeit des Unternehmens [der Gruppe] – einschließlich, wenn dies relevant und verhältnismäßig ist, seiner [ihrer] Geschäftsbeziehungen, seiner [ihrer] Erzeugnisse oder seiner [ihrer] Dienstleistungen – verknüpft sind und die wahrscheinlich negative Auswirkungen auf diese Bereiche haben werden".[133] Außerdem ist darzulegen, wie das Unternehmen/die Gruppe diese Risiken handhabt. Abschließend sind die wichtigsten **nichtfinanziellen Leistungsindikatoren**, die für die betreffende Geschäftstätigkeit von Bedeutung sind, darzustellen. Verfolgt das Unternehmen bzw. die Gruppe bezüglich der vorstehend genannten Belange kein Konzept, ist in der nichtfinanziellen Erklärung klar und begründet zu erläutern, warum dies der Fall ist. Sofern angebracht kann die nichtfinanzielle Erklärung auch Hinweise auf den Jahres- bzw. Konzernabschluss und die darin ausgewiesenen Beträge sowie weiterführende Erläuterungen hierzu enthalten.[134]

Sofern ein (Mutter-)Unternehmen für dasselbe Geschäftsjahr einen gesonderten **Nachhaltigkeitsbericht** erstellt, der gemeinsam mit dem (Konzern-)Lagebericht veröffentlicht wird, kann das Unternehmen/die Gruppe durch den Mitgliedstaat von der Abgabe der (konsolidierten) nichtfinanziellen Erklärung befreit werden, falls der gesonderte Nachhaltigkeitsbericht zusätzlich innerhalb einer angemessenen Frist von höchstens sechs Monaten nach Bilanzstichtag auf der Website des (Mutter-)Unternehmens öffentlich zugänglich gemacht wird. Unternehmen, die Tochterunternehmen sind, sind von der Pflicht zur Abgabe einer nichtfinanziellen Erklärung befreit, wenn dieses Unternehmen und seine Tochterunternehmen in den Konzernlagebericht (bzw. separaten Nachhaltigkeitsbericht) eines anderen Unternehmens eingehen, der

---

[131] Die Begrifflichkeit „konsolidierte nichtfinanzielle Erklärung" findet sich in der CSR-Richtlinie, während im HGB der Begriff „nichtfinanzielle Konzernerklärung" synonym verwendet wird.
[132] Richtlinie 2014/95/EU: Art. 1 Abs. 1 bzw. Abs. 3.
[133] Richtlinie 2014/95/EU: Art. 1 Abs. 1 bzw. Abs. 3.
[134] Vgl. Richtlinie 2014/95/EU: Art. 1 Abs. 1 bzw. Abs. 3. Des Weiteren ist in der CSR-Richtlinie vorgesehen, dass Mitgliedstaaten Berichtsgrenzen definieren können, sofern sich die Informationen auf künftige Entwicklungen und Belange beziehen, über die Verhandlungen geführt werden und eine Veröffentlichung der Informationen der Geschäftslage des Unternehmens ernsthaft schaden würde.

gemäß der Vorgaben der Richtlinie erstellt wird. Schließlich sieht die CSR-Richtlinie **keine verpflichtende Prüfung** der (konsolidierten) nichtfinanziellen Erklärung bzw. der in anderen Berichtsformaten gemachten Angaben vor. Die Mitgliedstaaten sollen lediglich sicherstellen, dass der (Konzern-)Abschlussprüfer überprüft, ob die (konsolidierte) nichtfinanzielle Erklärung bzw. der gesonderte Nachhaltigkeitsbericht vorgelegt wurde.[135] Gleichwohl können die Mitgliedstaaten „vorschreiben, dass die in der [konsolidierten] nichtfinanziellen Erklärung […] oder dem gesonderten Bericht […] enthaltenen Informationen von einem unabhängigen Erbringer von Bestätigungsleistungen überprüft werden".[136]

Beim Erlass der Vorschriften zur Umsetzung der CSR-Richtlinie sollen die Mitgliedstaaten vorsehen, dass sich die (Mutter-)Unternehmen bei der Erfüllung ihrer Berichtspflicht „auf nationale, unionsbasierte oder internationale Rahmenwerke stützen können"[137]. Dabei ist von den (Mutter-)Unternehmen anzugeben, von welchen Rahmenwerken Gebrauch gemacht wurde. Wie bereits in der CSR-Richtlinie angekündigt,[138] hat die Europäische Kommission (unverbindliche) **Leitlinien für die Berichterstattung über nichtfinanzielle Informationen**, einschließlich der wichtigsten allgemeinen nichtfinanziellen Leistungsindikatoren, veröffentlich, um eine vergleichbare Berichterstattung durch Unternehmen zu fördern. Dabei stützt sich die Europäische Kommission ausdrücklich auf eine ganze Reihe von **nationalen, EU-basierten und internationalen Rahmenwerken**, u. a. auf das CDP (ehemals Carbon Disclosure Project), die Norm der Internationalen Organisation für Normung ISO 26000, den internationalen Rahmen für die integrierte Berichterstattung (International Integrated Reporting Framework) des International Integrated Reporting Council (IIRC), die Global Reporting Initiative (GRI) und den Nachhaltigkeitskodex des deutschen Rats für nachhaltige Entwicklung (DNK).[139]

Des Weiteren ändert die CSR-Richtlinie Artikel 20 der Richtlinie 2013/34/EU. Die sogenannte (Konzern-)Erklärung zur Unternehmensführung, die in den (Konzern-)Lagebericht aufzunehmen ist, hat nun zusätzlich eine Beschreibung des Diversitätskonzepts, das im Zusammenhang mit den Verwaltungs-, Leitungs- und Aufsichtsorganen des Unternehmens „in Bezug auf Aspekte wie beispielsweise Alter, Geschlecht, oder Bildungs- und Berufshintergrund verfolgt wird,"[140] zu enthalten. Darüber hinaus sind die Ziele des Diversitätskonzepts und die Art und Weise seiner Umsetzung sowie die Ergebnisse im Berichtszeitraum zu beschreiben. Wird kein Diversitätskonzept angewendet, ist dies in der Erklärung zu erläutern.[141]

---

[135] Vgl. Richtlinie 2014/95/EU: Art. 1 Abs. 1 bzw. Abs. 3.
[136] Richtlinie 2014/95/EU: Art 1 Abs. 1 bzw. Abs. 3.
[137] Richtlinie 2014/95/EU: Art. 1 Abs. 1.
[138] Vgl. Richtlinie 2014/95/EU: Art. 1 Abs. 2.
[139] Vgl. Mitteilung der Kommission 2017/C 215/01.
[140] Richtlinie 2014/95/EU: Art. 1 Abs. 2.
[141] Vgl. Richtlinie 2014/95/EU: Art. 1 Abs. 2.

> **Praxistipp:**
> In Deutschland erfolgte die Umsetzung der **CSR-Richtlinie** (Richtlinie 2014/95/EU) mit dem Gesetz zur Stärkung der nichtfinanziellen Berichterstattung der Unternehmen in ihren Lage- und Konzernlageberichten (**CSR-Richtlinie-Umsetzungsgesetz**) vom 11.04.2017. Die oben genannten Vorgaben wurden im Wesentlichen in die §§ 289, 289b-289f HGB (für die Zwecke der Lageberichterstattung) bzw. die §§ 315, 315b-d HGB (für die Zwecke der Konzernlageberichterstattung) integriert.

Die §§ 289b bzw. 315b HGB legen die Pflicht zur nichtfinanziellen (Konzern-)Erklärung sowie Befreiungen davon dar. In den §§ 389c bzw. 315c HGB finden sich die Vorgaben zum Inhalt der nichtfinanziellen (Konzern-)Erklärung. § 289d bezieht sich auf die Nutzung von Rahmenwerken bei der Erstellung der nichtfinanziellen Erklärung. Dabei haben Unternehmen nicht nur dazulegen, welche Rahmenwerke genutzt wurden, sondern auch zu begründen, wenn kein Rahmenwerk genutzt wurde. § 289e HGB gestattet schließlich das Weglassen nachteiliger Angaben unter den oben bereits dargelegten Umständen. Macht ein Unternehmen hiervon Gebrauch und entfallen die Gründe für die Nichtaufnahme, sind die Angaben jedoch in die darauf folgende nichtfinanzielle Erklärung aufzunehmen.[142] Nach §§ 289b Abs. 3 bzw. 315b Abs. 3 HGB entfällt die Pflicht zur Erweiterung des (Konzern-)Lageberichts um eine (konsolidierte) nichtfinanzielle Erklärung, sofern das (Mutter-)Unternehmen für dasselbe Geschäftsjahr einen gesonderten nichtfinanziellen (Konzern-)Bericht ausgibt und die weiteren im Gesetz genannten Voraussetzungen erfüllt sind. Gemäß § 317 Abs. 2 S. 3 HGB erstreckt sich die Prüfung des (Konzern-)Lageberichts durch den (Konzern-)Abschlussprüfer in Bezug auf die Vorgaben nach den §§ 289b-289e HGB und den §§ 315b, 315c HGB lediglich darauf, zu prüfen, ob die nichtfinanzielle (Konzern-)Erklärung bzw. ein gesonderter (Konzern-)Bericht veröffentlicht wurde. Damit geht der deutsche Gesetzgeber nicht über die Mindestanforderungen der CSR-Richtlinie bezüglich der Erbringung von Bestätigungsleistungen hinaus.

> **Hinweis:**
> Zusammenfassend lässt sich festhalten, dass ein separater Nachhaltigkeitsbericht zwar die gesetzlichen Vorgaben in Deutschland zur Erweiterung der (Konzern-)Lageberichterstattung um eine (konsolidierte) nichtfinanzielle Erklärung erfüllen kann, dieser aber gesetzlich nicht vorgeschrieben ist. Gleichwohl existieren mit den oben dargelegten Anforderungen an die nichtfinanzielle Erklärung umfassende Vorschriften zur Veröffentlichung von Informationen mit Nachhaltigkeitsbezug für (Mutter-)Unternehmen, welche die entsprechenden (Größen-)Kriterien erfüllen.

---

[142] Vgl. § 289e Abs. 2 HGB.

Ob mit diesen Vorschriften jedoch das mit der Richtlinie 2014/95/EU verbundene Ziel, die Konsistenz und Vergleichbarkeit der offengelegten Informationen zur Nachhaltigkeit unionsweit zu erhöhen, erreicht werden kann, bleibt fraglich. Zunächst genügen grundsätzlich unterschiedliche Berichtsformate und -umfänge den Vorgaben. Gleichzeitig sind die CSR-Richtlinie und entsprechend auch die in den einzelnen Mitgliedstaaten geschaffenen gesetzlichen Vorschriften bezüglich des Inhalts der nichtfinanziellen Erklärung extrem wage. Der Verweis auf eine Vielzahl von grundsätzlich anwendbaren Rahmenwerken erleichtert zwar eine unternehmensindividuelle, adressatengerechte Nachhaltigkeitsberichterstattung, fördert aber gleichzeitig auch ein Nebeneinander unterschiedlicher Berichtsformen. Während die CSR-Richtlinie insgesamt sicherlich zu einer Ausweitung der Nachhaltigkeitsberichterstattung führt, scheint der Beitrag zu einer Konsistenz und Vergleichbarkeit in der Berichterstattung eher gering.

4.2.2 Deutscher Rechnungslegungs Standard Nr. 20

Die gesetzlichen Vorgaben zum (Konzern-)Lagebericht und damit auch die Anforderungen an die (konsolidierte) nichtfinanzielle Erklärung sind in Deutschland wie dargelegt insbesondere durch europäische Impulse einerseits recht umfassend, andererseits in Bezug auf die konkrete Ausgestaltung einzelner Berichtselemente jedoch häufig eher unbestimmt. Entsprechend verbleiben beim Lageberichtsersteller nicht nur Unklarheiten, sondern insbesondere auch Ermessensspielräume. Hier setzt nun der **Deutsche Rechnungslegungs Standard Nr. 20 (DRS 20) „Konzernlagebericht"** des Deutschen Rechnungslegungs Standards Committee (DRSC) an, der nach der Bekanntgabe durch das Bundesministerium der Justiz und für Verbraucherschutz die Vermutung in sich trägt, **Grundsatz ordnungsmäßiger Buchführung** (GoB) der **Konzernlageberichterstattung** zu sein.[143] Die Beschränkung der DRS auf die Zwecke der Konzernrechnungslegung ist vor dem Hintergrund der Maßgeblichkeit der Handelsbilanz für die Zwecke der steuerlichen Gewinnermittlung nach § 5 I EStG bewusst getroffen worden.[144] Allerdings wird die Anwendung der DRS zur Konzernlageberichterstattung für die Zwecke des Lageberichts empfohlen.[145]

Das CSR-Richtlinie-Umsetzungsgesetz vom 11.04.2017 führt auch zu Änderungsbedarf bezüglich des DRS 20. Entsprechend wurde der Deutsche Rechnungslegungs Änderungsstandard Nr. 8 (DRÄS 8) am 22.09.2017 vom DRSC verabschiedet und für die nach § 342 Abs. 2 HGB erforderliche Bekanntmachung an das Bundesministerium der Justiz und für Verbraucherschutz weitergeleitet. Im Wesentlichen wird dabei der Abschnitt „Konzernerklärung zur Unternehmensführung" des DRS 20 um Rege-

---

[143] Bei den DRS handelt es sich vom Rechtscharakter her nicht um Normen im Sinne eines Gesetzes. Die faktische Bindungswirkung der DRS ergibt sich vielmehr im Sinne einer verbindlichen Konkretisierung der GoB gemäß § 342 II HGB. Vgl. Wiedmann (2004): 78; Theis (2014): 122-123 für die Ausführungen zur Anwendung der DRS.
[144] Vgl. Wiedmann (2004): 78.
[145] Vgl. DRS 20 (2012): 15. Im Zusammenhang mit der Lageberichterstattung argumentiert auch das IDW, dass die DRS zur Konzernlageberichterstattung auch für den Lagebericht nach § 289 HGB relevant sind, sofern es sich dabei um Auslegungen der allgemeinen gesetzlichen Grundsätze zur Lageberichterstattung handelt, vgl. IDW HFA (2005): Rn. (2); Theis (2014): 122.

lungen bezüglich der Angaben zum Diversitätskonzept ergänzt, sowie der Abschnitt „Nichtfinanzielle Konzernerklärung" dem DRS 20 hinzugefügt.[146]

Der neue Abschnitt „Nichtfinanzielle Konzernerklärung" umfasst zunächst detaillierte Ausführungen zum Geltungsbereich der neuen gesetzlichen Vorgaben und zu Befreiungsvorschriften. Anschließend werden die gemäß der gesetzlichen Vorgaben zulässigen Berichtsalternativen dargelegt. Ein Mutterunternehmen kann demnach die im Rahmen einer **nichtfinanziellen Konzernerklärung** zu machenden Angaben a) in den Konzernlagebericht integrieren, b) in einen besonderen Abschnitt innerhalb des Konzernlageberichts einfügen, oder in einem **gesonderten nichtfinanziellen Konzernbericht** bereitstellen. Sofern eine Integration in den Konzernlagebericht erfolgt, wird empfohlen, dass zur besseren Vergleichbarkeit (z. B. mithilfe einer Übersicht) im Konzernlagebericht angegeben wird, an welchen Stellen sich Angaben gemäß der nichtfinanziellen Konzernerklärung befinden. Durch DRÄS 8 wird im DRS 20 außerdem konkretisiert, unter welchen Voraussetzungen und wie genau ein gesonderter nichtfinanzieller Konzernbericht erstellt werden kann.[147]

Praxistipp:
Von besonderer Bedeutung für das berichterstattende Unternehmen dürften jedoch die in den DRS 20 neu integrierten Ausführungen zum Inhalt der nichtfinanziellen Konzernerklärung sein, da hiermit die gesetzlichen Vorschriften umfassend konkretisiert werden.

Im Speziellen wird näher ausgeführt, wie die von der Kapitalgesellschaft angewandten Due-Diligence-Prozesse und die wesentlichen Risiken, die mit den Geschäftsbeziehungen, den Produkten und Dienstleistungen des Konzerns verknüpft sind, zu beschreiben sind. Zusätzlich werden Beispiele für nichtfinanzielle Leistungsindikatoren zu den einzelnen berichtspflichtigen Belangen (Umwelt, Arbeitnehmer-, Sozialbelange, Achtung der Menschenrechte und Bekämpfung von Korruption und Bestechung) gegeben.[148] Durch die Konkretisierung der Berichtsvorgaben durch den DRS 20 (nach Integration der Änderungen aus DRÄS 8) dürften sich beim (Konzern-)Lageberichtsersteller Unklarheiten und Ermessensspielräume reduzieren. Entsprechend ist davon auszugehen, dass die Vorgaben des DRS 20 zu einer stärkeren Vergleichbarkeit der durch die nichtfinanzielle Konzernerklärung vermittelten Informationen beitragen.

4.2.3 Deutscher Corporate Governance Kodex

Der **Deutsche Corporate Governance Kodex (DCGK)** stellt die wesentlichen gesetzlichen Vorgaben zur Leitung und Überwachung deutscher börsennotierter Gesellschaften dar und enthält darüber hinaus auf internationaler und nationaler Ebene anerkannte **Standards guter und verantwortungsvoller Unternehmensführung**.[149]

---

[146] Vgl. DRÄS 8 (2017): 5.
[147] Vgl. DRÄS 8 (2017): Tz. 17.
[148] Vgl. DRÄS 8 (2017): Tz. 17.
[149] Vgl. DCGK (2017): 1.

Ziel des DCGK ist es, „das deutsche Corporate Governance System transparent und nachvollziehbar zu machen. Er will das Vertrauen der internationalen und nationalen Anleger, der Kunden, der Mitarbeiter und der Öffentlichkeit in die Leitung und Überwachung deutscher börsennotierter Gesellschaften fördern."[150] Die Standards guter und verantwortungsvoller Unternehmensführung werden im Kodex auf zwei Arten vermittelt. Sogenannte **Empfehlungen** des Kodex sind durch die Verwendung des Wortes „soll" im Text gekennzeichnet. Sogenannte **Anregungen** hingegen sind an der Verwendung des Wortes „sollte" zu erkennen. Alle anderen nicht entsprechend gekennzeichneten Abschnitte des DCGK geben demgegenüber gesetzliche Vorschriften und weiterführende Erläuterungen wieder.[151]

Gesetzliche Grundlage des DCGK ist § 161 AktG, nach dem Vorstand und Aufsichtsrat von börsennotierten Gesellschaften und von Gesellschaften mit Kapitalmarktzugang im (Sinne des § 161 Abs. 1 Satz 2 AktG) jährlich erklären müssen, inwieweit den Empfehlungen des DCGK entsprochen wurde („**Erklärung zum Corporate Governance Kodex**"). Insofern richtet sich der Kodex in erster Linie an vorstehend benannte Gesellschaften, wobei aber auch nicht kapitalmarktorientierten Gesellschaften die Beachtung des Kodex empfohlen wird. Von Empfehlungen des Kodex kann abgewichen werden, was dann jedoch in der Erklärung zum Corporate Governance Kodex offengelegt und begründet werden muss („**Comply-or-explain-Prinzip**"). Von Anregungen kann hingegen ohne jegliche Offenlegung und Begründung abgewichen werden.[152]

Der DCGK enthält zunächst keine Vorgaben, die sich auf eine Veröffentlichung von nichtfinanziellen Informationen beziehen, weswegen die Berücksichtigung des DCGK im Rahmen der Darstellung von Vorgaben zur Nachhaltigkeitsberichterstattung in Deutschland zunächst verwundern mag. Gleichwohl ist dem DCGK eine bestimmte Relevanz im Zusammenhang mit Nachhaltigkeit im Rahmen der Geschäftstätigkeit eines Unternehmens – und damit schlussendlich auch hinsichtlich der Berichterstattung darüber – beizumessen. So beschreibt der DCGK das **Unternehmensinteresse** von Gesellschaften, für die der DCGK einschlägig ist, wie folgt: „Der Kodex verdeutlicht die Verpflichtung von Vorstand und Aufsichtsrat, im Einklang mit den Prinzipien der Sozialen Marktwirtschaft für den Bestand des Unternehmens und seine nachhaltige Wertschöpfung zu sorgen".[153] Darüber hinaus lässt der DCGK deutlich eine **Stakeholder-Value-Orientierung** erkennen, da der Vorstand bei der Leitung des Unternehmens die Belange der Aktionäre, seiner Arbeitnehmer und weiterer (wichtiger) Stakeholder mit dem Ziel **nachhaltiger Wertschöpfung** zu berücksichtigen hat.[154] Schließlich führt der DCGK auch aus, dass eine etwaig erfolgsorientierte Vergütung

---

[150] DCGK (2017): 1.
[151] Vgl. DCGK (2017): 2.
[152] Vgl. DCGK (2017): 2; § 161 AktG.
[153] DCGK (2017): 1.
[154] Vgl. DCGK (2017): Tz. 4.1.1.

von Aufsichtsrat bzw. Vorstand auf eine nachhaltige Unternehmensentwicklung ausgerichtet werden soll.[155]

4.2.4 Deutscher Nachhaltigkeitskodex

Begriffsbestimmung

Der **Deutsche Nachhaltigkeitskodex (DNK)** wurde vom Rat für Nachhaltige Entwicklung[156] initiiert. Nach Vorlage eines ersten Entwurfs und nach Ende einer Dialogphase wurde der DNK am 13.10.2011 veröffentlicht und im Juli 2017 vor dem Hintergrund der **CSR-Richtlinie** letztmalig überarbeitet. Die Aktualisierung diente dabei der Rechtskonformität des DNK mit der CSR-Richtlinie bzw. dem CSR-Richtlinie-Umsetzungsgesetz.[157] Idee des DNK ist es, Unternehmen eine Orientierung bezüglich der Anforderungen an die Inhalte, sowie den Prozesses der Erstellung, **nichtfinanzieller Erklärungen und Berichte** zu bieten. Der DNK stellt dabei einen Rahmen zur Berichterstattung über Inhalte mit Nachhaltigkeitsbezug zur Verfügung, der sich an Unternehmen jeder Größe und Rechtsform richtet. Wie im Folgenden noch dargestellt wird, geben Unternehmen, die den DNK anwenden, eine **Entsprechenserklärung** ab, was vom Prozedere her an die Erklärung zum Corporate Governance Kodex nach § 161 AktG erinnert. Im Gegensatz zum DCGK ist die Berücksichtigung des DNK jedoch **vollkommen freiwillig**. Der Deutsche Nachhaltigkeitskodex verfolgt „das Ziel, den Nachhaltigkeitsgedanken in der Wirtschaft voranzubringen und die Nachhaltigkeitsleistung von Unternehmen transparent und vergleichbar zu machen"[158] und richtet sich als international anwendungsfähiger Berichtsstandard an (z. B. gemäß der CSR-Richtlinie) berichtspflichtige, aber auch nichtberichtspflichtige Unternehmen und Organisationen.[159] Nach eigener Auffassung liegt der Nutzen des DNK im komprimierten und anwenderfreundlichen Berichtsformat, das eine klare Struktur sowie eine Konzentration auf die wesentlichen Themen aufweist. Hieraus wiederum soll die Vergleichbarkeit einer Berichterstattung gemäß DNK resultieren.[160]

Struktur einer DNK-Entsprechenserklärung

Die Berichterstattung nach DNK erfolgt über eine DNK-Entsprechenserklärung. Diese setzt sich grundsätzlich aus textlich beschreibenden Bestandteilen und zahlenmäßig belegten Leistungsindikatoren zusammen. Bezüglich der Leistungsindikatoren entscheidet das Unternehmen, welchen **Indikatorenkatalog** es im Rahmen seiner Berichterstattung (durchgehend) verwendet, wobei die Indikatorensets von GRI (Global Reporting Initiative), SRS (Social Reporting Standard) und EFFAS (European

---

[155] Vgl. DCGK (2017): Tz. 4.2.3 bzw. 5.4.6.
[156] Der Rat für Nachhaltige Entwicklung setzt sich aus 15 Personen des öffentlichen Lebens zusammen, wurde erstmals Anfang 2001 von der Bundesregierung berufen und unterstützt die Umsetzung der nationalen Nachhaltigkeitsstrategie. Vgl. Rat für Nachhaltige Entwicklung (2017b).
[157] Vgl. Rat für Nachhaltige Entwicklung (2017a): 7. Bereits in der Gesetzesbegründung zum CSR-Richtlinie-Umsetzungsgesetz nennt die Bundesregierung den DNK als geeigneten Rahmen, an dem sich die betroffenen Unternehmen zur Erfüllung ihrer Berichtspflicht orientieren können. Die Aktualisierung des DNK erzeugt nun in Bezug auf die Konformität des DNK mit den neuen gesetzlichen Regelungen Klarheit.
[158] Rat für Nachhaltige Entwicklung (2017a): 7.
[159] Vgl. Rat für Nachhaltige Entwicklung (2017a): 7.
[160] Vgl. Rat für Nachhaltige Entwicklung (2017a): 8.

Federation of Financial Analyst Societies)[161] zur Auswahl stehen. Insbesondere der Verweis auf andere prominente **Rahmenwerke zur Nachhaltigkeitsberichterstattung** im Zusammenhang mit zu berichtenden Indikatoren dürfte die Anwendung des DNK durch das Unternehmen ganz wesentlich erleichtern, wenn das Unternehmen bereits nach einem der anderen Standards berichtet. Entsprechend gestattet es der DNK ausdrücklich, die Entsprechenserklärung aus bereits erstellten Berichten zu speisen.[162] Das im DNK vorgesehene Comply-or-explain-Prinzip hat nach Inkrafttreten der CSR-Richtlinie bzw. des CSR-Richtlinie-Umsetzungsgesetzes im Wesentlichen nur noch für nichtberichtspflichtige Unternehmen eine Relevanz. Diese können zu den im Folgenden vorgestellten Kriterien Angaben nach dem Wesentlichkeitsmaßstab machen, oder aber begründen, warum die Angabe unterbleibt (z. B. mangels Datenverfügbarkeit). Für berichtspflichtige Unternehmen im Sinne der CSR-Richtlinie sind das Weglassen von Angaben und die Anwendung des Comply-or-explain-Prinzips nur innerhalb der bereits oben dargestellten, engen Grenzen der CSR-Richtlinie möglich.

Strategie	Prozess-management	Umwelt-belange	Gesellschaft	Compliance
Strategische Analyse und Maßnahmen	Verantwortung	Inanspruch-nahme natürlicher Ressourcen	Arbeitnehmer-rechte	Politische Einflussnahme
Wesentlichkeit	Regeln und Prozesse		Chancen-gerechtigkeit	Gesetzes- und richtlinien-konformes Verhalten
Ziele	Kontrolle	Ressourcen-management	Qualifizierung	
Tiefe der Wertschöpfungs-kette	Anreizsysteme	Klimarelevante Emissionen	Menschenrechte	
	Beteiligung von Anspruchs-gruppen		Gemeinwesen	
	Innovations- und Produktmanage-ment			

Abb. 4.2 Die 20 Kriterien der DNK-Entsprechenserklärung.

Gemäß DNK berichten Unternehmen in einer **DNK-Entsprechenserklärung** zu **20 Kriterien** des Kodex (siehe **Abb. 4.2**) über die **Themenfelder Strategie, Prozessmanagement, Umweltbelange, Gesellschaft und Compliance**. Der DNK beschreibt einerseits überblickartig, welche Inhalte zu den einzelnen Kriterien zu veröffentlichen sind,[163] und bietet andererseits auch eine **Checkliste für alle Themenfelder**

---

[161] Damit sind die KPIs für ESG gemeint, die gemeinsam von der DVFA Deutsche Vereinigung für Finanzanalyse und Asset Management (im Folgenden: DVFA) und der EFFAS herausgegeben werden. Die KPIs for ESG werden in Kapitel 4.5.2 ausführlicher beschrieben.
[162] Vgl. Rat für Nachhaltige Entwicklung (2017a): 19.
[163] Siehe hierfür Rat für Nachhaltige Entwicklung (2017a): 11-17.

und Kriterien, in der die einzelnen geforderten Inhaltselemente inklusive konkreter (quantitativer) Leistungsindikatoren aufgeführt und kurz umrissen sind.[164] Vier Kriterien bilden das **Themenfeld „Strategie"**. Zunächst soll das Unternehmen hier über eine ggf. verfolgte Nachhaltigkeitsstrategie sowie konkret in diesem Zusammenhang ergriffene Maßnahmen berichten. Es ist darüber hinaus darzulegen, welche Aspekte der eigenen Geschäftstätigkeit einen wesentlichen (positiven oder negativen) Einfluss auf Aspekte der Nachhaltigkeit (und umgekehrt) haben. Neben der Offenlegung der qualitativen und/oder quantitativen sowie zeitlichen Nachhaltigkeitsziele des Unternehmens ist auch gefordert, dass Unternehmen angeben, „welche Bedeutung Aspekte der Nachhaltigkeit für die Wertschöpfung haben und bis zu welcher Tiefe seiner Wertschöpfungskette Nachhaltigkeitskriterien überprüft werden."[165] Während die Berichterstattungsvorgaben zum gesamten Themenfeld Strategie naturgemäß im Wesentlichen narrativer Art sind, sind die weiteren Themenfelder auch umfassend mit (quantitativen) Indikatoren zu unterlegen (hierfür sei auf die Checkliste des DNK verwiesen). Bei der Beschreibung des **Themenfelds „Prozessmanagement"** ist zunächst offenzulegen, wer in der Unternehmensführung für Nachhaltigkeit verantwortlich ist. Weiterhin ist darzulegen, wie eine ggf. vorhandene Nachhaltigkeitsstrategie durch Regeln und Prozesse im operativen Geschäft umgesetzt wird. Es soll außerdem dargestellt werden, wie und mit welchen Leistungsindikatoren zur Nachhaltigkeit intern geplant und kontrolliert wird und wie eine geeignete interne Steuerung sowie externe Kommunikation in Bezug auf Nachhaltigkeit sichergestellt wird. Offenzulegen ist auch, inwieweit Zielvereinbarungen und Vergütungssysteme für Führungskräfte und Mitarbeiter an Nachhaltigkeitsziele und langfristige Wertschöpfung gekoppelt sind und ob die diesbezügliche Zielerreichung Bestandteil der Bewertung des Vorstands/der Geschäftsleitung durch den Aufsichtsrat/Beirat ist. Das Unternehmen soll ebenfalls angeben, wie relevante Stakeholder identifiziert und in den Nachhaltigkeitsprozess eingebunden werden. Schließlich ist aufzuzeigen, wie das Unternehmen „durch geeignete Prozesse dazu beiträgt, dass Innovationen bei Produkten und Dienstleistungen die Nachhaltigkeit bei der eigenen Ressourcennutzung und bei Nutzern verbessern."[166] Zum **Themenfeld „Umweltbelange"** ist offenzulegen, in welchem Ausmaß das Unternehmen natürlich Ressourcen (z. B. Wasser, Boden, Abfall, Energie, etc.) in Anspruch nimmt und welche qualitativen und quantitativen Ziele es sich hinsichtlich der Ressourceneffizienz, der Steigerung der Ressourcenproduktivität und der Verringerung der Inanspruchnahme von Ökosystemdienstleistungen[167] gesetzt hat. Außerdem sollen klimarelevante Emissionen und selbst gesetzte Ziele zu deren Reduktion sowie die bisherigen Ergebnisse in diesem Zusammenhang angegeben werden.

Im Zusammenhang mit dem **Themenfeld „Gesellschaft"** ist zunächst auf die Einhaltung national und international anerkannter Standards zu Arbeitnehmerrechten einzuge-

---

[164] Siehe hierfür Rat für Nachhaltige Entwicklung (2017a): 34-65.
[165] Rat für Nachhaltige Entwicklung (2017a): 11.
[166] Rat für Nachhaltige Entwicklung (2017a): 13.
[167] Ökosystemdienstleistungen sind Bereiche und Prozesse in natürlichen Ökosystemen, die zur menschlichen Bedürfnisbefriedigung beitragen. Dazu gehören z. B. (regenerative) Ressourcen, wie Fisch, Holz, etc., aber auch natürliche Filtrations- oder Abbauprozesse (z. B. Regenwasser, Müllkompostierung). Vgl. Daily (1997): 3.

hen und darzulegen, welche Prozesse implementiert wurden, um Aspekte wie Diversity, Chancengerechtigkeit und Integration von Migranten zu fördern und welche Ziele das Unternehmen in diesen Bereichen verfolgt. Außerdem soll durch das Unternehmen offengelegt werden, welche Ziele es gesetzt und welche Maßnahmen es ergriffen hat, um die Fähigkeit der Mitarbeiterinnen und Mitarbeiter durch Qualifizierung zu fördern, an der Arbeits- und Berufswelt teilzuhaben. Schließlich ist auszuführen, wie das Unternehmen für sich und seine Lieferkette erreicht, dass Menschenrechte weltweit geachtet und insbesondere Zwangs- und Kinderarbeit sowie Ausbeutung verhindert werden und wie zum Gemeinwesen in den Regionen beigetragen wird, in denen das Unternehmen wesentliche Geschäftstätigkeit ausübt. Abschließend soll das Unternehmen unter dem **Themenfeld „Compliance"** transparent vermitteln, wie und in welchen Ländern ggf. versucht wird, z. B. über Lobbyarbeit politisch Einfluss zu nehmen und „welche Maßnahmen, Standards, Systeme und Prozesse zur Vermeidung von rechtswidrigem Verhalten und insbesondere von Korruption existieren"[168] und wie sie geprüft werden.[169]

Kritische Betrachtung des Deutschen Nachhaltigkeitskodex

Etwa ein Jahr nach seiner Einführung Ende 2011 wurde der DNK im Rahmen einer **empirischen Studie** hinsichtlich seiner Reichweite und Wirksamkeit bewertet.[170] Im Rahmen der Studie wurden die drei zentralen Zielgruppen des DNK – Unternehmen, Kapitalmarktakteure und die Gesellschaft – befragt. Auf Basis der Befragung von 70 Unternehmen (davon haben 25 den DNK implementiert)[171] unterschiedlicher Branchen und Größen zeigt sich, dass der Median des Zeitaufwands für die Unternehmen zur Erstellung und Abstimmung einer Entsprechenserklärung 5 Tage beträgt (Minimum = 1 Tag; Maximum = 50 Tage). Im Hinblick auf Verantwortlichkeiten im Unternehmen im Zusammenhang mit der Implementierung des DNK und der Verabschiedung der Entsprechenserklärung zeigt sich, dass hier hauptsächlich die Abteilung(en) CSR/Umwelt (bzw. analog) federführend agieren und der Vorstand/die Geschäftsleitung am Prozess beteiligt ist.[172]

Als **wesentliche Faktoren, die für eine Implementierung des DNK sprechen**, werden von Seiten der 25 befragten Unternehmen, die den DNK implementiert haben, das allgemeine Voranbringen des Themas Nachhaltigkeit[173], eine Erhöhung der Transparenz[174] und eine Stärkung der Nachhaltigkeit im eigenen Unternehmen[175] gesehen. Als weniger bedeutsame Faktoren werden eine internationale Anschlussfähigkeit des

---

[168] Rat für Nachhaltige Entwicklung (2017a): 17.
[169] Vgl. für die vorstehenden Ausführungen zu den 20 Kriterien Rat für Nachhaltige Entwicklung (2017a): 11-17.
[170] Vgl. hierzu und für die nachfolgenden Ausführungen Bassen (2013). Alle dargestellten Ergebnisse entspringen dieser Studie. Siehe für die folgenden Ausführungen auch Rat für Nachhaltige Entwicklung (2013).
[171] Insgesamt lagen zum Zeitpunkt der Durchführung der Studie 30 DNK-Entsprechenserklärungen vor, entsprechend haben nicht alle Unternehmen, die den DNK implementiert hatten, auch an der Befragung teilgenommen. Später, zum Zeitpunkt der Auswertung der Ergebnisse der Studie (Stand 30.11.2012), lagen 33 DNK-Entsprechenserklärungen vor. Vgl. Bassen (2013): 4.
[172] Vgl. Bassen (2013): 19-25.
[173] 18 Nennungen. Vgl. Bassen (2013): 27.
[174] 14 Nennungen.
[175] 9 Nennungen.

DNK[176] sowie gesellschaftlicher oder politischer Druck wahrgenommen.[177] **Wesentliche Faktoren, die gegen eine Implementierung des DNK sprechen**,[178] sind aus Sicht der befragten Unternehmen die Tatsache, dass bereits andere Berichtsstandards erfüllt werden, eine Implementierung von Stakeholdern nicht verlangt wird, und eine Honorierung der Implementierung am Markt unklar ist.[179] Weniger bedeutsam, aber dennoch relevant, scheint für Unternehmen in diesem Zusammenhang der Aufwand bei der Erstellung der DNK-Entsprechenserklärung und eine geringe internationale Anschlussfähigkeit des DNK zu sein.[180]

Die Auswertung der Befragung von 163 Kapitalmarktakteuren (Asset Manager, Sell- und Buy-Side Analysten, Asset Owner, Analysten von Ratingagenturen und Sonstige) zeigt, dass zunächst knapp 40 % der Befragten verbesserte Standards der Berichterstattung über nichtfinanzielle Informationen für erforderlich halten.[181] Als Gründe hierfür werden unter anderem genannt eine Erhöhung der Transparenz, die steigende Relevanz für die Bewertung, eine Verbesserung der Risikoabschätzung und die möglichen Auswirkungen nichtfinanzieller Kriterien auf die langfristige Finanzlage des Unternehmens. Von den 163 befragten Kapitalmarktakteuren geben 21 an, dass sie Nachhaltigkeitsinformationen gar nicht verwenden, während 37, 34, 18 und 11 angeben, dass sie Nachhaltigkeitsinformationen auf Basis von Nachhaltigkeitsratings, von Nachhaltigkeitsberichten der Unternehmen, konkreter Leistungsindikatoren und von Nachhaltigkeitspreisen oder -auszeichnungen verwenden.[182] Es zeigt sich weiterhin, dass von 36 Befragten, die Leistungsindikatoren benutzen, 15 Befragte nur 1 bis 5, 10 Befragte immerhin 5 bis 10 und 11 Befragte sogar mehr als 10 Leistungsindikatoren verwenden.[183] Insgesamt erfolgt die Berücksichtigung von Nachhaltigkeitsinformationen durch Kapitalmarktakteure also tendenziell auf höherer Aggregationsebene und unter Verwendung recht weniger Leistungsindikatoren. Als **zentral für die zukünftige Entwicklung des DNK** wird von Seiten der Kapitalmarktakteure außerdem die Erhöhung der Akzeptanz durch die Unternehmen sowie die potenziellen Nutzer gesehen.[184] Die befragten Kapitalmarktakteure sehen schließlich in einer mangelnden Datenverfügbarkeit sowie -zuverlässigkeit und einem schwierigen Abgleich mit bestehenden Berichtsstandards die wesentlichen strukturellen und inhaltlichen Herausforderungen bezüglich der DNK-Entsprechenserklärung.[185]

Befragungsteilnehmer, die der Zielgruppe Gesellschaft angehören, repräsentieren beispielsweise Umweltschutzorganisationen, Forschungsinstitute, die Kirche, Gewerkschaf-

---

[176] 6 Nennungen. Vgl. Bassen (2013): 29.
[177] Jeweils 3 Nennungen. Bei den genannten weniger wichtigen Faktoren handelt es sich um eine Auswahl.
[178] 17 der Unternehmen, die den DNK implementiert haben, bilden bei dieser Frage die Grundgesamtheit.
[179] Jeweils 9 Nennungen.
[180] 6 bzw. 5 Nennungen.
[181] Vgl. Bassen (2013): 47.
[182] 39 Befragungsteilnehmer haben keine Antwort gegeben oder die Antwortoption „Sonstiges" gewählt. Vgl. hierzu Bassen (2013): 49.
[183] Vgl. Bassen (2013): 50.
[184] 33 bzw. 28 Nennungen, Mehrfachantworten möglich. Vgl. auch für die weiteren Antworten Bassen (2013): 60.
[185] 25 bzw. 22 Nennungen, Mehrfachantworten möglich. Vgl. Bassen (2013): 56 auch für die weiteren möglichen Herausforderungen.

ten oder Stiftungen (insgesamt 35 Befragte).[186] Als **wesentliche Vorteile des DNK** werden von diesen Befragungsteilnehmern die Erhöhung der Transparenz und das allgemeine Voranbringen des Themas Nachhaltigkeit gesehen.[187] **Bedeutsamster Nachteil** ist hingegen die fehlende gesetzliche Verankerung des DNK.[188] Als wichtigste strukturelle und inhaltliche Herausforderungen hinsichtlich der DNK-Entsprechenserklärung werden von den Befragten die Hürde bei der Verlinkung zu bestehenden Berichtsformaten, eine mangelnde Datenverfügbarkeit sowie -zuverlässigkeit und der schwierige Abgleich mit bestehenden Berichtsstandards genannt.[189]

In der vorstehend dargestellten Studie sind einige der zentralen Kritikpunkte am DNK, die auch in der Literatur diskutiert werden, angeklungen.[190] Hinsichtlich der im ersten Jahr nach Veröffentlichung des DNK noch kritisch angemerkten, **geringen Verbreitung des DNK** lässt sich zunächst konstatieren, dass die Anzahl der Anwender in den vergangenen Jahren kontinuierlich und stark angestiegen ist. Ende 2017 umfasst die DNK-Datenbank, die alle DNK-Entsprechenserklärungen für alle Jahre enthält, 238 Unternehmen, darunter 16 der (aktuellen) **DAX-30-Unternehmen**. Für das aktuelle Berichtsjahr 2016 haben lediglich sieben DAX-30-Unternehmen eine **DNK-Entsprechenserklärung** abgegeben. Während sich damit die Anzahl an Anwendern innerhalb von fünf Jahren mehr als versiebenfacht hat (von 33 Anwendern zum Stichtag 30.11.2012), wendet eine beachtliche Anzahl der größten und wichtigsten deutschen Unternehmen des DAX 30 den DNK nicht oder nicht regelmäßig an. Über die Gründe hierfür kann an dieser Stelle nur spekuliert werden. Es scheint jedoch wenig plausibel, dass die betreffenden Unternehmen den organisatorischen, personellen oder finanziellen Aufwand, der mit der Erstellung einer DNK-Entsprechenserklärung einhergeht, scheuen, zumal fast alle DAX-30-Unternehmen beispielsweise für das Geschäftsjahr 2016 (also bereits vor dem Inkrafttreten der Neuregelungen nach CSR-Richtlinie-Umsetzungsgesetz) in der ein oder anderen Form vergleichsweise umfassend über Nachhaltigkeit berichten.[191] Auch dürften oben aufgezeigte Hürden der Implementierung des DNK, wie Schwierigkeiten bei der Verlinkung zu bestehenden Berichtsformaten oder Probleme beim Abgleich mit bestehenden Berichtsstandards, keine Hindernisse darstellen, die von DAX-30-Unternehmen mit den vorhandenen finanziellen und personellen Ressourcen nicht überwunden werden könnten. Plausibler erscheint, dass die betreffenden Unternehmen hier schlicht die Notwendigkeit bzw. den Nutzen der Implementierung des DNK – über die bestehende Nachhaltigkeitsberichterstattung hinaus – nicht wahrnehmen, was bereits oben dargelegte Ergebnisse zeigen: aus Sicht der befragten Unternehmen spricht gegen die Implementierung des DNK insbesondere, dass diese von **Stakeholdern nicht verlangt** wird und eine **Honorierung durch den Markt** entsprechend **unklar** ist. Inso-

---

[186] Vgl. Bassen (2013): 64.
[187] Jeweils 7 Nennungen, Mehrfachantworten möglich. Vgl. Bassen (2013): 72 auch für die weiteren möglichen Vorteile.
[188] 5 Nennungen, Mehrfachantworten möglich. Vgl. Bassen (2013): 73 auch für die weiteren möglichen Nachteile.
[189] 6, 5 und 4 Nennungen, Mehrfachantworten möglich. Vgl. Bassen (2013): 75 auch für die weiteren möglichen Herausforderungen.
[190] Vgl. z. B. Zwick (2014); Kleinfeld/Martens (2014); Weber (2014), auch für die nachfolgenden Ausführungen.
[191] Siehe hierzu Kapitel 5.

fern erscheint zunächst fraglich, welchen Nutzen ein rein nationaler Berichtsstandard – zusätzlich zu den bereits etablierten internationalen Berichtsstandards – aufweist.[192] Auch die vom DNK grundsätzlich unterstellte internationale Anschlussfähigkeit wird, wie oben dargelegt, von den wesentlichen Zielgruppen des DNK eher in Frage gestellt und bedarf schlussendlich des konkreten Beispiels.[193] Schließlich kann kritisch beurteilt werden, dass der DNK keine gesetzliche Verankerung besitzt und außerdem der DNK keine verbindliche externe Überprüfung (z. B. durch einen Wirtschaftsprüfer) vorsieht und entsprechend die Gefahr des Greenwashing besteht.[194]

Praxistipp:
Der **wesentliche Vorteil des DNK** ist sicherlich in seinem vergleichsweise geringen Umfang und der damit einhergehenden **einfachen Anwendbarkeit** zu sehen.[195] Begünstigt wird die Anwendbarkeit außerdem durch die Checkliste für alle Themenfelder und Kriterien, in der die einzelnen geforderten Inhaltselemente inklusive konkreter (quantitativer) Leistungsindikatoren aufgeführt und umrissen sind. Vor dem Hintergrund der in Frage stehenden Nützlichkeit des DNK bzw. der DNK-Entsprechenserklärung über bestehende Standards und Nachhaltigkeitsberichterstattung hinaus, führt die einfache Anwendbarkeit zu der Schlussfolgerung, dass der DNK insbesondere für Unternehmen, die bisher noch keine Informationen mit Nachhaltigkeitsbezug veröffentlichen, von Interesse sein kann.

Wie bereits an anderer Stelle dargelegt, verweist die Europäische Kommission in den im Zusammenhang mit der CSR-Richtlinie veröffentlichten Leitlinien für die Berichterstattung über nichtfinanzielle Informationen unter anderem auf den DNK. Damit und aufgrund einer vergleichsweise einfachen Erfüllung der neuen Offenlegungspflichten aus der CSR-Richtlinie bei seiner Anwendung könnte der DNK nicht nur national, sondern auch im europäischen Ausland, eine erhebliche Aufwertung erfahren haben.

4.3 Global Reporting Initiative (GRI)

4.3.1 Begriffsbestimmung

Die **Global Reporting Initiative (GRI)** wurde 1997 in Boston von der US-amerikanischen Non-profit Organisation CERES (Coalition for Environmentally Responsible Economies) und dem Tellus Institute unter Mitwirkung des United Nations Environ-

---

[192] Vgl. Kleinfeld/Martens (2014): 227.
[193] Vgl. Zwick (2014): 255.
[194] Wobei hier der DNK nicht unbedingt anfälliger ist, als andere (freiwillig anwendbaren) Rahmenwerke. Vgl. Kleinfeld/Martens (2014): 227.
[195] Vgl. Hentze/Thies (2014a): 420.

ment Programme (UNEP) gegründet. Mit Verabschiedung der ersten Version der GRI Guidelines lag im Jahre 2000 das erste global ausgerichtete Rahmenwerk für umfassende Nachhaltigkeitsberichterstattung vor. Nach mehreren Weiterentwicklungen der GRI Guidelines wurde im Jahre 2013 die vierte Generation GRI G4 veröffentlicht, die wiederum im Jahre 2016 durch die **GRI Standards** ersetzt wurde. Die GRI Standards enthalten alle wesentlichen Konzepte und Offenlegungsvorschriften der GRI G4, sollen sich aber durch eine modulare, flexiblere Struktur, klarere Berichtsvorgaben und einfachere Sprache auszeichnen.[196]

Nachhaltigkeitsberichterstattung gemäß der GRI Standards „is an organization's practice of reporting publicly on its economic, environmental, and/or social impacts, and hence its contributions – positive or negative – towards the goal of sustainable development."[197] Zunächst stellt die Nachhaltigkeitsberichterstattung nach den GRI Standards also auf die drei Dimensionen der Nachhaltigkeit gemäß der **Triple Bottom Line** ab. Gleichzeitig wird auch die Notwendigkeit einer ausgewogenen Berichterstattung betont. Ein Nachhaltigkeitsbericht nach den GRI Standards richtet sich dabei ausdrücklich an **interne und externe Stakeholder** insgesamt, also – anders als beispielsweise das IR Framework oder die SASB Standards – nicht primär an Kapitalgeber. Zielsetzung der Standards ist es, die weltweite Vergleichbarkeit und Qualität der Nachhaltigkeitsberichterstattung von Organisationen (insbesondere Unternehmen unterschiedlicher Größen und Rechtsformen)[198] zu erhöhen.[199]

Die **GRI Standards** sind als Set zusammenhängender Standards zu sehen, die bei gemeinsamer Anwendung Organisationen bei der Erstellung eines **Nachhaltigkeitsberichts**, der auf **Berichterstattungsgrundsätzen** (Reporting Principles) und einem Fokus auf wesentlichen Themen basiert, unterstützen sollen. Eine Berichterstattung in Übereinstimmung mit den GRI Standards stellt dabei sicher, dass der Nachhaltigkeitsbericht ein vollständiges und ausgewogenes Bild der für die Organisation wesentlichen (Nachhaltigkeits-)Themen erzeugt, welche Auswirkungen die Themen haben und wie sie gemanagt werden (siehe auch **Abb. 4.3**). Die Berichterstattung in Übereinstimmung mit den GRI Standards kann dabei in Form eines separaten Nachhaltigkeitsberichts, aber auch in Form einer Sammlung von Verweisen auf vielfältige Berichtsformate, erfol-

---

[196] Vgl. GRI (2017b). Wie in Kapitel 5.2.2 noch deutlich werden wird, verwenden fast alle im Rahmen der empirischen Analyse betrachteten DAX-30-Unternehmen für das Berichtsjahr 2016 bzw. 2015/16 die GRI Guidelines in der Version G4 bei ihrer Berichterstattung, nur zwei Unternehmen beziehen sich bereits auf die GRI Standards. Dass die GRI Standards die Grundlage für dieses Kapitel bilden ist insofern unkritisch, als dass durch die Neuerungen zwar die Struktur der Berichtsvorgaben nach GRI verändert wurde, jedoch im Wesentlichen nicht die Inhalte/Kernaspekte der Berichterstattung selbst.
[197] GRI 101: 3; hier und im Folgenden werden die GRI Standards aus GRI (2016) zitiert.
[198] Vgl. GRI (2017a).
[199] Vgl. GRI 101: 3.

gen. Entscheidende Bedeutung kommt hier dem GRI Content Index zu, der zusammenfassend die Seitenzahlen bzw. URL aller Berichtsinhalte nach GRI Standards enthält. Das Set an GRI Standards besteht zunächst aus drei sogenannten **Universal Standards**, die sich ganz allgemein mit Grundlagen der Verwendung der GRI Standards (GRI 101), Vermittlung von Hintergrundinformationen zur berichterstattenden Organisation (GRI 102) und der Vermittlung von Informationen zum Management Approach der Organisation bezüglich der wesentlichen (Nachhaltigkeits)Themen (GRI 103) befassen. Darüber hinaus existieren **Subsets an Standards**, die **spezifische Berichtsvorgaben** zu für die Organisation wesentlichen (Nachhaltigkeits-)Themen in den Bereichen Ökonomie (200er Serie), Ökologie (300er Serie) und Soziales (400er Serie) beinhalten (siehe **Abb. 4.3** für einen Überblick über die Struktur des Sets an GRI Standards).[200]

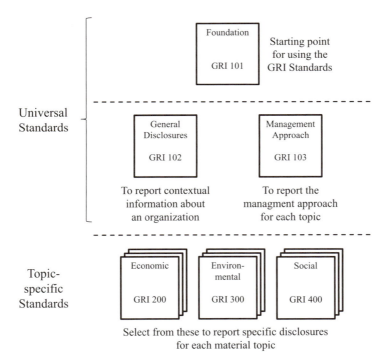

Abb. 4.3 Struktur der GRI Standards [in Anlehnung an GRI 101: 3].

4.3.2 Struktur eines Nachhaltigkeitsberichts nach GRI

GRI 101 beschreibt 10 Berichterstattungsgrundsätze, deren Berücksichtigung für die Erlangung einer qualitativ hochwertigen Nachhaltigkeitsberichterstattung entscheidend ist (siehe **Abb. 4.4**). Die vier **Berichterstattungsgrundsätze** Einbeziehung

[200] Vgl. GRI 101: 4.

von Stakeholdern, Nachhaltigkeitskontext, Wesentlichkeit und Vollständigkeit dienen dabei der Bestimmung der Berichtsinhalte, während die sechs Berichterstattungsgrundsätze Genauigkeit, Ausgewogenheit, Klarheit, Vergleichbarkeit, Verlässlichkeit und Aktualität direkt zur Berichtsqualität beitragen.

Der Berichterstattungsgrundsatz **Einbeziehung von Stakeholdern** bedeutet, dass die Organisation im Rahmen ihrer Nachhaltigkeitsberichterstattung begründete Erwartungen und Interessen ihrer Stakeholder berücksichtigen soll. Dazu gehören auch Erwartungen und Interessen von Stakeholdern, die diese nicht unmittelbar artikulieren können, bzw. mit denen die Organisation nicht in einem direkten Dialog steht. Stakeholder stellen dabei in erster Linie „entities or individuals that can reasonably be expected to be significantly affeced by the reporting organization's activities, products, or services" dar.[201] Die Organisation hat dann im Rahmen der Nachhaltigkeitsberichterstattung darzustellen, welche Stakeholder sie identifiziert hat und wie auf deren Erwartungen und Interessen reagiert wurde.[202] Bei der Bestimmung der Berichtsinhalte für einen Nachhaltigkeitsbericht nach GRI Standards ist in Bezug auf mögliche Adressaten der Berichterstattung ein denkbar weites Verständnis zugrunde zu legen. **Nachhaltigkeitskontext** als weiterer Berichterstattungsgrundsatz besagt, dass die Leistung der Organisation im größeren Zusammenhang einer nachhaltigen Entwicklung darzustellen ist. Nachhaltigkeitsberichterstattung erfolgt also vor dem Hintergrund der Frage, „wie eine Organisation zur Verbesserung oder Verschlechterung von wirtschaftlichen, ökologischen und gesellschaftlichen Bedingungen, Entwicklungen sowie Tendenzen auf lokaler, regionaler oder globaler Ebene beiträgt bzw. in Zukunft beitragen möchte."[203] Dabei ist jedoch eine eingeschränkte Berichterstattung über Tendenzen bei einzelnen Leistungen nicht zulässig, die Berichterstattung hat also umfassend zu erfolgen.[204] Gemäß des Grundsatzes der **Wesentlichkeit** beinhaltet ein Nachhaltigkeitsbericht nach den GRI Standards Aspekte, die die wesentlichen wirtschaftlichen, ökologischen und gesellschaftlichen Auswirkungen der Organisation wiedergeben, oder die Beurteilungen und Entscheidungen der Stakeholder maßgeblich beeinflussen. Insofern können auch Aspekte wesentlich sein, die nicht notwendigerweise zu Veränderungen in Beurteilungen/Entscheidungen führen. Im Rahmen der Bestimmung wesentlicher Berichtsinhalte sollen Sachverhalte in eine Wesentlichkeitsmatrix (im Sinne eines Koordinatensystems) eingeordnet werden, bei der auf der x-Achse die Tragweite der wirtschaftlichen, ökologischen und gesellschaftlichen Auswirkungen eines Sachverhalts und auf der y-Achse die Stärke des Einflusses auf die Beurteilungen und Entscheidungen der Stakeholder abgetragen ist. Themen, bei denen sowohl die Tragweite der Auswirkungen als auch die Stärke des Einflusses auf Beurteilungen/Entscheidungen hoch sind, gehören in der Regel als wesentliche Themen in den Nachhaltigkeitsbericht. Zumindest grundsätzlich ist

---

[201] GRI 101: 8.
[202] Vgl. GRI 101: 8.
[203] GRI (2015b): 10. Die GRI Standards liegen derzeit noch nicht in deutscher Sprache vor, weswegen hier und im Folgen zum Teil aus der deutschen Fassung der GRI G4 zitiert wird. Dies ist möglich und unkritisch, da die GRI Standards und die Guidelines GRI G4 textlich in weiten Teilen identisch sind. Vgl. GRI (2015a, b).
[204] Vgl. GRI 101: 9.

aber auch denkbar, dass auch über Themen berichtet wird, deren Wesentlichkeit nur aus einer der beiden Dimensionen resultiert.[205] Der Berichterstattungsgrundsatz der **Vollständigkeit** ergibt sich wiederum aus den drei Elementen Umfang, Abgrenzung des Aspekts und Zeit. Umfang bedeutet, dass sich durch die in einem Bericht abgedeckten Themen ein hinreichendes Bild der wirtschaftlichen, ökologischen und gesellschaftlichen Auswirkungen der Organisation ergeben muss. Bei der Abgrenzung des Aspekts ist zu erläutern, wo die Auswirkungen des Aspekts innerhalb und außerhalb der Organisation auftreten. Zeit wiederum betrifft die Anforderung, dass die im Nachhaltigkeitsbericht vermittelten Informationen für den Berichtszeitraum vollständig sind.[206]

Die Berichterstattungsgrundsätze, aus denen sich die Berichtsqualität ergibt, sind im Wesentlichen selbsterklärend. Informationen sind für die Beurteilung der Nachhaltigkeitsleistung eines Unternehmens durch Stakeholder zunächst nur hilfreich, wenn diese **genau, ausgewogen, klar** und **aktuell** sind. **Vergleichbarkeit** entsteht, wenn Organisationen Informationen kontinuierlich auswählen, zusammentragen und berichten. Nur dann sind beispielsweise ein Vergleich mit früheren Leistungen der Organisation und die Betrachtung von Zielerreichungsgraden denkbar. Insbesondere sind auch Methoden zur Berechnung von Daten und das Layout des Berichts im Zeitablauf nach Möglichkeit beizubehalten.[207] Der Berichtsgrundsatz der **Verlässlichkeit** schließlich stellt darauf ab, dass die für den Nachhaltigkeitsbericht verwendeten Informationen und Verfahren so gesammelt, aufgezeichnet, analysiert und weitergeben werden sollen, dass sie einer Überprüfung unterzogen werden können.[208]

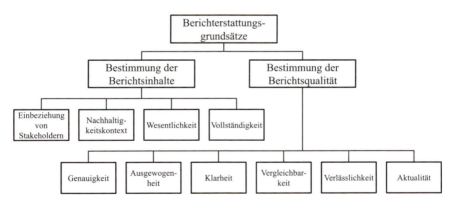

Abb. 4.4 Berichterstattungsgrundsätze nach GRI.

---

[205] Vgl. GRI 101: 11.
[206] Vgl. GRI 101: 12.
[207] Vgl. GRI 101: 14.
[208] Vgl. GRI (2015b): 16.

Gemäß GRI 101 existieren **verschiedene Formen der Anwendung der GRI Standards**. Zunächst kann eine Organisation, die nicht vorsieht, einen umfassenden Nachhaltigkeitsbericht in Übereinstimmung mit den GRI Standards zu veröffentlichen, die Standards, oder Teile davon, dennoch verwenden, um über Nachhaltigkeit zu berichten bzw. spezifische Informationen zu vermitteln. Ein solches Vorgehen wird in GRI 101 als „**GRI-Referenced**" bezeichnet und jedes Dokument, das (zumindest in Teilen) auf (einzelnen) GRI Standards beruht, soll den entsprechenden Verweis beinhalten.[209] Darüber hinaus bestehen zwei Varianten der sogenannten „**In Accordance**"- bzw. „In Übereinstimmung"-Option für Organisationen, die ihren Nachhaltigkeitsbericht nach den GRI Standards erstellen wollen. Bei der „**Core**"-Variante sind Offenlegungsvorschriften der GRI Standards in einem Umfang zu befolgen, mit dem grade noch sichergestellt ist, dass die vermittelten Informationen beim Berichtsadressaten zu einem Verständnis der Organisation, ihrer wesentlichen Nachhaltigkeitsthemen und zugehörigen Auswirkungen, sowie des Umgangs der Organisation mit diesen, führen. In der „**Comprehensive**"-Variante sind zusätzliche Offenlegungsvorgaben der GRI Standards zu befolgen, die im Wesentlichen die Strategie, Ethik, Integrität und Governance der Organisation betreffen. Die unterschiedlichen Varianten stehen in keinem Zusammenhang mit der Qualität der vermittelten Information, vielmehr sind sie Indikator des Ausmaßes, in dem die Berichtsvorgaben der GRI Standards angewendet wurden.[210]

Bei Anwendung der „In Accordance"-Option sind dem Nachhaltigkeitsbericht zunächst alle Vorgaben des GRI 101 zugrunde zu legen und damit insbesondere die 10 Berichterstattungsgrundsätze anzuwenden. Darüber hinaus sind vordefinierte Offenlegungsvorschriften des GRI 102 „General Disclosures" zu befolgen. Beispielsweise ist im Rahmen der „Core"-Variante das Organisationsprofil (Berichtsvorgaben GRI 102-1 bis 102-13), die Nachhaltigkeitsstrategie (GRI 102-14), die Organisationsethik und -integrität (GRI 102-16) und die Governance (GRI 102-18) darzulegen. In der „Comprehensive"-Variante sind hingegen alle Berichtsvorgaben nach GRI 102 zu befolgen.[211] In beiden „In Accordance"-Varianten ist für jedes als wesentlich eingeordnete Nachhaltigkeitsthema außerdem der Management Approach gemäß GRI 103 „Management Approach" zu beschreiben, also – verkürzt ausgedrückt –, wie mit dem jeweiligen Thema durch die Organisation umgegangen wird.[212] Schließlich sind die spezifischen Berichtsvorgaben zu für die Organisation wesentlichen (Nachhaltigkeits-)Themen in den Bereichen Ökonomie, Ökologie und Soziales nach den jeweiligen themenspezifischen Standards der 200er, 300er und 400er Serien zu befolgen. Nach der „Core"-Variante ist dabei wiederum nur eine Teilmenge der Berichtsvorgaben zu erfüllen, wohingegen in der „Comprehensive"-Variante vollumfassend zu berichten ist.[213] Die themenspezifischen Standards beinhalten einerseits Berichtsvorgaben, die narrativ zu erfüllen sind, aber andererseits auch umfassend Indikatoren, die in quantitativer Form zu erfassen und zu berichten sind.

---

[209] Vgl. GRI 101: 21.
[210] Vgl. GRI 101: 21.
[211] Ausnahmen hiervon können sich jeweils aus Berichtsgrenzen ergeben, vgl. GRI 101: 23.
[212] Vgl. GRI 103-2.
[213] Vgl. GRI 101: 23.

4.3.3 Kritische Betrachtung

Die GRI Guidelines bzw. Standards sind grundsätzlich so konzipiert, dass die universelle Anwendbarkeit durch eine Vielzahl von Organisationen unterschiedlicher (Rechts-)Formen ein Hauptcharakteristikum darstellt. Außerdem wohnt den GRI Guidelines bzw. Standards der Grundsatz des kontinuierlichen Dialogs zwischen der Organisation und seinen Stakeholdern im Sinne der Berücksichtigung einer Vielzahl an Interessen inne.[214] Hierin und in der ausdrücklich globalen Ausrichtung der Initiative, der Unterstützung durch UNEP und der Historie der GRI dürfte begründet liegen, warum sich die GRI Guidelines bzw. Standards als die weltweit am meisten verwendete Norm im Bereich der (freiwilligen) Nachhaltigkeitsberichterstattung etabliert und damit den Status eines **de facto Standards** erlangt haben.[215] Auch bei der **Nachhaltigkeitsberichterstattung** innerhalb des **DAX 30** wird sich in den nachfolgenden Kapiteln die besondere Relevanz der GRI zeigen.

> **Praxistipp:**
> Durch die Bestimmung wesentlicher Berichtsinhalte in der oben dargestellten Weise (Stichwort Wesentlichkeitsmatrix) ermöglichen die GRI Guidelines bzw. Standards einerseits die umfassende Einbeziehung von Stakeholdern und ihren Interessen im Rahmen der Nachhaltigkeitsberichterstattung. Andererseits geben die GRI Guidelines bzw. Standards der berichterstattenden Organisation mit umfangreichen Indikatorensets Hilfestellungen, worüber konkret wie zu berichten ist. Unterschiedliche Formen der Anwendung der GRI Guidelines bzw. Standards gestatten es den Organisationen schließlich, diese in unterschiedlichem Ausmaß anzuwenden.

Die Anwenderfreundlichkeit der GRI Guidelines bzw. Standards muss insgesamt als vergleichsweise hoch eingeordnet werden, was die Erstellung eines Nachhaltigkeitsberichts nach GRI insbesondere im Vergleich zu anderen komplexen Rahmenwerken, wie z. B. dem nachfolgend vorgestellten Integrated Reporting (IR) Framework, durchaus erleichtert und abermals zur hohen Bedeutung der GRI beitragen dürfte.

4.4 Integrated Reporting

4.4.1 Begriffsbestimmung

Insbesondere im deutschsprachigen Raum wird ein Bericht, der die (finanzielle) Regelpublizität eines Unternehmens sowie umfassend auch Berichtsinhalte mit Bezug zur Nachhaltigkeit beinhaltet, als **integrierter Bericht** bezeichnet. Ein in diesem Sinne integrierter Bericht würde z. B. auch dann vorliegen, wenn sich ein Unternehmen dazu entschließt, vormals getrennt voneinander veröffentlichte (klassische) **Geschäfts- und Nachhaltigkeitsberichte** in einem (sinnvoll inhaltlich verknüpften) **gemeinsamen Dokument** zu veröffentlichen. Damit ist der integrierte Bericht nach eben dargelegtem

---

[214] Vgl. Lackmann (2010): 40 f.
[215] Vgl. Gabriel (2015): 32.

Verständnis **zwar artverwand** mit dem sogenannten **Integrated Report**, entspricht ihm aber definitorisch grade nicht, was in den weiteren Ausführungen deutlich werden wird.

Während die grundlegende Idee zu Integrated Reporting nicht neu ist,[216] hat Integrated Reporting durch die Gründung des **International Integrated Reporting Council (IIRC)**[217] im Jahre 2010 und die Veröffentlichung des **International Integrated Reporting (IR) Frameworks** (im Folgenden auch: IR Framework)[218] durch das IIRC im Jahre 2013 an Relevanz gewonnen. Kernziel des IR Frameworks ist „to guide organizations on communicating the broad set of information needed by investors and other stakeholders to assess the organization's long-term prospects in a clear, concise, connected and comparable format."[219] Die Hauptaufgabe eines Integrated Report ist dabei "to explain to providers of financial capital how an organization creates value over time."[220] Während in der Entstehungsphase des IR Frameworks der **Bezug zu Investoren** als wesentliche Adressaten eines Integrated Report weniger stark ausgeprägt war, fällt er in der finalen Fassung des Frameworks deutlicher aus. Dennoch sollen ausdrücklich alle interessierten Stakeholder von einem Integrated Report profitieren.[221]

„Value Creation" (**Wertschaffung**) manifestiert sich nach dem IR Framework „in increases, decreases or transformations of the capitals caused by the organization's business activities and outputs"[222] und bezieht sich auf die Organisation und ihre Investoren sowie andere Stakeholder.[223] Das IR Framework unterscheidet dabei sechs „Capitals" (**Kapitalarten**): Finanzkapital, Produktionskapital, Intellektuelles Kapital, Humankapital, Soziales Kapital und Natürliches Kapital.[224] Der **Wertschaffungsprozess** eines Unternehmens, der mittels des Integrated Reports transparent gemacht werden soll, lässt sich gemäß des im IR Framework dargelegten Verständnisses wie in **Abb. 4.5** gezeigt skizzieren. Gemäß ihres Geschäftsmodells und mittels ihrer Geschäftstätigkeiten transformieren Unternehmen die jeweiligen Kapitalarten (Inputs) in Dienstleistungen und Produkte (Outputs), woraus sich eine Veränderung des

---

[216] Vgl. Owen (2013): 354.
[217] Das IIRC ist „a global coalition of regulators, investors, companies, standard setters, the accounting profession and NGOs", IIRC (2013): 1.
[218] Das IR Framework ist das Ergebnis eines mehrjährigen Prozesses. Nach der Gründung des IIRC wurde zunächst im Rahmen eines Konsultationsprozesses ein Diskussionspapier mit dem Titel „Towards Integrated Reporting – Communicating Value in the 21st Century" veröffentlicht, vgl. IIRC (2011). Unter Berücksichtigung erhaltener Stellungnahmen wurden in schneller zeitlicher Abfolge zunächst ein Draft Outline und dann ein Prototype Framework zur Verdeutlichung der grundlegenden Struktur des geplanten IR Frameworks veröffentlicht, vgl. IIRC (2015b). Nach dem Anfang 2013 veröffentlichten Konsultationsentwurf folgte schließlich im Dezember 2013 das IR Framework in seiner jetzt aktuellen Fassung. Vgl. auch Busco et al. (2013): 3-18.
[219] IIRC (2011): 2
[220] IIRC (2013): 4.
[221] Vgl. IIRC (2013): 4.
[222] IIRC (2013): Tz. 2.4.
[223] Vgl. IIRC (2013): Tz. 2.4.
[224] Vgl. Kajüter (2015): 32. Im englischen Original: financial, manufactured, intellectual, human, social and relationship, natural, vgl. IIRC (2013): Tz. 2.10.

Bestands an Kapitalarten ergibt.²²⁵ Der Wertschaffungsprozess hat damit durch die Veränderung des Bestands an Kapitalarten wiederum im Sinne einer Schleife Auswirkungen auf die Voraussetzungen des Unternehmens zur Wertschaffung.

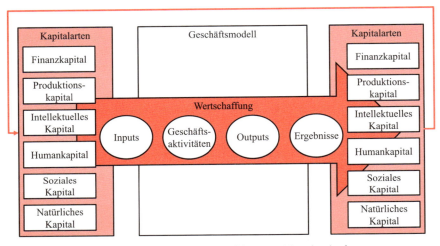

Abb. 4.5 Wertschaffungsprozess nach IR Framework [in Anlehnung an Kajüter (2015): 33].

Die Kapitalart **Finanzkapital** umfasst Geldmittel, die einem Unternehmen bei der Erzeugung von Produkten oder Dienstleistungen zur Verfügung stehen und die entweder aus der eigenen Geschäftstätigkeit bzw. eigenen Investitionen oder aus Fremd- bzw. Eigenkapitalfinanzierung generiert werden.²²⁶ **Produktionskapital** wiederum bezeichnet gefertigte physische Gegenstände (in Abgrenzung zu natürlichen), die dem Unternehmen bei der Erzeugung von Produkten oder Dienstleistungen zur Verfügung stehen. Hierzu zählen unter anderem Gebäude, Infrastruktur, Maschinen, aber auch Vor- und Endprodukte. **Intellektuelles Kapital** besteht aus immateriellen Werten und umfasst z. B. Patente und Copyrights, aber auch unternehmensinternes Wissen beispielsweise über Produkte, Produktionsprozesse und -systeme. **Humankapital** setzt sich insbesondere aus den Fähigkeiten und Erfahrungen der Menschen zusammen, die im Rahmen des Wertschaffungsprozesses des Unternehmens agieren (also im Wesentlichen Mitarbeiter). **Soziales Kapital** bezeichnet Strukturen und Eigenschaften, die das Gemeinwohl fördern. Hierzu gehören beispielsweise ein gemeinsames Werteverständnis, der Wille zum Informationsaustausch, Beziehungen zwischen dem Unternehmen und seinen Stakeholdern und (Marken-)Reputation. **Natürliches Kapital** besteht schließlich aus allen erneuerbaren sowie nicht-erneuerbaren natürlichen Ressourcen, die der Erzeugung von Produkten oder Dienstleistungen durch das Unternehmen dienen, gedient haben, oder dienen werden (z. B. Luft, Wasser, Wald). Dabei

---

²²⁵ Vgl. Kajüter (2015): 33.
²²⁶ Vgl. IIRC (2013): Tz. 2.15 für die Darstellung der Kapitalarten.

sind nicht alle sechs genannten Kapitalarten gleichbedeutsam für jedes Unternehmen. Im Integrated Report ist vielmehr auf diejenigen Kapitalarten einzugehen, die für das berichterstattende Unternehmen eine hinreichende Relevanz aufweisen.[227] Auch sieht des IR Framework nicht die verpflichtende Verwendung der genannten Kapitalarten bzw. eine Kategorisierung des Integrated Report entlang der Kapitalarten vor. Vielmehr dient die Auseinandersetzung mit den sechs Kapitalarten der inhaltlichen Fundierung des Konzepts der Wertschaffung nach IIRC und als Leitfaden zur Identifikation aller für ein Unternehmen relevanten Kapitalarten.[228]

Das IR Framework betont ausdrücklich die Relevanz des sogenannten **Integrated Thinking** – also des integrierten Denkens – innerhalb des Unternehmens. Dabei stellt Integrated Thinking „the active consideration by an organization of the relationships between its various operating and functional units and the capitals that the organization uses or affects"[229] dar. Es wird angenommen, dass Integrated Thinking zu integrierten Entscheidungen und Handlungen im Unternehmen und zur besseren Berücksichtigung des kurz-, mittel- und langfristigen Wertschaffungsprozesses führt. Während einerseits integriertes Denken im Unternehmen die Erstellung eines Integrated Reports erleichtert, soll Integrated Reporting umgekehrt integriertes Denken im Unternehmen – mit den angenommenen positiven Auswirkungen bezüglich der Wertschaffung – fördern. Anders als andere Rahmenwerke zur Nachhaltigkeitsberichterstattung zielt das IR Framework also ausdrücklich nicht alleinig auf die Berichterstattung ab, sondern unterstellt im Sinne einer Rückkopplung auch die Beeinflussung von Abläufen im Unternehmen durch die Berichterstattung.

4.4.2 Struktur eines Integrated Report

Das **IR Framework** verfolgt einen praxisorientierten Ansatz und beinhaltet daher Ausführungen zu **Prinzipien** (Guiding Principles) und **Inhaltselementen** (Content Elements) eines Integrated Report. Im Gegensatz zu anderen Rahmenwerken zur Nachhaltigkeitsberichterstattung, wie z. B. den GRI Standards, werden im IR Framework keine *detaillierten* Vorgaben über zu berichtende Kennzahlen und Inhalte gemacht. Durch eine vergleichsweise geringe Spezifität in den Berichterstattungsvorgaben zielt das IR Framework vielmehr darauf ab, Unternehmen mit unterschiedlichsten Voraussetzungen die Berücksichtigung ganz individueller **Informationsbedürfnisse** von Stakeholdern zu ermöglichen.[230] Das IR Framework beschreibt sieben grundlegende Prinzipien und acht Inhaltselemente eines Integrated Report, auf die im Folgenden näher eingegangen werden soll (siehe **Abb. 4.6**).[231]

---

[227] Vgl. IIRC (2013): Tz. 2.16.
[228] Vgl. IIRC (2013): Tz. 2.17.
[229] IIRC (2013): 2.
[230] Vgl. IIRC (2013): 4.
[231] Für die Übersetzung der englischen Begrifflichkeiten ins Deutsche sei auf Kajüter/Hannen (2014) verwiesen.

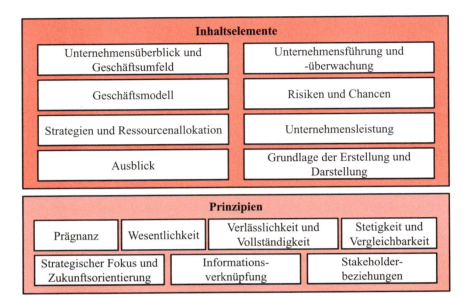

Abb. 4.6 Prinzipien und Inhaltselemente eines Integrated Report.

Die Abgrenzung zwischen Inhaltselementen und Prinzipien wirkt dabei nicht ganz trennscharf, da die drei nachfolgend zunächst vorgestellten Prinzipien letztlich zu vermittelnde Inhalte beschreiben. Zunächst sollte der Integrated Report Einsichten in die Strategie des Unternehmens und die Art und Weise, wie diese kurz-, mittel- und langfristig zur Wertschaffung beiträgt, gestatten. Dabei ist auch darauf einzugehen, welchen Einfluss die Unternehmensstrategie auf die für das Unternehmen relevanten Kapitalarten hat (**Prinzip Strategischer Fokus und Zukunftsorientierung**).[232] Nach dem **Prinzip der Informationsverknüpfung** soll ein Integrated Report darüber hinaus ein ganzheitliches Bild der Verbindung und Interdependenz zwischen den Faktoren, die die Fähigkeit des Unternehmens zur Wertschaffung im Zeitablauf beeinflussen, zeichnen. Das Ausmaß der Berücksichtigung entsprechender Interdependenzen ist dabei auch Ausdruck des Grads an integriertem Denken (Integrated Thinking) innerhalb des Unternehmens. Die vorzunehmende Verknüpfung von Informationen betrifft dabei sowohl die Kapitalarten als auch die Inhaltselemente.[233]
Das **Prinzip Stakeholderbeziehungen** bezieht sich auf die Vermittlung von Informationen über Wesen und Qualität der Beziehungen des Unternehmens zu seinen wichtigsten Stakeholdern. Dabei soll auch offengelegt werden, wie und in welchem Umfang das Unternehmen gerechtfertigte Ansprüche von Stakeholdern an das Unternehmen erkennt, berücksichtigt und ggf. befriedigt.[234] Das **Prinzip der Verläss-**

---

[232] Vgl. IIRC (2013): Tz. 3.3.
[233] Vgl. IIRC (2013): Tz. 3.6-3.9.
[234] Vgl. IIRC (2013): Tz. 3.10.

lichkeit und Vollständigkeit besagt, dass der Integrated Report ausgewogen alle relevanten positiven und negativen Sachverhalte beinhalten und ohne wesentlichen Fehler darstellen soll. Die Verlässlichkeit des Berichts resultiert dabei genauer aus der Ausgewogenheit und Fehlerfreiheit der Berichterstattung, während sich die Vollständigkeit aus der Darstellung aller relevanten positiven und negativen Sachverhalte ergibt.[235]

Die verbleibenden drei Prinzipien betreffen nun unterschiedliche Aspekte der Berichtsqualität. Nach dem **Prinzip der Wesentlichkeit** beinhaltet der Integrated Report „matters that substantively affect the organization's ability to create value over the short, medium and long term."[236] Der Prozess zur Bestimmung der Wesentlichkeit umfasst dabei nach IR Framework vier Schritte. Zunächst sind relevante Sachverhalte, also Sachverhalte, die einen Einfluss auf die Wertschaffung des Unternehmens haben oder haben können, zu identifizieren. Dabei gilt das Prinzip der Ausgewogenheit, es sind also sowohl positive (Chancen, Erfolge, etc.) als auch negative (Risiken, Misserfolge, etc.) Sachverhalte zu berücksichtigen. Insbesondere dürfen Sachverhalte nicht unberücksichtigt bleiben nur weil das Unternehmen hierüber nicht berichten möchte, oder Schwierigkeiten sieht, über einen Sachverhalt zu berichten. Im nächsten Schritt ist die relative Bedeutung jedes einzelnen relevanten Sachverhalts unter Berücksichtigung des Ausmaßes eines (potenziellen) Einflusses und seiner Eintrittswahrscheinlichkeit zu beurteilen. Nachdem nach Maßgabe der relativen Bedeutung die relevanten Sachverhalte in eine Rangfolge gebracht wurden, sind Berichtsinhalte zu den relevanten Sachverhalten mit der höchsten relativen Bedeutung zu bestimmen. Dieses Vorgehen soll Unternehmen helfen, ihre Berichterstattung auf die wesentlichen Sachverhalte zu fokussieren.[237] Ab welcher relativen Bedeutung Sachverhalte als wesentlich einzuordnen sind, liegt – nach Berücksichtigung aller hierzu im Framework vorzufindenden Vorgaben – letztlich im Wesentlichen im Ermessen des Unternehmens. Dabei sollten jedoch regelmäßig unterschiedliche interne und externe Perspektiven Berücksichtigung finden und eine Abstimmung mit Kapitalgebern und anderen Stakeholdern erfolgen, damit die Hauptaufgabe des Integrated Report erfüllt wird.[238] Ein Integrated Report soll darüber hinaus prägnant gehalten sein (**Prinzips der Prägnanz**). Dies bedeutet insbesondere, dass die Berichterstattung nicht mit weniger relevanten Informationen belastet werden darf. Darüber hinaus empfiehlt sich beispielsweise der Verzicht auf Umgangssprache und allzu spezielle Fachtermini.[239] Schließlich gilt das **Prinzip der Stetigkeit und Vergleichbarkeit**. Stetigkeit bedeutet, dass Berichtsmethoden im Zeitablauf (soweit möglich) konsistent verwendet werden, bzw. dass signifikante Änderungen in den Berichtsmethoden erläutert und sich ergebende Folgen transparent gemacht werden. Hieraus resultiert zunächst eine intertemporäre Vergleichbarkeit von Integrated Reports ein und desselben Unter-

---

[235] Vgl. IIRC (2013): Tz. 3.39-3.53.
[236] IIRC (2013): Tz. 3.17.
[237] Vgl. IIRC (2013): Tz. 3.17-3.28.
[238] Vgl. IIRC (2013): Tz. 3.29. Bei der Bestimmung der Wesentlichkeit sind auch Berichtsgrenzen zu berücksichtigen, vgl. IIRC (2013): Tz. 3.30.
[239] Vgl. auch für weitere Hinweise zur Prägnanz eines Integrated Report IIRC (2013): 3.36-3.38.

nehmens. Gleichzeitig sollen Integrated Reports auch – soweit möglich – zwischen unterschiedlichen Unternehmen vergleichbar sein.[240] Hierzu soll insbesondere die Berücksichtigung der im Folgenden dargestellten acht **Inhaltselemente** beitragen.[241]

Nach IR Framework beinhaltet ein Integrated Report acht Inhaltselemente, zwischen denen eine inhärente Verbindung besteht. Auch wenn die Inhaltselemente im IR Framework in einer bestimmten Reihenfolge dargestellt werden, soll diese Reihenfolge explizit nicht die Struktur eines Integrated Report vorgeben. Vielmehr ist vom berichterstattenden Unternehmen diejenige Strukturierung zu wählen, die die Verbindung zwischen den Inhaltselementen am besten deutlich macht.[242] Wie die einzelnen Elemente inhaltlich ausgefüllt werden, hängt dabei von den individuellen Gegebenheiten beim Unternehmen ab. Im IR Framework findet sich daher zu jedem Inhaltselement zunächst eine ganz grundlegende Frage, die mittels des betreffenden Inhaltselements im Integrated Report beantwortet werden soll (für eine zusammenfassende Darstellung aller zu beantwortenden Fragen, siehe **Tab. 4.1**). Auch wenn das IR Framework weiterführende Hinweise für die Inhaltsfindung zu jedem Element gibt, beinhaltet das IR Framework explizit keine präzisen Vorgaben z. B. in Form von zu veröffentlichenden Kennzahlen im Sinne einer Checkliste. Entsprechend liegt es im Ermessen des Unternehmens, zu entscheiden, was konkret im Integrated Report kommuniziert wird.[243] Dabei können auch Berichtsinhalte ergänzt werden, die nicht direkt von den acht Inhaltselementen abgedeckt werden, sofern nicht gegen Prinzipien eines Integrated Report verstoßen wird.[244]

Mit dem Inhaltselement **Unternehmensüberblick** soll die Frage beantwortet werden: „What does the organization do and what are the circumstances under which it operates?"[245] Die Darstellungen sollen beispielsweise die Mission und Vision des Unternehmens, die Unternehmenskultur, Eigentümerstruktur, Marktposition und weitere Schlüsselfaktoren umfassen. Weitere Aspekte, auf die eingegangen werden soll, sind z. B. gesetzliche, soziale und politische Rahmenbedingungen der Wertschaffung durch das Unternehmen.[246] Das Inhaltselement **Unternehmensführung und Überwachung** stellt auf die Frage ab, wie die Governance-Struktur des Unternehmens seine Fähigkeit, kurz-, mittel- und langfristig Wert zu schaffen, unterstützt.[247] Betrachtet werden sollen dabei z. B. die Leitungsstruktur (inklusive der Fähigkeiten und Diversität der Unternehmensführungs- und -überwachungsorgane), Entscheidungsprozesse und das Vergütungssystem (insbesondere dessen Verknüpfung mit dem Wertschaffungsprozess).[248] Mit dem Inhaltselement **Geschäftsmodell** soll ge-

---

[240] Vgl. IIRC (2013): 3.54-3.56.
[241] Vgl. IIRC (2013): 3.56.
[242] Vgl. IIRC (2013): Tz. 4.2.
[243] Vgl. IIRC (2013): Tz. 4.3.
[244] Vgl. Kajüter/Hannen (2014).
[245] IIRC (2013): Tz. 4.4.
[246] Vgl. IIRC (2013): Tz. 4.5-4.7.
[247] Vgl. IIRC (2013): Tz. 4.8.
[248] Vgl. IIRC (2013): Tz. 4.9.

nau dieses beschrieben werden.[249] Dabei ist z. B. einzugehen auf Schlüsselelemente des Geschäftsmodells und auf besonders bedeutsame Stakeholder. Insgesamt sollen die vier bereits in **Abb. 4.5** gezeigten Elemente der Wertschaffung beschrieben und diskutiert werden (Inputs, Geschäftsaktivitäten, Outputs, Ergebnisse).[250] Agiert ein Unternehmen mit unterschiedlichen Geschäftsmodellen, sind eine Abgrenzung zwischen den unterschiedlichen Geschäftsmodellen sowie eine Darstellung der (wechselseitigen) Abhängigkeiten vorzunehmen.[251] Mit dem nächsten Inhaltselement **Risiken und Chancen** sollen dem Adressaten des Integrated Report die wesentlichen Risiken und Chancen bezüglich der Fähigkeit, kurz-, mittel- und langfristig Wert zu schaffen, sowie der Umgang des Unternehmens damit, aufgezeigt werden.[252] Die reine Identifikation von entsprechenden Risiken und Chancen greift dabei aber zu kurz, vielmehr soll der Schwerpunkt auf den Einschätzungen des Unternehmens zu Eintrittswahrscheinlichkeiten sowie auf der Strategie des Unternehmens beim Umgang mit Chancen und Risiken liegen.[253]

Inhaltselement	Zu beantwortende Frage
Unternehmensüberblick und Geschäftsumfeld	What does the organization do and what are the circumstances under which it operates?
Unternehmensführung und -überwachung	How does the organization's governance structure support its ability to create value in the short, medium and long term?
Geschäftsmodell	An integrated report should answer the question: What is the organization's business model?
Risiken und Chancen	What are the specific risks and opportunities that affect the organization's ability to create value over the short, medium and long term, and how is the organization dealing with them?
Strategien und Ressourcenallokation	Where does the organization want to go and how does it intend to get there?
Unternehmensleistung	To what extent has the organization achieved its strategic objectives for the period and what are its outcomes in terms of effects on the capitals?
Ausblick	What challenges and uncertainties is the organization likely to encounter in pursuing its strategy, and what are the potential implications for its business model and future performance?
Grundlage der Erstellung und Darstellung	How does the organization determine what matters to include in the integrated report and how are such matters quantified or evaluated?

Tab. 4.1 Inhaltselemente und zu beantwortende Fragen.

Im Rahmen der Darstellung des Inhaltselements **Strategien und Ressourcenallokation** soll im Wesentlichen die kurz-, mittel und langfristige Strategie des Unternehmens dargestellt werden. Dabei soll auch auf Wettbewerbsvorteile des Unternehmens eingegangen werden und insbesondere ein Bezug zu den anderen Inhaltselementen

---

[249] Vgl. IIRC (2013): Tz. 4.10.
[250] Vgl. IIRC (2013): Tz. 4.12.
[251] Vgl. IIRC (2013): Tz. 4.11-4.21.
[252] Vgl. IIRC (2013): Tz. 4.23.
[253] Vgl. IIRC (2013): Tz. 4.24-4.26.

hergestellt werden.[254] Das Inhaltselement **Unternehmensleistung** stellt auf die Frage ab, inwieweit das Unternehmen seine strategischen Ziele in der Berichtsperiode erreicht hat.[255] Dabei sind auch die Ergebnisse (Outcomes) des Wertschaffungsprozesses und deren Auswirkungen auf die Kapitalarten zu erläutern. Die Berichterstattung kann dabei quantitativ – also z. B. in Form von Kennzahlen – oder qualitativ – also narrativ – erfolgen.[256] Im Rahmen des Inhaltselements **Ausblick** ist auf Unsicherheiten einzugehen, mit denen das Unternehmen aller Wahrscheinlichkeit nach bei der Verfolgung seiner Strategie konfrontiert sein wird. Es ist auch darzulegen, welche Implikationen sich hieraus für das Geschäftsmodell und den zukünftigen Unternehmenserfolg ergeben.[257] Das Inhaltselement **Grundlage der Erstellung und Darstellung** soll abschließend ein Verständnis darüber generieren, wie wesentliche Berichtsinhalte vom Unternehmen identifiziert wurden.[258] Kern ist hier zunächst eine Zusammenfassung „of the organization's materiality determination process and key judgments".[259] Ebenso sind die Berichtsgrenzen darzustellen, wobei auch zu beschreiben ist, wie diese identifiziert wurden.[260] Schließlich sind alle wichtigen Rahmenwerke und Methoden zu beschreiben, die bei der Erstellung des Integrated Report verwendet wurden (z. B. Rechnungslegungsstandards, unternehmensspezifische Kennzahlen).[261]

4.4.3 Kritische Betrachtung des Integrated Reporting

Die Idee, dass ein prinzipienorientierter Ansatz des IR Framework und eine damit einhergehende geringe Spezifität in den Berichterstattungsvorgaben dazu führt, dass Unternehmen mit unterschiedlichsten Voraussetzungen ganz individuelle **Informationsbedürfnisse** von Stakeholdern im Integrated Report berücksichtigen können, kann aus theoretischer Sicht überzeugen. Ebenfalls aus theoretischer Perspektive einleuchtend ist die Überlegung, dem Adressaten des Integrated Report gemäß des Prinzips der Informationsverknüpfung ein ganzheitliches Bild der Verbindungen und Interdependenz zwischen den Faktoren, die die Fähigkeit des Unternehmens zur Wertschaffung im Zeitablauf beeinflussen, zu vermitteln. Dies erfordert jedoch gerade aufgrund **mangelnder Detailvorgaben** des IR Framework eine ganz **erhebliche Eigenleistung** des Unternehmens bei der Identifikation von Berichtsinhalten und Interdependenzen, sowie bei der Messung der eigenen Nachhaltigkeitsleistung.[262] Das Ausmaß an notwendiger Eigenleistung stellt möglicherweise in vielen Fällen ein praktisches Hindernis für Unternehmen dar, einen Integrated Report nach IR Framework zu erstellen. Außerdem ist denkbar, dass die geringe Spezifität in den Berichterstattungsvorgaben zu einer restriktiven bzw. einseitigen Berichterstattung von Unternehmen beiträgt,

---

[254] Vgl. IIRC (2013): Tz. 4.29.
[255] Vgl. IIRC (2013): Tz. 4.30.
[256] Vgl. IIRC (2013): Tz. 4.31-4.33.
[257] Vgl. IIRC (2013): Tz. 4.34-4.39.
[258] Vgl. IIRC (2013): Tz. 4.40.
[259] IIRC (2013): Tz. 4.42.
[260] Vgl. IIRC (2013): Tz. 4.43-4.46.
[261] Vgl. IIRC (2013): Tz. 4.47-4.48.
[262] Vgl. Kajüter/Hannen (2014).

was den Nutzen des Integrated Report für den Adressaten und dessen Interesse daran schmälern dürfte.[263]

Gemäß des IR Frameworks kann ein Integrated Report freiwillig oder zur Erfüllung bestimmter Berichtspflichten erstellt werden, entweder als „standalone report" oder als „a distinguishable, prominent and accessible part of another report or communication."[264] Diese ausdrücklich eingeräumte **Flexibilität in Bezug auf das Berichtsformat** dürfte eine Anwendung des IR Framework etwa vor dem Hintergrund bestehender Berichtspflichten erleichtern und die internationale Verbreitung des Integrated Report fördern. Gleichzeitig wird die entsprechende Flexibilität jedoch die Vergleichbarkeit von Integrated Reports stark einschränken, was abermals die Attraktivität der Verwendung des IR Frameworks für Unternehmen reduzieren dürfte.[265] Die dargestellten, mit der Erstellung eines Integrated Report verbundenen, Herausforderungen dürften einen Anteil daran haben, dass Integrated Reporting im **DAX 30**, aber auch weltweit, einen vergleichsweise geringen Verbreitungsgrad hat.[266] Eine KPMG Studie zur Praxis der Nachhaltigkeitsberichterstattung für das Jahr 2015 zeigt beispielsweise, dass lediglich 6 % derjenigen der jeweils 100 größten Unternehmen aus 45 Ländern der Welt, die einen Nachhaltigkeitsbericht veröffentlichen (3.267 Unternehmen weltweit), ihren Bericht als integriert bezeichnen und ausdrücklich auf das IR Framework verweisen.[267]

4.5 Weitere für die Nachhaltigkeitsberichterstattung relevante Rahmenwerke

4.5.1 SASB Standards

Das **Sustainability Accounting Standards Board (SASB)** ist eine unabhängige US-amerikanische Nonprofit-Organisation, die im Juli 2011 gegründet wurde. Die Zielsetzung des SASB ist die Entwicklung und Verbreitung von Sustainability Accounting Standards (also Standards der **Nachhaltigkeitsberichterstattung**), die primär börsennotierte Unternehmen (public corporations)[268] dabei unterstützen sollen, Investoren wesentliche, entscheidungsnützliche Informationen zur Verfügung zu stellen.[269] Die SASB Standards sind dabei insbesondere zur freiwilligen Anwendung im Rahmen existierender US-amerikanischer normativer Vorgaben zu **SEC Filings**[270]

---

[263] Vgl. Kajüter/Hannen (2014).
[264] IIRC (2013): 4.
[265] Vgl. Kajüter/Hannen (2014).
[266] Vgl. auch Kapitel 5.2.2
[267] Vgl. KPMG (2015): 38. Weitere 5 % der entsprechenden Unternehmen bezeichnen ihren Bericht als integriert, verweisen aber nicht auf das IR Framework. Da hier ein Verweis auf das IR Framework unterbleibt, ist zu vermuten, dass höchstens ein Teil dieser Berichte tatsächlich Integrated Reports im Sinne des IIRC darstellen.
[268] Der im SASB Conceptual Framework verwendete Begriff „public corporation" kann auch mit „öffentliches Unternehmen" bzw. „Staatsunternehmen" übersetzt werden, bezieht sich aber eher auf börsennotierte Unternehmen.
[269] Vgl. SASB (2017a): 1.
[270] SEC Filings stellen standardisierte Berichtsformate dar, die zu unterschiedlichsten Zwecken und von verschiedenen Kapitalmarktteilnehmern gegenüber der SEC gemäß des Securities Exchange Act von 1934 (und allen späteren Änderungen) eingereicht werden müssen. Vgl. Securities Exchange Act (1934).

gegenüber der Securities and Exchange Commission (SEC)[271] vorgesehen (z. B. 10-K, 20-F)[272], können sich aber prinzipiell auch zur Anwendung durch andere Unternehmen und Organisationen sowie im internationalen Kontext eignen.[273] Den SASB Standards liegt dabei ein Verständnis von **Nachhaltigkeit** zugrunde, das mit der Definition aus dem Brundtland-Bericht vereinbar ist und für die Zwecke der Berichterstattung wie folgt definiert wird: „sustainability refers to corporate activities that maintain or enhance the ability of the company to create value over the long term."[274] Sustainability Accounting hat dann die Messung, das Management und die Berichterstattung über solche Unternehmensaktivitäten zum Gegenstand.[275]

Während die meisten anderen Rahmenwerke zur Nachhaltigkeitsberichterstattung (z. B. GRI Standards, IR Framework) zwar mehr oder weniger detailliert beschreiben, wie wesentliche Berichtsinhalte identifiziert werden, den Prozess der Identifikation aber überwiegend dem berichterstattenden Unternehmen überlassen, geht das SASB grundlegend anders vor: die SASB Standards selbst geben ganz konkret vor, welche Nachhaltigkeitsthemen für die berichterstattenden Unternehmen wesentlich sind und worüber dementsprechend berichtet werden soll. Entsprechend ist ein Verständnis darüber, wie genau SASB Standards entwickelt werden, zur Beurteilung der Vor- und Nachteile derselben ganz entscheidend. Hierbei stellt das **SASB Conceptual Framework** (im Folgenden auch: Conceptual Framework) die **Basiskonzepte, Prinzipien, Definitionen** und **Zielsetzungen der Erstellung** der SASB Standards dar. Die wesentlichen Inhalte des Conceptual Framework sind zusammengefasst in **Abb. 4.7** dargestellt. Die **Zielsetzung der SASB Standards**, wesentliche und entscheidungsnützliche Informationen an Investoren zu vermitteln, gelingt nach Auffassung des SASB unter Berücksichtigung verschiedener Grundsätze („**Fundamental Tenets**"). „Evidence-based" beschreibt den Ansatz des SASB, nicht nur zu untersuchen, welche Nachhaltigkeitsthemen für Investoren von Interesse sein könnten, sondern auch ob gleichzeitig angenommen werden kann, dass die betreffenden Themen einen wesentlichen Einfluss auf die finanzielle Situation und Performance des Unternehmens haben. „Market-informed" bezieht sich auf den Grundsatz, dass der SASB-Standardsetzungsprozess in weiten Teilen durch Feedback von Kapitalmarktteilnehmern begleitet und entsprechend geformt wird. „Industry-specific" bedeutet schließlich, dass sich wesentliche Nachhaltigkeitsthemen nicht allgemeingültig, sondern nur auf Ebene einzelner Industrien ableiten lassen, da eben nicht alle Industrien mit denselben Herausforderungen im Zusammenhang mit Nachhaltigkeit konfrontiert sind.[276]

---

[271] Die Securities and Exchange Commission wurde 1934 durch den Securities Exchange Act ins Leben gerufen, insbesondere aufgrund des Börsencrashs in den USA im Jahre 1929 und der sich daraus entwickelnden (Welt-)Wirtschaftskrise („Große Depression"). Vgl. Securities Exchange Act (1934): Sec. 2.
[272] SEC Filings werden in der Regel mit Nummern eindeutig bezeichnet. 10-K bezeichnet den „annual report", 20-F bezeichnet das „registration statement/annual report/transition report" Formular. Vgl. SEC (2017).
[273] Vgl. SASB (2017a): 6.
[274] SASB (2017a): 2.
[275] Vgl. SASB (2017a): 2.
[276] Vgl. SASB (2017a): 12-17.

Entsprechend werden SASB Standards spezifisch für Sektoren und Industrien entwickelt.[277]

Bei der Beurteilung, ob ein **Nachhaltigkeitsthema** (industriespezifisch) **wesentlich** ist, kommen im Rahmen des Standardsetzungsprozesses eine Reihe von Kriterien zum Tragen („**Criteria for Topic Selection**", siehe auch **Abb. 4.8** für eine Übersicht). Die Frage, ob ein Thema „of interest to investors" ist und inwieweit das „potential to affect corporate value" vorhanden ist, sind z. B. ganz entscheidende Kriterien, die sich bereits grundlegend im oben beschriebenen „evidence-based" Ansatz niederschlagen. Darüber hinaus berücksichtigt das SASB auch, ob ein Thema von Seiten der relevanten Stakeholder gleichermaßen als wesentlich eingeordnet wird („reflective of stakeholder consensus"). Schließlich adressieren SASB Standards Themen, die sich als „relevant accross an industry" erweisen und sich innerhalb des Einflussbereichs bzw. der Kontrolle der einzelnen Unternehmen befinden („actionable by companies").[278]

Auf Ebene der konkret zu einzelnen Nachhaltigkeitsthemen zu berichtenden (nichtfinanziellen) Leistungsindikatoren und Informationen („Metrics") steigt die Entscheidungsnützlichkeit derselben schließlich gemäß des Conceptual Framework in dem Maße, in dem die Darstellung (u. a.) fair, nützlich, geeignet, vergleichbar, vollständig, verifizierbar, aufeinander abgestimmt und neutral erfolgt („**Principles for Metric Selection**"). Entsprechend werden nach diesen Maßstäben seitens des SASB konkret zu berichtende Metrics definiert.[279] Der gesamte Prozess mündet schließlich in standardisiert strukturierten Standards für einzelne Industrien, wodurch gemäß SASB eine konsistente, vergleichbare Anwendung derselben und die Vermittlung wesentlicher, **entscheidungsnützlicher Information** in kosteneffizienter Weise sichergestellt wird.[280]

In einem ersten Schritt wurden vom SASB zunächst 30 Nachhaltigkeitsthemen als grundlegend über alle Industrien hinweg wesentlich eingeordnet.[281] Diese sogenannten „SASB Sustainability Topics" lassen sich den fünf Dimensionen Environment, Social Capital, Human Capital, Business Model and Innovation und Leadership and Governance zuordnen (siehe **Abb. 4.8** für eine Darstellung aller SASB Sustainability Topics).

---

[277] Derzeit existieren industriespezifische Standards für folgende Sektoren: Health Care, Financials, Technology and Communications, Non-Renewable Resources, Transportation, Services, Resource Transformation, Consumption, Renewable Resources & Alternative Energy und Infrastructure. Für den Sektor Health Care wiederum werden beispielsweise die Industrien Biotechnology, Pharmaceuticals, Medical Equipment and Supplies, Health Care Delivery, Health Care Distribution und Managed Care abgebildet. Vgl. SASB (2017b).
[278] Vgl. SASB (2017a): 18.
[279] Vgl. SASB (2017a): 10, 19.
[280] Vgl. SASB (2017a): 20.
[281] Vgl. SASB (2017a): 3.

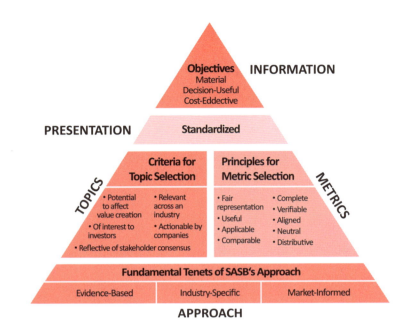

Abb. 4.7 Das SASB Framework [entnommen aus: SASB (2017a): 1].

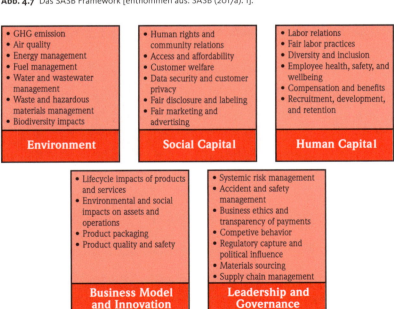

Abb. 4.8 SASB sustainability topics [in Anlehnung an SASB (2017a): 4].

In einem weiteren Schritt und unter Zugrundelegung der oben dargestellten Basiskonzepte, Prinzipien, Definitionen und Zielsetzungen der Erstellung der SASB Standards wurden dann ausgehend von der Gesamtliste diejenigen Nachhaltigkeitsthemen identifiziert, die aller Wahrscheinlichkeit nach speziell für Unternehmen der jeweiligen Industrie wesentlich sein dürften. Es ergibt sich hieraus schlussendlich die sogenannte **SASB Materiality Map**, in der für alle betrachteten Industrien ersichtlich ist, welche der 30 Nachhaltigkeitsthemen für die betreffende Industrie als wesentlich einzuordnen sind.[282] Diese Einordnung ist dann Grundlage der konkreten Berichtsvorgaben der jeweiligen **industriespezifischen SASB Standards**. Für den konkreten Standard werden dann im letzten Schritt die Nachhaltigkeitsthemen noch weiter konkretisiert und auf die speziellen Voraussetzungen der jeweiligen Industrie angepasst. Gemäß Materiality Map sind z. B. für die Industrie „Health Care Distribution" innerhalb des Sektors „Health Care" (lediglich) die Nachhaltigkeitsthemen fuel management, lifecycle impacts of products and services, product packaging, product quality and safety und business ethics and transparency of payments wesentlich. Im Sustainability Accounting Standard Health Care Distributors werden die fünf grundsätzlichen Nachhaltigkeitsthemen dann (teilweise) industriespezifisch konkretisiert zu product safety, counterfeit drugs, fuel efficiency, product lifecycle management und corruption and bribery. Im Standard werden dann zu den einzelnen Nachhaltigkeitsthemen konkrete Berichtsvorgaben in Form von narrativen Informationen und quantitativen Indikatoren (Accounting Metrics) gemacht.[283] Das SASB geht dabei ausdrücklich davon aus, dass Unternehmen bei der Berichterstattung gemäß SASB Standards genauso sorgfältig vorgehen wie bei ihren SEC Filings und empfiehlt grundsätzlich die Beauftragung einer externen Prüfung.[284]

> **Praxistipp:**
> Zusammenfassend lässt sich zunächst darlegen, dass das SASB mit der konkreten, exogenen Vorgabe von wesentlichen Nachhaltigkeitsthemen einen anderen Weg beschreitet, als andere Rahmenwerke, wie z. B. die GRI Standards oder das IR Framework, nach denen die Frage nach der Wesentlichkeit einzelner Themenfelder unternehmensspezifisch und in diesem Sinne endogen beantwortet werden muss. Während dies einerseits die Berichterstattung ganz erheblich erleichtert, birgt es andererseits die Gefahr, dass unternehmensspezifische Besonderheiten im Rahmen der Nachhaltigkeitsberichterstattung unberücksichtigt bleiben.

Insbesondere aufgrund der vergleichsweise einfachen Anwendbarkeit und des kompakten Berichtsformats besteht die Möglichkeit, dass die SASB Standards zukünftig auch international Bedeutung erlangen. Trotz der vom SASB grundsätzlich gesehenen internationalen Anwendbarkeit der eigenen Standards liegt, anders als z. B. bei den GRI Standards, der Fokus offensichtlich eher auf der Etablierung von nationalen Be-

---

[282] Vgl. SASB (2017b).
[283] Vgl. SASB (2017c): 7.
[284] Dies ist Bestandteil aller SASB Standards, vgl. z. B. SASB (2017c): 6.

richtsstandards für den US-amerikanischen Kapitalmarkt. Gerade im internationalen Kontext müsste das Vorgehen des SASB, wesentliche Nachhaltigkeitsthemen exogen vorzugeben, kritisch hinterfragt werden, denn Themen, die für Unternehmen einer Industrie in den USA relevant sind, müssen nicht ebenfalls für Unternehmen derselben Industrie in anderen Ländern der Welt Relevanz besitzen.[285] Dadurch, dass das SASB im Wesentlichen die Berichtsinhalte vorgibt, stellt sich außerdem – stärker als bei anderen Standardsettern – die Frage nach der Motivation und Agenda des SASB, was von berichterstattenden Unternehmen sicherlich im Blick gehalten werden sollte. In diesem Zusammenhang sei noch einmal darauf hingewiesen, dass sich die SASB Standards ganz ausdrücklich an den Informationsinteressen von Kapitalgebern orientieren, während der Fokus anderer Rahmenwerke häufig breiter – z. B. nach GRI Standards auf Stakeholder allgemein – gefasst ist. Inwieweit die freiwillige Anwendung der SASB Standards für Unternehmen attraktiv ist, dürfte also auch vom Adressatenkreis, der mit der Nachhaltigkeitsberichterstattung primär angesprochen werden soll, abhängen.

4.5.2 KPIs for ESG

Die gemeinsam von der DVFA Deutsche Vereinigung für Finanzanalyse und Asset Management (im Folgenden: DVFA) und der European Federation of Financial Analysts Societies (EFFAS) herausgegebenen KPIs for ESG (**Key Performance Indicators for Environmental, Social & Governance Issues**) liegt seit September 2010 in der Version 3.0 vor. Die Zielsetzung des Rahmenwerks KPIs for ESG 3.0 ist „to propose the basis for the integration of ESG [...] data into corporate performance reporting."[286] Dafür enthält das Rahmenwerk grundsätzliche Anforderungen an die **Nachhaltigkeitsberichterstattung**, Richtlinien für die Berichtserstellung und Mindestanforderungen hinsichtlich offenzulegender Inhalte. Die KPIs for ESG 3.0 richten sich dabei ausdrücklich an gewinnorientierte, börsennotierte Unternehmen bzw. Unternehmen, die Anleihen begeben.[287] Das KPIs for ESG 3.0 Rahmenwerk reflektiert grundsätzlich die Informationsbedürfnisse von „economic stakeholders"[288], also Stakeholdern, die im Wesentlichen **finanzielle Interessen** mit dem Unternehmen verbinden, im Allgemeinen, sowie von Personen, die beruflich im Kapitalmarkt tätig sind („investment professionals"), im Speziellen. Auch wenn sich Nachhaltigkeitsberichterstattung grundsätzlich an eine Vielzahl weiterer möglicher Stakeholder richten kann und die Verwendung der KPIs for ESG 3.0 für diese durchaus empfohlen wird, ist eine vollumfassende Befriedung spezieller Informationsbedürfnissen durch die KPIs for ESG 3.0 weder beabsichtigt noch sichergestellt.[289]

Gemäß KPIs for ESG 3.0 sollen berichterstattende Unternehmen bei der Nachhaltigkeitsberichterstattung zunächst die **DVFA-Grundsätze für Effektive Finanz-**

---

[285] Für eine Übersicht darüber, wie das SASB selbst zur internationalen Anwendbarkeit der SASB Standards steht, sei verweisen auf SASB (2017d).
[286] DVFA/EFFAS (2010): 7
[287] Vgl. DVFA/EFFAS (2010): 7.
[288] DVFA/EFFAS (2010): 8.
[289] Vgl. DVFA/EFFAS (2010): 8.

kommunikation zugrunde legen.[290] Von diesen für die Finanzkommunikation entwickelten Grundsätzen, die in erster Linie zur Glaubwürdigkeit der vermittelten Informationen beitragen sollen,[291] sind im Rahmen der Nachhaltigkeitsberichterstattung speziell die Grundsätze Transparenz bzw. Wesentlichkeit und Kontinuität bzw. Aktualität von besonderer Bedeutung.[292] Die Berichterstattung selbst erfolgt anhand von **Leistungsindikatoren**, die für jede der insgesamt über 114 berücksichtigten Subsektoren bzw. Industrien der 9 Sektoren Oil & Gas, Basic Materials, Industrials, Consumer Goods, Health Care, Consumer Services, Telecommunications, Utilities, Financials und Technology definiert sind.[293] Dabei können drei Stufen der Berichterstattung nach KPIs for ESG 3.0 realisiert werden: **Entry Level** (Scope I), **Midlevel** (Scope II) und **High Level** (Scope III). Das Entry Level definiert je Subsektor bzw. Industrie ein Minimum an Leistungsindikatoren, die mit kleinen Ausnahmen im Wesentlichen subsektorenübergreifend identisch sind. Mit der Umsetzung der beiden weiteren Stufen der Berichterstattung (Midlevel, High Level) wird diese zunehmend feinkörniger, detaillierter und subsektorenspezifischer. Gemäß KPIs for ESG 3.0 soll dadurch auch Berücksichtigung finden, dass nicht alle Nachhaltigkeitsthemen für alle Subsektoren bzw. Industrien in gleichem Maße wesentlich sind.[294]

Hinweis:
Während die Vorgaben zum Berichtsformat (z. B. separat, als Teil des Unternehmensberichts, online) nach KPIs for ESG 3.0 eher unbestimmt sind, wird ausdrücklich eine Berichterstattung in **Tabellenformat** empfohlen, um die **Datenentnahme und -vergleichbarkeit** zu fördern. Die derzeit gängige Praxis, Nachhaltigkeitsberichte vergleichsweise umfassend und narrativ zu gestalten, wird eher kritisch gesehen, da dies einer einfachen Entnahme von wichtigen Indikatoren und deren Verwendung in der konventionellen Finanzanalyse (also insbesondere der Integration in mathematische Modelle) entgegenstehen kann.[295] Entsprechend sind die Berichtsvorgaben nach KPIs for ESG 3.0 im Wesentlichen quantitativ und nicht narrativ ausgerichtet.

Die explizite Fokussierung der KPIs for ESG 3.0 auf Personen, die beruflich im Kapitalmarkt tätig sind, könnte erklären, warum die KPIs for ESG 3.0 in der Öffentlichkeit sicherlich weniger bekannt sind als andere Rahmenwerke, wie z. B. die GRI Standards. Während z. B. die Konzentration der Berichtsvorgaben auf **quantitative Leistungsindikatoren** vor dem Hintergrund der einfachen Integration in mathematische Modelle der **Finanzanalyse** sinnvoll erscheint, ist fraglich, ob andere – vor allem **weniger versierte Stakeholder** – einen vergleichbaren Nutzen aus einer Nachhaltigkeitsberichterstattung nach den KPIs for ESG 3.0 ziehen können. Dennoch stellen

---

[290] Vgl. DVFA/EFFAS (2010): 11.
[291] Siehe weiterführend DVFA (2008).
[292] Vgl. DVFA/EFFAS (2010): 11.
[293] Vgl. DVFA/EFFAS (2010): 14.
[294] Vgl. DVFA/EFFAS (2010): 15.
[295] Vgl. DVFA/EFFAS (2010): 14.

die KPIs for ESG eins der Indikatorensets dar, die gemäß DNK bei der Erstellung der DNK-Entsprechenserklärung angewendet werden können.[296]

4.5.3 UN Global Compact

Der **United Nations Global Compact** stellt die weltweit größte Initiative im Bereich Nachhaltigkeit dar und verfolgt die Zielsetzung, auf Basis von **10 universellen Prinzipien** eine nachhaltige Weltwirtschaft heute und in Zukunft zum Nutzen der Menschen, Gemeinschaften und Märkte zu fördern.[297] Bisher sind dem UN Global Compact ca. 13.000 Unternehmen und andere Organisationen aus 170 Ländern der Welt beigetreten.[298] Als Initiative der **Vereinten Nationen (UN)** hat der UN Global Compact weltweite Relevanz und Bedeutung. Dabei stellt der UN Global Compact weniger einen Standard dar, sondern vielmehr ein Forum, um Ideen zu teilen und Veränderungen anzustoßen.[299] Alle Unternehmen, die sich dem UN Global Compact freiwillig anschließen, verpflichten sich dazu, jährlich mittels der sogenannten **Communication on Progress (COP)** ihren Fortschritt bei der Implementierung der 10 universellen Prinzipien des UN Global Compact[300] zu berichten. Unterbleibt die Übermittelung der COP, wird das betreffende Unternehmen aus der **UN Global Compact Datenbank** entfernt.[301] Die COP richtet sich an alle Stakeholder des Unternehmens, wobei den Unternehmen große Freiheiten hinsichtlich des Berichtsformats gewährt werden. Jedoch sind folgende Anforderungen zu erfüllen, damit die COP anerkannt wird: Zunächst sollte die COP in eine ggf. vorhandene **Nachhaltigkeitsberichterstattung** integriert werden, um allen Stakeholdern einfachen Zugang zu ermöglichen. Unternehmen ohne formelle Nachhaltigkeitsberichterstattung können jedoch auch ein eigenständiges Dokument erzeugen. Die COP (bzw. der Nachhaltigkeitsbericht, in dem die COP aufgeht) muss außerdem auf der Homepage des UN Global Compact online gestellt werden, um einer breiten Öffentlichkeit zugänglich zu sein.[302] Darüber hinaus sollte die COP in der/den Sprache/n der wesentlichen Stakeholder des berichterstattenden Unternehmens gefasst sein. Inhaltlich ist in die COP mindestens aufzunehmen: Eine Erklärung der Geschäftsführung zum Engagement des Unternehmens im UN Global Compact und zu den Maßnahmen zur Umsetzung der 10 Prinzipien; eine konkrete Beschreibung der Aktivitäten des Unternehmens zur Implementierung

---

[296] Siehe auch Kapitel 4.2.4.
[297] Vgl. UNGC(2017c).
[298] Vgl. UNGC (2017b).
[299] Vgl. UNGC (2017c).
[300] Vgl. **Tab. 4.2** und UNGC (2017a).
[301] Vgl. Rasche (2012): 695.
[302] Ruft man auf der Homepage des UN Global Compact beispielsweise die COP von BASF für das Berichtsjahr 2016 auf, wird man zum (integrierten) BASF Report 2016 weitergeleitet.

der 10 Prinzipien[303]; die Messung und Bewertung von Ergebnissen der Aktivitäten unter Verwendung definierter quantitativer und qualitativer Indikatoren.[304]

Die zehn Prinzipien des UN Global Compact, denen sich Unternehmen und Organisationen durch einen Beitritt verpflichten, lassen sich den Themengebieten **Menschenrechte**, **Arbeitsnormen**, **Umwelt** und **Korruptionsprävention** zuordnen (siehe auch **Tab. 4.2**).

Themenfeld	Prinzip
Menschenrechte	
1	Unternehmen sollen den Schutz der internationalen Menschenrechte unterstützen und achten.
2	Unternehmen sollen sicherstellen, dass sie sich nicht an Menschenrechtsverletzungen mitschuldig machen.
Arbeitsnormen	
3	Unternehmen sollen die Vereinigungsfreiheit und die wirksame Anerkennung des Rechts auf Kollektivverhandlungen wahren.
4	Unternehmen sollen für die Beseitigung aller Formen von Zwangsarbeit eintreten.
5	Unternehmen sollen für die Abschaffung von Kinderarbeit eintreten.
6	Unternehmen sollen für die Beseitigung von Diskriminierung bei Anstellung und Erwerbstätigkeit eintreten.
Umwelt	
7	Unternehmen sollen im Umgang mit Umweltproblemen dem Vorsorgeprinzip folgen.
8	Unternehmen sollen Initiativen ergreifen, um größeres Umweltbewusstsein zu fördern.
9	Unternehmen sollen die Entwicklung und Verbreitung umweltfreundlicher Technologien beschleunigen.
Korruptionsprävention	
10	Unternehmen sollen gegen alle Arten der Korruption eintreten, einschließlich Erpressung und Bestechung.

Tab. 4.2 Die 10 Prinzipien des UN Global Compact [in Anlehnung an: UNGC (2017a)].

Die Anwendung des UN Global Compact wird seitens der **Europäischen Kommission** zunächst ganz grundlegend empfohlen.[305] Darüber hinaus wird der UN Global

---

[303] Wenn über ein Prinzip/Themenfeld nicht berichtet werden kann, so ist dies zu begründen (Comply-or-explain-Prinzip). Vgl. UNGC (2017d).
[304] Vgl. UNGC (2017d). Seit 2016 existiert mit der sogenannten Express COP für kleine und mittlere Unternehmen (KMU) bis 250 Mitarbeiter eine erheblich vereinfachte Form der Berichterstattung, mit der KMU den Anforderungen des UN Global Compact genügen. Hierdurch soll ein Beitritt dieser Unternehmen (mit vergleichsweise geringen personellen und finanziellen Kapazitäten im Bereich Nachhaltigkeitsberichterstattung) zum UN Global Compact erleichtert werden. Vgl. UNGC (2017e).
[305] Vgl. EU Kommission (2011): 13.

Compact sowohl in der **CSR-Richtlinie** als auch in den **Leitlinien der EU Kommission für die Berichterstattung über nichtfinanzielle Informationen** als eines der Rahmenwerke genannt, auf die sich Unternehmen bei der Erstellung der **nichtfinanziellen Erklärung** stützen können.[306] Insofern kann dem UN Global Compact durchaus auch für Unternehmen in Deutschland und Europa ein bestimmter Stellenwert beigemessen werden. Unterstützer des UN Global Compact argumentieren, dass die Fokussierung auf nur 10 universelle Prinzipien den Beitritt für Unternehmen erleichtert und gleichzeitig einen Zugang zum Thema Nachhaltigkeit verschafft.[307]

Betrachtet man jedoch die einzelnen Prinzipien genauer, wird deutlich, dass es sich dabei letztlich um Vorgaben handelt, die zu einem absoluten **Minimum an unternehmerischer Verantwortung** führen, weswegen eine Einordnung des UN Global Compact differenziert erfolgen muss. So dürfte die Berücksichtigung der 10 Prinzipien in den meisten entwickelten Industrienationen für Unternehmen selbstverständlich sein, schon alleine aufgrund entsprechender gesetzlicher Vorgaben. Es scheint z. B. nahezu ausgeschlossen, dass ein in Deutschland operierendes Unternehmen hier Menschenrechtsverletzungen begeht, Zwangs- oder Kinderarbeit einsetzt (Prinzipien 2, 4, 5). Der Nutzen des UN Global Compact im Hinblick auf nachhaltige unternehmerische Entwicklung ist insofern in Bezug auf Unternehmen, die in entwickelten Industrienationen operieren, als eher gering einzuordnen, da er nicht über gesetzliche Mindestanforderungen bzw. das, was gesellschaftlich als selbstverständlich angesehen wird, hinaus geht.[308]

Anders fällt die Beurteilung des Nutzens des UN Global Compact aus, wenn unternehmerische Aktivitäten in wirtschaftlich weniger entwickelten Ländern betrachtet werden. Wenn beispielsweise in einem Land Kinderarbeit (ggf. auch trotz eines gesetzlichen Verbots) ein weitverbreitetes Phänomen ist, so kann die Selbstverpflichtung von lokal agierenden Unternehmen (bzw. von Dependancen multinationaler Unternehmen) zur Implementierung der 10 Prinzipien ein Mindestmaß an unternehmerischer Verantwortung erzeugen und die Situation vor Ort signifikant verbessern. Insgesamt besteht jedoch auch im Zusammenhang mit einem Beitritt zum UN global Compact die Gefahr des Greenwashing, wenn Unternehmen weniger ein Interesse an der Umsetzung der Prinzipien haben, sondern vielmehr vom positiven Image des UN Global Compact profitieren wollen.[309]

Mit der Verpflichtung, nach Beitritt zum UN Global Compact jährlich mittels der COP über den Fortschritt bei der Implementierung der 10 Prinzipien zu berichten, ist Nachhaltigkeitsberichterstattung ein inhärentes Element des UN Global Compact. Gleichzeitig ist der UN Global Compact nicht als Rahmenwerk zur Nachhaltigkeitsberichterstattung zu sehen, sondern vielmehr auf die Erhöhung der **Nachhaltigkeitsleistung** in den 10 ganz grundlegenden Bereichen ausgerichtet.

---

[306] Vgl. Richtlinie 2014/95/EU; Mitteilung der Kommission 2017/C 215/01.
[307] Vgl. Rieth (2003): 384.
[308] Vgl. auch Leisinger (2002): 409.
[309] Vgl. Cavanagh (2004); Rieth (2003): 385; Gerritsen (2016): 38.

4.5.4 OECD-Leitsätze für multinationale Unternehmen

Die **OECD-Leitsätze für multinationale Unternehmen** (im Folgenden auch kurz: OECD-Leitsätze) stellen Empfehlungen der Regierungen an diejenigen dieser Unternehmen dar, die in oder von den Teilnehmerstaaten aus operieren.[310] Die OECD (Organisation for Economic Co-operation and Development) ist eine internationale Organisation mit derzeit 35 Mitgliedsstaaten, darunter viele der am weitesten entwickelten Länder der Welt, wie z. B. Deutschland oder Australien, aber auch Schwellenländer, wie z. B. Chile und Mexiko. Die OECD verfolgt die Mission „to promote policies that will improve the economic and social well-being of people around the world"[311] und stellt ein Forum für Regierungen dar, zusammenzuarbeiten, Erfahrungen auszutauschen und Lösungen für gemeinsame Probleme zu erarbeiten. Einer der aktuellen Foki der Organisation liegt dabei auch auf dem Bereich der nachhaltigen wirtschaftlichen Entwicklung.[312]

Die OECD-Leitsätze stellen nicht rechtsverbindliche Grundsätze und Maßstäbe für verantwortungsvolles unternehmerisches Handeln in einem **globalen Kontext** dar, welches dem geltenden Recht und international anerkannten Normen entspricht. Die OECD-Leitsätze bilden dabei einen multilateral vereinbarten und umfassenden Kodex, zu dessen Förderung sich die Regierungen selbst verpflichtet haben. Idee ist, mit den OECD-Leitsätzen den Beitrag zu fördern, den die Unternehmen, die in den Mitgliedsstaaten ansässig bzw. von dort aus tätig sind, zum weltweiten ökonomischen, ökologischen und sozialen Fortschritt leisten können.[313] Die OECD-Leitsätze umfassen allgemeine Grundsätze, Grundsätze zur Offenlegung von Informationen, zu Menschenrechten, Beschäftigung und Beziehungen zwischen den Sozialpartnern, Umwelt, Bekämpfung von Bestechung, Bestechungsgeldforderungen und Schmiergelderpressung, Verbraucherinteressen, Wissenschaft und Technologie, Wettbewerb und Besteuerung. Damit sind zunächst auch diejenigen Themenfelder abgedeckt, auf die sich z. B. ebenfalls der UN Global Compact bezieht. Die OECD-Leitsätze umfassen jedoch nicht nur zusätzliche Themenfelder, sondern zeichnen sich insgesamt auch durch einen wesentlich höheren Detailgrad in den Vorgaben aus. Auch wenn sich die OECD-Leitsätze im Abschnitt zur Offenlegung von Informationen mit (Mindest-)Anforderungen an finanzielle sowie nichtfinanzielle Unternehmensberichterstattung beziehen, liegt der Schwerpunkt der Betrachtung insgesamt mit den anderen abgedeckten Themenfeldern wie bereits beim UN Global Compact auf der Nachhaltigkeitsleistung.[314]

4.5.5 CDP (ehemals Carbon Disclosure Project)

Das **CDP (ehemals Carbon Disclosure Project)** ist eine im Jahr 2000 gegründete, gemeinnützige Organisation, die ein weltweites Informationssystem für Investoren,

---

[310] Vgl. OECD (2011): 3.
[311] OECD (2017).
[312] Vgl. OECD (2017).
[313] Vgl. OECD (2011): 3.
[314] Vgl. OECD (2011).

Unternehmen, Städte, Staaten und Regionen betreibt, um diese beim Erfassen und dem Management ihrer Auswirkung auf die Umwelt zu unterstützen.[315] Das CDP stellt dabei die weltweit größte Initiative von (professionellen) Investoren dar und repräsentiert einen signifikanten Anteil des weltweit investierten Kapitals.[316] Das CDP befragt jährlich mittels Fragebogen tausende der genannten Akteure über deren ökologische Leistung und transformiert anschließend die zurückerhaltenen Daten in eine detaillierte Analyse der wesentlichen ökologischen Risiken, Chancen und Auswirkungen des betreffenden Akteurs. Während sich die Datenerfassung und -auswertung zunächst auf unternehmensbezogene Treibhausgasemissionen konzentrierte, werden mittlerweile Daten nicht nur im **Schwerpunkt Klima**, sondern auch in den **Schwerpunkten Wasser und Wälder** erfasst und ausgewertet.[317] Stakeholder – und dabei insbesondere **Investoren** – des betreffenden Akteurs können die entsprechenden Daten und die Aufbereitungen der Daten dann nutzen, um besser informierte Entscheidungen zu treffen (z. B. inwieweit dem Akteur Kapital zur Verfügung gestellt wird, oder ob der Akteur als Lieferant akzeptiert wird).[318] Auch wenn die Teilnahme an der CDP-Befragung freiwillig ist, stellen viele Akteure die angefragten Informationen bereit und erklären sich mit deren Veröffentlichung einverstanden.[319] Da für Nutzer des CDP Informationssystems erkennbar ist, welche der befragten Unternehmen keine Rückmeldung gegeben haben, könnten für solche Unternehmen die Reaktionen von Investoren nachteilig ausfallen.

4.5.6 ISO 26000

Die internationale Norm **ISO 26000**[320] stellt einen freiwillig anzuwendenden Leitfaden dar, der Organisationen bei der Wahrnehmung gesellschaftlicher Verantwortung unterstützen soll. Sie wurde von der International Organization for Standardization (ISO) unter Einbeziehung von Stakeholdergruppen – Regierungen, NGOs, Industrie, Verbraucher und Arbeitnehmerorganisationen – aus aller Welt von einer Expertengruppe von etwa 500 Personen entwickelt und im Jahre 2010 verabschiedet.[321] Die Norm ISO 26000 ist grundsätzlich darauf ausgelegt, universell nicht nur durch Unternehmen, sondern auch durch andere Organisationen, unabhängig z. B. von Tätigkeitsfeld und Größe, einsetzbar zu sein und unterscheidet sich damit von vielen anderen Rahmenwerken, die häufig (zumindest primär) Unternehmen oder Organisationen mit speziellen Eigenschaften adressieren.[322] Die Norm gibt dabei „praktische Hilfestellung, wie Organisationen gesellschaftlich verantwortliches Verhalten in vorhandene Strategien und Systeme, Verfahrensweisen und Prozesse integrieren

---

[315] Vgl. CDP (2017).
[316] Vgl. Bergius (2015): 1011. Im April 2014 repräsentierte das CDP z. B. eigenen Angaben zufolge etwa ein Drittel des weltweit investierten Kapitals.
[317] Vgl. CDP (2017); Nolte/Oppel (2008): 144.
[318] Vgl. CDP (2017).
[319] Vgl. Bergius (2015): 1011.
[320] In Deutschland wurde die Norm als DIN ISO 26000 in deutscher Übersetzung Anfang 2011 veröffentlicht.
[321] Vgl. ISO (2017); BMAS (2011): 6.
[322] Vgl. BMAS (2011): 7. So richten sich z. B. die OECD-Leitsätze primär an multinationale Unternehmen, während sich die KPIs for ESG ausdrücklich an gewinnorientierte, börsennotierte Unternehmen bzw. Unternehmen, die Anleihen begeben, richten.

können."[323] Nicht zuletzt die intendierte Universalität der Norm bedingt jedoch, dass jedes Unternehmen bzw. jede Organisation ganz individuelle Antworten beim Umsetzen der Norm finden und diese bei Bedarf auch im Zeitablauf an neue Umstände anpassen muss. Insofern bietet die Norm ISO 26000 ganz bewusst keine konkret überprüfbaren und vergleichbaren Kriterien, denen sich die Organisation bei der Umsetzung bedienen kann. Anders als ggf. bei anderen Normen ist daher eine Zertifizierung der Norm ISO 26000 weder vorgesehen noch möglich. Eine Umsetzung der Norm kann durch die Verwendung anderer Standards oder Rahmenwerke ergänzt werden. Eine Anwendung der Norm ISO 26000 kann Unternehmen beispielsweise dabei unterstützen, die Anforderungen nach UN Global Compact einzuhalten, während z. B. ein Rückgriff auf die GRI Standards die nach ISO 26000 geforderte Transparenz über die eigene Nachhaltigkeitsleistung sicherstellen kann.[324]

Die Norm ISO 26000 definiert zunächst **gesellschaftliche Verantwortung** als die „Verantwortung einer Organisation für die Auswirkungen ihrer Entscheidungen und Aktivitäten auf die Gesellschaft und die Umwelt durch transparentes und ethisches Verhalten,"[325] das zur nachhaltigen Entwicklung beiträgt, die Erwartungen der Stakeholder berücksichtigt, anwendbares Recht einhält und im Einklang mit internationalen Verhaltensstandards steht, in der gesamten Organisation integriert ist und in ihren Beziehungen gelebt wird.[326] Um diesem Anspruch gerecht zu werden, empfiehlt die Norm ISO 26000, dass sich Unternehmen und andere Organisation an sieben **Grundsätzen**, sieben **Kernthemen** und 37 **Handlungsfeldern** orientieren.[327]

Nach der Norm ISO 26000 führen drei aufeinander folgende Schritte Organisationen an die Übernahme gesellschaftlicher Verantwortung bzw. an Nachhaltigkeit heran.[328] Zunächst sind von Organisationen im Rahmen der eigenen Aktivitäten die in **Tab. 4.3** dargelegten und kurz erläuterten sieben **Grundsätze** Rechenschaftspflicht, Transparenz, Ethisches Verhalten, Achtung der Interessen von Stakeholdern[329], Achtung der Rechtsstaatlichkeit, Achtung internationaler Verhaltensstandards und Achtung der Menschenrechte umzusetzen. Im Hinblick auf die Nachhaltigkeitsberichterstattung einer Organisation ist der Grundsatz der Transparenz von Relevanz. Er resultiert gemäß ISO 26000 aus der Ansicht, dass die Organisation in Bezug auf diejenigen Entscheidungen und Aktivitäten, die einen Einfluss auf Gesellschaft oder Umwelt haben, transparent sein sollte. Zunächst bedeutet der Grundsatz der Transparenz, dass die Organisation über Zweck, Art und Standorte ihrer Aktivitäten, ihre maßgeblichen Entscheidungsträger und Akteure, die Herkunft und Verwendung ihrer Finanzmittel, sowie über Prozesse, Zuständigkeiten und Entscheidungswege berichtet. Die hier dargelegten Transparenzanforderungen werden sicherlich zum Teil be-

---

[323] Schmiedeknecht/Wieland (2012): 259.
[324] Vgl. BMAS (2011): 7.
[325] ISO (2011): Tz. 2.18; das Original enthält Verweise auf weiterführende Textziffern.
[326] Vgl. ISO (2011): Tz. 2.18.
[327] Vgl. BMAS (2011): 11.
[328] Vgl. Gerritsen (2016): 33; ISO (2011): Einleitung.
[329] In der deutschen Übersetzung eigentlich „Anspruchsgruppen" genannt, vgl. ISO (2011): Tz. 4.5.

reits im Rahmen der regulären Regelpublizität eines Unternehmens erfüllt. Bezüglich der Wahrnehmung gesellschaftlicher Verantwortung soll die Organisation außerdem darüber kommunizieren, inwieweit sie in den sieben Kernthemen und den jeweils zugehörigen Handlungsfeldern erfolgreich ist und wie die Organisation den eigenen Erfolg überprüft. Dazu gehört auch eine Mitteilung darüber, welche Auswirkungen die Aktivitäten der Organisation auf Stakeholder, Umwelt, Gesellschaft und Wirtschaft haben.[330] Insgesamt dürfte die Erfüllung der Transparenzanforderungen nach der Norm ISO 26000 eine umfassende Nachhaltigkeitsberichterstattung erfordern.

Grundsatz	Erläuterung
Rechenschaftspflicht	Eine Organisation soll im Rahmen ihres Einflusses auf Gesellschaft, Umwelt und Wirtschaft Verantwortung übernehmen und Rechenschaft ablegen.
Transparenz	Die Entscheidungen und Aktivitäten (im Hinblick auf den Einfluss auf Gesellschaft und Umwelt) einer Organisation sollen transparent sein.
Ethisches Verhalten	Eine Organisation soll sich ethisch verhalten.
Achtung der Interessen von Stakeholdern	Eine Organisation soll Stakeholder-Interessen bei ihren Entscheidungen respektieren und einbeziehen.
Achtung der Rechtsstaatlichkeit	Eine Organisation soll Recht und Gesetz unbedingt achten und einhalten.
Achtung internationaler Verhaltensstandards	Eine Organisation soll in Übereinstimmung mit internationalen Verhaltensstandards (z. B. Völkergewohnheitsrecht, zwischenstaatliche Abkommen, etc.) handeln.
Achtung der Menschenrechte	Eine Organisation soll Menschenrechte respektieren und deren hohe Bedeutung und Internationalität anerkennen.

Tab. 4.3 Sieben Grundsätze nach ISO 26000 [in Anlehnung an Gerritsen (2016): 34 und BMAS (2011): 12-13].

Sobald die Organisation die sieben genannten Grundsätze verinnerlicht hat, sollte sie im zweiten Schritt das Ausmaß ihrer Aktivitäten und der damit verbunden Beeinflussung der Umwelt identifizieren und ihr nachhaltiges Engagement entsprechend ausrichten. Hierbei sind auch die Identifikation der relevanten Stakeholder und die Einbeziehung ihrer Interessen wichtig. Im dritten und letzten Schritt wendet sich die Organisation dann den sieben **Kernthemen** Organisationsführung, Menschenrechte, Arbeitspraktiken, Umwelt, faire Betriebs- und Geschäftspraktiken, Konsumentenanliegen, und Einbindung und Entwicklung der Gemeinschaft zu.[331] Die sieben in **Abb. 4.9** zusammengefasst dargestellten Kernthemen wiederum werden durch insgesamt 37 **Handlungsfelder** konkretisiert, auf die im Folgenden aber nicht näher eingegan-

---

[330] Vgl. Vitt et al. (2011): 16.
[331] Vgl. Gerritsen (2016): 35.

gen werden soll. Eine Berücksichtigung der Handlungsfelder durch die Organisation hilft dieser dabei, ihrer Verantwortung im entsprechenden Kernthema gerecht zu werden.³³²

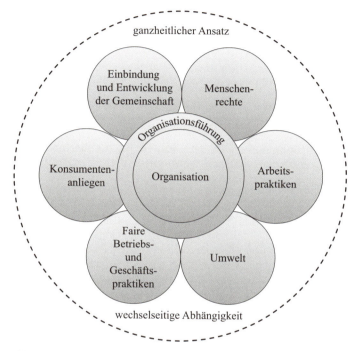

Abb. 4.9 Die sieben Kernthemen nach ISO 26000 [in Anlehnung an Vitt et al. (2011): 27].

Bei der Ankündigung der Veröffentlichung einer ISO Norm zu CSR im Jahre 2004 wurde das Vorhaben durchaus kritisiert, auch weil aufgrund der hohen Komplexität des Themas bezweifelt wurde, dass dieses im Rahmen einer allgemeinen Norm abgearbeitet werden kann.³³³ Nach der Veröffentlichung ist die ursprüngliche Skepsis aber einer deutlich positiveren Auffassung gewichen,³³⁴ was sicherlich auch der allgemeinen Reputation der ISO geschuldet ist.³³⁵ Insbesondere vorteilhaft wird jedoch die erleichterte interne und externe Kommunikation der Übernahme gesellschaftlicher Verantwortung durch die Organisation mittels der Norm ISO 26000 als globale Referenz gesehen.³³⁶

---

³³² Das Kernthema Umwelt wird beispielsweise durch die folgenden vier Handlungsfelder konkretisiert: (1) Vermeidung der Umweltbelastung, (2) Nachhaltige Nutzung von Ressourcen, (3) Abschwächung des Klimawandels und Anpassung, (4) Umweltschutz, Artenvielfalt und Wiederherstellung natürlicher Lebensräume. Vgl. ISO (2011): Tz. 6.5; BMAS (2011): 15.
³³³ Vgl. Schwartz/Tilling (2009): 296.
³³⁴ Vgl. Hahn (2013): 451.
³³⁵ Vgl. Schwartz/Tilling (2009): 293.
³³⁶ Vgl. Schmiedeknecht/Wieland (2012): 268.

> **Praxistipp:**
> Besonders für Organisationen, die sich vorher nur begrenzt mit dem Thema Nachhaltigkeit befasst haben, kann die Norm ISO 26000 einen Nutzen besitzen.

Der Mehrwert für Organisationen, die bereits umfassend im Bereich Nachhaltigkeit aktiv sind, scheint hingegen eher gering.[337] Trotz der deutlichen Bezugnahmen zur Nachhaltigkeitsberichterstattung in der Norm ISO 26000, ist diese weniger als Berichterstattungsstandard zu sehen, sondern dient abermals eher der Förderung der Nachhaltigkeitsleistung.

4.6 Grundsätze der Nachhaltigkeitsberichterstattung

In den oben dargelegten **Rahmenwerken zur Nachhaltigkeitsberichterstattung** werden umfassend **Berichtsgrundsätze und -prinzipien** beschrieben, die einer Nachhaltigkeitsberichterstattung nach dem jeweiligen Rahmenwerk zugrunde gelegt werden sollen, damit der Nachhaltigkeitsbericht seinen Zweck erfüllt und **Informationsasymmetrien** zwischen **Stakeholdern** und berichterstattendem Unternehmen abgebaut werden. Wie bereits an anderer Stelle dargelegt, resultiert nach den **GRI Standards** die Berichtsqualität aus der Berücksichtigung der sechs Berichtsgrundsätze Genauigkeit, Ausgewogenheit, Klarheit, Vergleichbarkeit, Verlässlichkeit und Aktualität. Bei der Bestimmung der Berichtsinhalte sind außerdem die vier Grundsätze Einbeziehung von Stakeholdern, Nachhaltigkeitskontext, Wesentlichkeit und Vollständigkeit zu berücksichtigen. Nach dem **IR Framework** ist ein Integrated Report unter Zugrundelegung der sieben Prinzipien Prägnanz, Wesentlichkeit, Verlässlichkeit und Vollständigkeit, Stetigkeit und Vergleichbarkeit, Strategischer Fokus und Zukunftsorientierung, Informationsverknüpfung und Stakeholderbeziehungen zu erstellen. Gemäß des **Conceptual Framework des SASB** wiederum steigt die Entscheidungsnützlichkeit der konkret zu einzelnen Nachhaltigkeitsthemen zu berichtenden (nichtfinanziellen) Leistungsindikatoren und Informationen („Metrics") in dem Maße, in dem die Darstellung (u. a.) fair, nützlich, geeignet, vergleichbar, vollständig, verifizierbar, aufeinander abgestimmt und neutral erfolgt. Trotz durchaus vorhandener Variation in den jeweils genannten Grundsätzen bzw. Prinzipien zwischen den Rahmenwerken, lassen sich jedoch umfassende Schnittmengen und Parallelen identifizieren.

In Praxis und Literatur werden des Weiteren umfassend sogenannte **Grundsätze der Kapitalmarktkommunikation** beschrieben, die insbesondere im Zusammenhang mit Value Reporting, der Investor Relations und damit auch der Kapitalmarktkommunikation Berücksichtigung finden müssen, damit die entsprechenden Instrumentarien ihre Wirksamkeit entfalten können. Da sich wie in Kapitel 2 gezeigt **Nachhaltigkeitsberichterstattung** als Teil der Kapitalmarktkommunikation eines Unternehmens einordnen lässt, scheint auch die Einbeziehung und eingehende Be-

---

[337] Vgl. Hahn (2013): 451-452.

trachtung dieser Grundsätze im Folgenden an dieser Stelle sinnvoll. Genauso wie bei den beschriebenen Berichtsgrundsätzen und -prinzipien aus den Rahmenwerken zur Nachhaltigkeitsberichterstattung, unterschieden sich die jeweils in unterschiedlichen Quellen genannten Grundsätze der Kapitalmarktkommunikation,[338] ähneln und überschneiden sich jedoch gleichzeitig. In einer Gesamtschau ergibt sich eine Reihe von wiederkehrenden Elementen, deren Berücksichtigung für eine wirkungsvolle Kapitalmarktkommunikation unerlässlich scheint. Entsprechend lassen sich zusammenfassend folgende Grundsätze der Kapitalmarktkommunikation identifizierten:[339] Teilöffentlichkeitsorientierung, Wesentlichkeit, Stetigkeit, Gleichbehandlung, Glaubwürdigkeit und Prüfung.

Der **Grundsatz der Teilöffentlichkeitsorientierung** trägt der Tatsache Rechnung, dass die Informationsinteressen potenzieller Adressaten der Berichterstattung heterogen sind. Im Rahmen der Kapitalmarktkommunikation sind daher die informationellen Bedürfnisse einzelner Teilöffentlichkeiten (anders ausgedrückt: Stakeholder-Gruppen) zu identifizieren und zu befriedigen. Während im Rahmen der Kapitalmarktkommunikation klassisch im Wesentlichen Informationsbedürfnisse von Kapitalgebern befriedigt werden, ist der Adressatenkreis der Nachhaltigkeitsberichterstattung breiter gefasst. Der Grundsatz der Teilöffentlichkeitsorientierung reflektiert dabei im Grunde den Gedanken der Einbeziehung von Stakeholdern, der sich auch in den Rahmenwerken zur Nachhaltigkeitsberichterstattung wiederfindet. Unternehmen sollten also im Rahmen ihrer Berichterstattung diejenigen Stakeholder identifizieren, an die sich der Nachhaltigkeitsbericht richtet, deren Informationsbedürfnisse analysieren und diese im Rahmen der Nachhaltigkeitsberichterstattung befriedigen.[340]

Der **Grundsatz der Wesentlichkeit** bedeutet, dass im Rahmen der Kapitalmarktkommunikation diejenigen Informationen vermittelt werden sollen, die Entscheidungen der Adressaten beeinflussen können. Während dieses sehr adressatenbezogene Verständnis von Wesentlichkeit, das der finanziellen Berichterstattung entspringt, dem Begriffsverständnis der primär auf Investoren ausgerichteten SASB Standards nahekommt, liegt z. B. den GRI Standards und dem IR Framework ein etwas breiterer Ansatz zugrunde. Neben Aspekten, die Adressatenentscheidungen beeinflussen können, ist hier auch wesentlich, was für eine Vermittlung der Nachhaltigkeitsleistung der Organisation besonders bedeutsam ist.[341] Damit reflektiert Wesentlichkeit im Zusammenhang mit Nachhaltigkeitsberichterstattung letztlich auch das zum Teil separat genannte Prinzip des Nachhaltigkeitsbezugs.

Der **Grundsatz der Stetigkeit** betrifft unterschiedliche Aspekte der Kapitalmarktkommunikation. Erstens sollten Form und Umfang der Berichterstattung eine gewisse

---

[338] Vgl. z. B. Wiedenhofer (2008); AKEU (2002); DIRK (2013); DVFA (2008); siehe auch Theis (2014): 82-88 für eine Übersicht.
[339] Vgl. Weiss/Hungenberg/Lingel (2010); Kuhnle/Banzhaf (2006); Janik (2002); Theis (2014): 83.
[340] Vgl. Janik (2002): 92; Theis (2014): 83.
[341] Vgl. Janik (2002): 92; Theis (2014): 84. Die nach den jeweiligen Rahmenwerken zugrunde gelegten Verständnisse des Begriffs Wesentlichkeit werden an dieser Stelle verkürzt und aggregiert dargestellt, für eine detailliertere Auseinandersetzung sei auf Kapitel 4 verwiesen.

Stetigkeit aufweisen. Wichtiger ist jedoch, dass Berechnungsschemata zu Kennzahlen und Parametern stetig verwendet werden, da Veränderungen zu Schwankungen in den Abbildungen der realen Sachverhalte führen können, die für den Berichtsadressaten nur schwer zu interpretieren sind.[342] Eine Stetigkeit im Hinblick auf Form, Umfang und Methoden erhöht also die Vergleichbarkeit der Berichterstattung im Zeitablauf, aber auch zwischen Unternehmen, sofern der Berichterstattung dieselben Rahmenwerke zugrunde liegen.[343] Für die Zwecke der Nachhaltigkeitsberichterstattung lässt sich das Dargelegte sinngemäß übertragen.

Nach dem **Grundsatz der Gleichbehandlung** sind alle im ersten Schritt identifizierten Teilöffentlichkeiten zum selben Zeitpunkt mit denselben Informationen im Rahmen der Kapitalmarktkommunikation zu versorgen. Im Zusammenhang mit der Regelpublizität und anderen vorwiegend finanziellen Berichtsformaten kann dies auch insiderrechtlich geboten sein, im Zusammenhang mit Nachhaltigkeitsberichterstattung ist es mindestens als vertrauensschaffende Maßnahme gegenüber den Berichtsadressaten zu sehen.[344]

Von besonderer Bedeutung ist der **Grundsatz der Glaubwürdigkeit**, der erfüllt ist, wenn die im Rahmen der Kapitalmarktkommunikation vermittelten Informationen sachlich richtig und verlässlich sind. Glaubwürdigkeit entsteht dabei aus der Erfahrung der Berichtsadressaten mit der Berichterstattung. Nur sofern sich in der Vergangenheit veröffentlichte Informationen (z. B. Prognosen, Zielsetzungen, etc.) als zutreffend erwiesen haben (bzw. sich die Abweichung zwischen z. B. einer Prognose und dem später realisierten Zustand begründet ist), werden Berichtsadressaten von der Verlässlichkeit der gegenwärtigen Berichterstattung ausgehen.[345] Insbesondere im Zusammenhang mit der Nachhaltigkeitsberichterstattung erwächst die Glaubwürdigkeit auch aus einer ausgewogenen Berichterstattung von positiven und negativen Aspekten. Vor diesem Hintergrund ist Greenwashing (also insbesondere eine einseitig positive Nachhaltigkeitsberichterstattung – siehe auch Kapitel 3.1.2) als besonders kritisch einzuordnen. Sobald die Adressaten der Nachhaltigkeitsberichterstattung das Greenwashing erkennen, dürfte die Glaubwürdigkeit der Nachhaltigkeitsberichterstattung beeinträchtigt sein, was zusätzlich auch die wahrgenommene Glaubwürdigkeit anderer (insbesondere auch finanzieller) Berichtsinstrumente negativ beeinflussen und das Image eines Unternehmens nachhaltig schädigen könnte.

Der **Grundsatz der Prüfung** beschreibt im Zusammenhang mit der Kapitalmarktkommunikation, dass ein Wirtschaftsprüfer durch seine Prüfungsleistung in der Lage ist, die Verlässlichkeit der vom Unternehmen zur Verfügung gestellten Informationen innerhalb gewisser Grenzen[346] zu bestätigen bzw. deren Glaubhaftigkeit zu er-

---

[342] Vgl. Kuhnle/Banzhaf (2006): 46.
[343] Vgl. Theis (2014): 84.
[344] Vgl. DIRK (2013): 2.
[345] Vgl. DIRK (2013): 1; DVFA (2008): 4.
[346] Die Grenzen sind hier gemäß dem Konzept der Prüfungssicherheit durch die Art des vom Wirtschaftsprüfer durchgeführten Auftrags bestimmt. Vgl. Theis (2014): 86 für den gesamten Absatz. Siehe auch Kapitel 4.7.1.

höhen.[347] Während der oben beschriebene Grundsatz der Glaubwürdigkeit auf eine unternehmensinterne Sicherstellung einer verlässlichen Berichterstattung abzielt, flankiert der Grundsatz der Prüfung den Grundsatz der Glaubwürdigkeit durch eine externe Überprüfung der Verlässlichkeit und eine Erhöhung der Glaubhaftigkeit der Berichterstattung. Während z. B. die Regelpublizität bestimmter Unternehmen in Deutschland einer gesetzlichen Prüfungspflicht unterliegt,[348] ist dies für die Nachhaltigkeitsberichterstattung zumindest in Deutschland nicht der Fall, was auch in dem überwiegend freiwilligen Charakter derselben begründet liegt.[349] Insofern müsste die Initiative zur externen Erhöhung der Glaubwürdigkeit durch den (Wirtschafts-)Prüfer vom Unternehmen ausgehen. Dabei käme z. B. die freiwillige Beauftragung einer Prüfungsleistung (freiwillige Vollprüfung oder prüferische Durchsicht) in Betracht. Während in den dargestellten Rahmenwerken zur Nachhaltigkeitsberichterstattung regelmäßig auf die Möglichkeit zur externen Validierung der Nachhaltigkeitsberichterstattung eingegangen und diese als wünschenswert angesehen wird, schlägt sich der Aspekt der Prüfung in der Regel nicht in einem eigenständigen Berichtsgrundsatz bzw. -prinzip nieder, was sich wiederum aus dem freiwilligen Charakter der Nachhaltigkeitsberichterstattung und der Anwendung des jeweiligen Rahmenwerks erklären dürfte. Im Zusammenhang mit Nachhaltigkeitsberichterstattung ist schließlich außerdem denkbar, dass eine Prüfung nicht durch einen Wirtschaftsprüfer, dessen Tätigkeit traditionell die finanzielle Berichterstattung betrifft, erfolgt, sondern durch andere Experten im Bereich Nachhaltigkeit. Welche Möglichkeiten der Prüfung für die Nachhaltigkeitsberichterstattung bestehen, soll im nachfolgenden Kapitel 4.7 noch näher betrachtet werden.

Sollen nun zusammenfassend im Sinne eines gemeinsamen Nenners unterschiedlicher Rahmenwerke übergeordnete **Grundsätze der Nachhaltigkeitsberichterstattung** abgeleitet werden, zeigt sich zunächst, dass die Grundsätze der Kapitalmarktkommunikation wichtige Aspekte der in den verschiedenen Rahmenwerken genannten Berichtsgrundsätze und -prinzipien der Nachhaltigkeitsberichterstattung abdecken. Der Gedanke, dass im Rahmen der Nachhaltigkeit die informationellen Bedürfnisse einzelner Teilöffentlichkeiten (bzw. Stakeholder-Gruppen) Berücksichtigung finden sollen, wird nach den GRI recht zutreffend als das Prinzip der Einbeziehung von Stakeholdern bezeichnet, was die besondere Breite des möglichen Adressatenkreises eines Nachhaltigkeitsberichts ggf. besser vermittelt als der Begriff Teilöffentlichkeitsorientierung, der zudem im Zusammenhang mit Kapitalmarktkommunikation mit einem Fokus auf Kapitalgeber vorbelegt sein kann. Der Grundsatz der Teilöffentlichkeitsorientierung soll daher begrifflich durch den **Grundsatz der Einbeziehung von Stakeholdern** ersetzt werden. Der Grundsatz der Prüfung scheint darüber hinaus im Zusammenhang mit der Nachhaltigkeitsberichterstattung insbesondere aufgrund deren überwiegender Freiwilligkeit (noch) nicht denselben Stellenwert zu haben, wie

---

[347] Vgl. AKEU (2002): 2340.
[348] Für eine umfassende Darstellung der gesetzlichen Prüfungspflicht siehe z. B. Theis (2014): 95 ff.
[349] In Bezug auf die nichtfinanzielle (Konzern-)Erklärung (siehe Kapitel 4.2.1) erstreckt sich die Prüfung des (Konzern-)Lageberichts durch den (Konzern-)Abschlussprüfer gemäß § 317 Abs. 2 S. 3 HGB lediglich darauf, zu prüfen, ob diese bzw. ein gesonderter (Konzern-)Bericht veröffentlicht wurde.

im Rahmen (klassischer finanzieller) Kapitalmarktkommunikation. An seine Stelle soll stattdessen der begrifflich aus den SASB Standards abgeleitete, aber auch in den anderen Rahmenwerken wiederzufindende, **Grundsatz der Verifizierbarkeit** treten. Der Grundsatz der Verifizierbarkeit stellt darauf ab, dass Informationen, die im Rahmen der Nachhaltigkeitsberichterstattung vermittelt werden, grundsätzlich z. B. im Sinne interner Kontrollen verifizierbar und entsprechend auch potenziell (extern) überprüfbar sein müssen.[350]

> **Praxistipp:**
> Entsprechend ergeben sich schlussendlich die sechs Grundsätze der Nachhaltigkeitsberichterstattung, die einer qualitativ hochwertigen Nachhaltigkeitsberichterstattung zugrunde gelegt werden sollten (siehe auch **Abb. 4.10**): Einbeziehung von Stakeholdern, Wesentlichkeit, Stetigkeit, Gleichbehandlung, Glaubwürdigkeit und Verifizierbarkeit.

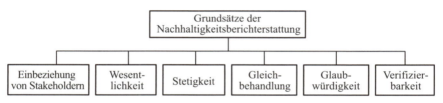

Abb. 4.10 Grundsätze der Nachhaltigkeitsberichterstattung.

4.7 Externe Prüfung der Nachhaltigkeitsberichterstattung

4.7.1 Begriffsbestimmung

Die nachfolgenden Ausführungen befassen sich mit den Besonderheiten der **externen Prüfung** von freiwillig veröffentlichter Nachhaltigkeitsberichterstattung in Deutschland. Nicht im Detail betrachtet werden daher Aspekte, die im Zusammenhang mit nachhaltigkeitsbezogener Pflichtpublizität, die ggf. einer gesetzlichen Prüfungspflicht unterliegt, stehen.[351]

> **Hinweis:**
> Nicht zuletzt dem freiwilligen Charakter der Nachhaltigkeitsberichterstattung ist es geschuldet, dass entsprechend auch die externe Prüfung derselben in der Regel freiwillig ist.

Freiwillige Prüfungsdienstleistungen sind dabei zunächst Prüfungsaufträge, die dem (Wirtschafts-)Prüfer bzw. der (Wirtschafts)Prüfungsgesellschaft nicht aus ei-

---

[350] Vgl. SASB (2017a): 19.
[351] Z. B. im Rahmen der (Konzern-)Lageberichterstattung. Für eine umfassende Auseinandersetzung mit der gesetzlichen Prüfungspflicht, vgl. statt vieler Theis (2014): 92 ff.

ner gesetzlichen oder anderweitigen Verpflichtung entstehen. Freiwillige Prüfungsdienstleistungen können unterschiedliche Gebiete betreffen, insbesondere nicht nur historische Finanzinformationen.[352] Eine Prüfung freiwillig erstellter Nachhaltigkeitsberichte stellt des Weiteren keine Vorbehaltsaufgabe des Berufsstandes der Wirtschaftsprüfer dar,[353] weswegen auch Beratungsunternehmen, Zertifizierungsgesellschaften oder gemeinnützige Organisationen mit der Prüfung beauftragt werden können.[354] Die externe Prüfung kann sich auf einen gesamten Nachhaltigkeitsbericht, oder auch nur auf Teile davon, beziehen.

Der Ablauf einer externen Prüfung lässt sich anhand des IFAC Framework der International Federation of Accountants (IFAC) allgemein darstellen. Zunächst sind bei einen Prüfungsauftrag drei Parteien involviert: der **Prüfer**, die **verantwortliche Partei** (z. B. das berichterstattende Unternehmen) und der **Berichtsadressat**.[355] Des Weiteren muss dem **Prüfungsauftrag (Engagement)** ein eindeutig zu identifizierender **Prüfungsgegenstand** zugrunde liegen – im Zusammenhang mit der Nachhaltigkeitsberichterstattung im Wesentlichen die Nachhaltigkeitsleistung des Unternehmens.[356] Außerdem muss der Prüfungsgegenstand anhand von geeigneten **(Berichts-)Kriterien** beurteilbar sein – im vorliegenden Kontext anhand von Rahmenwerken zur Nachhaltigkeitsberichterstattung (z. B. den GRI Standards).[357] Auch das Einholen von ausreichenden und angemessenen **Nachweisen** durch Prüfungshandlungen muss möglich sein.[358] Zum Abschluss der Prüfung wird das **Prüfungsurteil** in einem schriftlichen Bericht niedergelegt (Prüfungsbescheinigung[359]) und den Berichtsadressaten zur Verfügung gestellt.[360]

Im Zusammenhang mit der Durchführung von Prüfungsaufträgen lassen sich unterschiedliche **Grade an Prüfungssicherheit** unterscheiden, die im Rahmen der Prüfung erlangt werden. Prüfungssicherheit kann zunächst im mathematischen Sinne als eine Wahrscheinlichkeit definiert werden, die sich auf einer theoretischen Skala von 0-100 % bewegt.[361] Bei der Prüfung historischer Finanzinformationen steht Prüfungssicherheit dann für „the confidence with which a practitioner believes that the financial statements have been prepared without material misstatement."[362] Gemäß IFAC Handbook lassen sich zwei Arten von Prüfungssicherheit unterscheiden: **hinreichende Prüfungssicherheit (Reasonable Assurance)** und **begrenzte Prüfungssicherheit (Limited Assurance)**. Ziel der Durchführung eines Prü-

---

[352] Vgl. Marten/Quick/Ruhnke (2015).
[353] Im Gegensatz dazu gehört die gesetzliche Pflicht zur Prüfung des Jahres- bzw. Konzernabschlusses und des (Konzern-)Lageberichts zu den Vorbehaltsaufgaben des Wirtschaftsprüfers, vgl. Theis (2014): 95.
[354] Vgl. Höschen/Vu (2008): 379. Vgl. für den vorstehenden Absatz auch Gabriel (2015): 41.
[355] Vgl. IFAC (2013a): Tz. 27 ff.
[356] Vgl. IFAC (2013a): Tz. 39 ff.
[357] Vgl. IFAC (2013a): Tz. 42 ff.
[358] Vgl. IFAC (2013a): Tz. 50 ff.
[359] Der Begriff Prüfungsbescheinigung, der auch im Folgenden für das verschriftlichte Prüfungsurteil Verwendung findet, entstammt dem IDW PS 821 (siehe auch nachfolgende Ausführungen).
[360] Vgl. IFAC (2013a): Tz. 83ff. Vgl. für den vorstehenden Absatz auch Gabriel (2015): 39 ff.
[361] Vgl. Lubitzsch (2008): 13.
[362] Theis (2014): 223.

fungsauftrags zur Erlangung hinreichender Prüfungssicherheit ist die „reduction in assurance engagement risk to an acceptably low level in the circumstances of the engagement"[363], wohingegen das Ziel der Durchführung eines Prüfungsauftrags zur Erlangung begrenzter Prüfungssicherheit die „reduction in assurance engagement risk to a level that is acceptable in the circumstances of the engagement, but where that risk is greater than for a reasonable assurance engagement"[364] ist. Bei der Prüfungssicherheit handelt es sich zusammenfassend also um ein relatives, in der Regel zweistufiges Konzept. Relativ ist das Konzept, „weil der in einem absoluten Sinne verstandene Grad der Prüfungssicherheit auf der theoretischen Skala von 0-100 % immer von den Gegebenheiten der Prüfung abhängig ist."[365] Zweistufig ist das Konzept zumindest gemäß IFAC Handbook, weil sich zwei Stufen von Prüfungssicherheit (die hinreichende und die begrenzte) auf der theoretischen Skala von 0-100 % bestimmen lassen, deren relative Position zueinander sich definitorisch ergibt. Wie genau das Konzept der Prüfungssicherheit definiert ist, wie viele Stufen existieren, oder wie diese begrifflich gefasst sind, kann vom jeweiligen der externen Prüfung zugrunde gelegten Prüfungsstandard abhängen.[366] Auf die wichtigsten Prüfungsstandards im Zusammenhang mit der externen Prüfung von Nachhaltigkeitsberichten soll im folgenden Kapitel eingegangen werden.

4.7.2 Prüfungsstandards
ISAE 3000

Von besonderer Bedeutung für die externe Prüfung von Nachhaltigkeitsberichterstattung ist zunächst der von der IFAC verabschiedete International Standard on Assurance Engagements (ISAE) 3000 „Assurance Engagements Other than Audits or Reviews of Historical Financial Information"[367] in Verbindung mit dem IFAC Framework. Der **ISAE 3000** bildet u. a. die Grundlage für die Entwicklung weiterer internationaler und nationaler **Prüfungsstandards** im Bereich Nachhaltigkeitsberichterstattung. So steht beispielsweise der IDW PS 821 grundsätzlich im Einklang mit dem ISAE 3000, befasst sich aber im Gegensatz zum allgemeiner ausgerichteten ISAE 3000 explizit nur mit Prüfungsaufträgen im Bereich Nachhaltigkeit.[368] Entsprechend seiner allgemeineren Ausrichtung als **Umbrella Standard** bezieht sich der ISAE 3000 auf alle Prüfungsaufträge, die sich nicht auf historische Finanzinformationen beziehen, er ist insofern neutral in Bezug auf den Prüfungsgegenstand. Geeignete Berichtskriterien, die eine Beurteilung des Prüfungsgegenstands gestatten, müssen gemäß ISAE 3000 die folgenden Eigenschaften aufweisen: Relevanz, Zuverlässigkeit, Neutralität, Verständlichkeit, Vollständigkeit. Hierfür kommen also insbesondere komplexe Rahmenwerke zur Nachhaltigkeitsberichterstattung, wie z. B. die GRI Standards, in Frage. Bezüglich der erreichbaren Grade an Prüfungssicherheit unterscheidet der ISAE 3000 die oben bereits

---

[363] IFAC (2010): 7.
[364] IFAC (2010): 7.
[365] Theis (2014): 223.
[366] Vgl. Theis (2014): 223.
[367] Vgl. IFAC (2013b). Im Folgenden auch als ISAE 3000 zitiert.
[368] Vgl. Durchschein (2017): 171.

dargelegten zwei Stufen: **Reasonable Assurance** (hinreichende Prüfungssicherheit) und **Limited Assurance** (begrenzte Prüfungssicherheit). Der jeweils im Rahmen der externen Prüfung zu erreichende Grad an Prüfungssicherheit ergibt sich aus dem Prüfungsauftrag, den der Prüfer von der verantwortlichen Partei (z. B. dem berichterstattenden Unternehmen) erhält (Reasonable/Limited Assurance Engagement). Dabei ist allerdings auch eine Kombination der beiden Stufen an Prüfungssicherheit möglich. Da sich eine externe Prüfung nicht notwendigerweise auf einen gesamten Nachhaltigkeitsbericht bezieht und diese in der Regel freiwillig ist, können für unterschiedliche Teile der Berichterstattung unterschiedliche Grade an zu erlangender Prüfungssicherheit vereinbart werden. Bezüglich der Unabhängigkeit und der Kompetenz des externen Prüfers sieht der ISAE 3000 vor, dass der Prüfer den Anforderungen des IFAC Code of Ethics for Professional Accountants[369] genügen muss. Der Prüfer bzw. das Prüfungsteam muss darüber hinaus die notwendigen Kompetenzen zur Beurteilung der Thematik besitzen (siehe auch Tabelle **Tab. 4.4** für eine Gesamtübersicht).[370]

AA1000AS

Ein weiterer im internationalen Kontext relevanter **Prüfungsstandard** ist der AccountAbility 1000 Assurance Standard (**AA1000AS**)[371] der Organisation AccountAbility aus dem Jahre 2008.[372] Bei AccountAbility handelt es sich interessanterweise nicht um eine Organisation, die dem Berufsstand der Wirtschaftsprüfer zuzurechnen ist, weswegen insbesondere Beratungsunternehmen und andere Zertifizierungsgesellschaften und eben nicht Wirtschaftsprüfer bzw. Wirtschaftsprüfungsgesellschaften auf den AA1000AS zurückgreifen.[373] Der AA1000AS ist ein Teil der AA1000 Series of Standards, die Unternehmen bei der Verbesserung ihrer Nachhaltigkeitsleistung und der Berichterstattung, aber auch der Prüfung, unterstützen sollen. Von zentraler Bedeutung bei einer externen Prüfung gemäß AA1000AS sind die im AccountAbility 1000 Accountability Principles Standard (AA1000APS) aus dem Jahre 2008 festgelegten übergeordneten Prinzipien Inclusiveness, Materiality und Responsiveness.[374] Der AA1000AS unterscheidet zwischen zwei Typen der Prüfung. Im Rahmen einer Typ-1-Prüfung beurteilt die prüfende Organisation veröffentlichte Angaben, die Systeme und Prozesse, mit denen die berichtende Organisation die Einhaltung der oben genannten übergeordneten Prinzipien sicherstellt, sowie die Angaben über die Performance, die die Einhaltung besagter Prinzipien belegen. Die Prüfungshandlungen bei einer Typ-1-Prüfung „zielen darauf ab, Stakeholdern Gewissheit darüber zu geben, wie eine Organisation Nachhaltigkeits-Performance managt und wie eine Organisation dies im Rahmen der Nachhaltigkeitsberichterstattung kommuniziert, ohne aber die Verlässlichkeit berichteter Informationen zu verifizieren."[375] Bei Typ-2-Prü-

---

[369] Vgl. IFAC (2013b).
[370] Vgl. IFAC (2015).
[371] Vgl. AccountAbility (2008b). Im Folgenden auch zitiert als AA1000AS.
[372] Vgl. Durchschein (2017): 171. AccountAbility ist eine private global agierende Beratungs- und Standardsetzungsfirma, die mit Unternehmen, Regierungen und anderen Organisationen im Bereich nachhaltige Entwicklung zusammenarbeitet. Vgl. AccountAbility (2017).
[373] Vgl. Gabriel (2015): 43 ff für den gesamten Absatz.
[374] Vgl. AccountAbility (2008a). Im Folgenden auch zitiert als AA1000APS.
[375] AccountAbility (2008b): 9.

fungen wird hingegen zusätzlich die Verlässlichkeit von spezifischen Angaben über die Nachhaltigkeitsleistung der Organisation beurteilt.[376]

Prüfungsgegenstand des AA1000AS stellt gemäß dem Standard grundsätzlich die Nachhaltigkeitsberichterstattung sowie das zugrundeliegende Nachhaltigkeitsmanagement auf der Grundlage der AA1000APS-Prinzipien dar. Geeignete Berichtskriterien zur Beurteilung des Prüfungsgegenstands müssen die folgenden Eigenschaften aufweisen: Relevanz, Vollständigkeit, Zuverlässigkeit, Neutralität, Verständlichkeit. Zudem sollen die Kriterien im AA1000APS benutzt werden, um die Einhaltung der AA1000APS-Prinzipien zu überprüfen. Grundsätzlich sieht auch der AA1000AS zwei Stufen von Prüfungssicherheit vor, die abermals im bereits oben beschriebenen Sinne kombiniert werden können: **High Assurance** (hohe Prüfungssicherheit) oder **Moderate Assurance** (moderate Prüfungssicherheit). Auch wenn sich die Bezeichnungen der Stufen an Prüfungssicherheit zwischen dem ISAE 3000 und dem AA1000AS unterscheiden, so sind die zugrundeliegenden Definitionen bzw. zumindest die Interpretation der beiden Stufen ähnlich.[377] In Bezug auf Unabhängigkeit und Kompetenz des externen Prüfers sieht AA1000AS vor, dass der Prüfer Informationen bezüglich seiner Unabhängigkeit von der berichtenden Organisation gegenüber den Stakeholdern veröffentlichen muss. Das Prüfungsteam muss außerdem die notwendigen Kompetenzen zur Beurteilung der Thematik besitzen (siehe auch Tabelle **Tab. 4.4** für eine Gesamtübersicht sowie einen Vergleich zwischen den ISAE 3000 und AA1000AS).

IDW PS 821

Mitglieder des **Instituts der Wirtschaftsprüfer in Deutschland e. V. (IDW)** sind gemäß der Satzung des IDW verpflichtet, erlassene IDW Prüfungsstandards (PS) zu beachten und ihre Prüfung daran zu orientieren.[378] Vom IDW wurde im Jahre 2006 der **IDW PS 821** „Grundsätze ordnungsmäßiger Prüfung oder prüferischer Durchsicht von Berichten im Bereich der Nachhaltigkeit" verabschiedet.[379] Der IDW PS 821 beinhaltet Ausführungen über den gesamten Prüfungsprozess (Auftragsannahme, Auftragsdurchführung, Berichterstattung und Erstellung einer Bescheinigung) bezüglich der Nachhaltigkeitsberichterstattung und gilt sowohl für Teilberichte als auch für eine umfassende Berichterstattung. Gemäß IDW PS 821 gelten folgende Kriterien für die Bestimmung des Inhalts von Nachhaltigkeitsberichterstattung: Relevanz, Eignung, Verlässlichkeit, Neutralität und Verständlichkeit. Sofern die vorstehenden Kriterien erfüllt sind, können Unternehmen im Rahmen ihrer Berichterstattung eigene oder allgemein verfügbare Kriterienkataloge verwenden, z. B. die GRI Standards. Prüfziele gemäß IDW PS 821 sind u. a. die Vollständigkeit der Kriterien, die Richtigkeit des Berichts und die Klarheit sowie Verständlichkeit des Berichts. Gegenstand der Prüfung ist auch, inwieweit die Berichterstattung an den Informationsbedürfnissen der Adressaten ausgerichtet ist, wobei eine direkte Beteiligung oder Befragung von

---

[376] Vgl. AccountAbility (2008b): 9.
[377] Vgl. Durchschein (2017): 173.
[378] Vgl. IDW (2005): 5.
[379] Vgl. IDW PS 821.

Externe Prüfung der Nachhaltigkeitsberichterstattung   95

Adressaten jedoch nicht gefordert wird.[380] Hinsichtlich des Grads an Prüfungssicherheit unterscheidet der IDW PS 821 zwischen einer **Prüfung** und einer **prüferischen Durchsicht**. Die Prüfung stellt dabei ein **Reasonable Assurance Engagement** dar, während die prüferische Durchsicht ein **Limited Assurance Engagement** ist (siehe auch Ausführungen zu ISAE 3000 oben).[381] Insofern können wiederum zwei Stufen an Prüfungssicherheit erreicht werden, die hinreichende und die begrenzte Prüfungssicherheit. Insgesamt ist der IDW PS 821 wie bereits oben beschrieben weitgehend am **ISAE 3000** ausgerichtet.[382]

Standard	ISAE 3000	AA1000AS
Prüfungsgegenstand	Standard für alle Prüfungsaufträge, die sich nicht auf historische Finanzinformationen beziehen und insofern neutral in Bezug auf den Prüfungsgegenstand.	Nachhaltigkeitsberichterstattung sowie das zugrundeliegende Nachhaltigkeitsmanagement und Stakeholder-Engagement auf der Grundlage der AA1000APS-Prinzipien.
Definition von Wesentlichkeit	Eine Information wird als wesentlich gewertet, wenn ihr Fehlen oder ihre Falschangabe die Entscheidungen der Nutzer der Informationen beeinflussen kann.	Eine Information ist wesentlich, wenn ihr Fehlen oder ihre Falschangabe die Entscheidungen und Handlungen der Stakeholder beeinflussen kann. Wesentlichkeit wird darüber hinaus als Berichtsprinzip und Prüfungsziel verstanden.
Berichtskriterien	Geeignete Berichtskriterien müssen die folgenden Eigenschaften aufweisen: Relevanz, Zuverlässigkeit, Neutralität, Verständlichkeit, Vollständigkeit.	Geeignete Berichtskriterien müssen die folgenden Eigenschaften aufweisen: Relevanz, Vollständigkeit, Zuverlässigkeit, Neutralität, Verständlichkeit. Zudem sollen die Kriterien im AA1000APS benutzt werden, um die Einhaltung der AA1000APS-Prinzipien zu überprüfen.
Grad der Prüfungssicherheit	Reasonable Assurance Engagement (hinreichende Prüfungssicherheit) oder Limited Assurance Engagement (begrenzte Prüfungssicherheit). Auch eine Kombination aus beiden ist möglich.	High Assurance (hohe Prüfungssicherheit) oder Moderate Assurance (moderate Prüfungssicherheit). Auch eine Kombination aus beiden ist möglich.
Unabhängigkeit und Kompetenzen des Prüfers	Der Prüfer muss den Anforderungen des IFAC Code of Ethics for Professional Accountants entsprechen. Das Prüfungsteam muss die notwendigen Kompetenzen zur Beurteilung der Thematik besitzen.	Der Prüfer muss Informationen bezüglich seiner Unabhängigkeit von der berichtenden Organisation gegenüber den Stakeholdern veröffentlichen. Das Prüfungsteam muss die notwendigen Kompetenzen zur Beurteilung der Thematik besitzen.

Tab. 4.4 Vergleich der Prüfungsstandards ISAE 3000 und AA1000AS [leicht angepasst entnommen aus Gabriel (2015): 45.]

---

[380] Vgl. Walterbusch et al. (2013): 6 und IDW PS 821 für den gesamten Abschnitt.
[381] Vgl. z. B. Theis (2014): 110.
[382] Vgl. Durchschein (2017): 174.

5 Praxis der Nachhaltigkeitsberichterstattung der DAX-30-Unternehmen

5.1 Datengrundlage und Vorüberlegungen

Im Folgenden wird die **Praxis der Nachhaltigkeitsberichterstattung** von **DAX-30-Unternehmen** in Bezug auf verschiedene Kriterien erfasst und analysiert. Betrachtet werden dabei Unternehmen, die zum 31.12.2016 im DAX 30 notiert waren (siehe **Tab. 5.1** für eine Übersicht). Es werden vorrangig die zum Zeitpunkt der Analyse aktuellsten Nachhaltigkeitsberichte dieser Unternehmen untersucht. Bei der überwiegenden Anzahl an DAX-30-Unternehmen mit kalendergleichem Geschäftsjahr (Bilanzstichtag 31.12.) sind dies Nachhaltigkeitsberichte, die sich auf das Geschäftsjahr 2016 beziehen. Bei den drei Unternehmen mit unterjährigem Bilanzstichtag (hier einheitlich 30.09.) geht der Nachhaltigkeitsbericht für das Geschäftsjahr 2015/16 in die Untersuchung ein. Es handelt sich hierbei außerdem regelmäßig um **Nachhaltigkeitsberichte**, die den **Konzern** (und nicht etwa nur die Muttergesellschaft) betreffen. Auch wenn im Folgenden auf die Nachhaltigkeitsberichterstattung „der/des Unternehmen/s" oder konkret z. B. der BMW AG verwiesen wird, beziehen sich die Ausführungen auf die Nachhaltigkeitsberichterstattung, die regelmäßig auf Konzernebene erfolgt.

Gegenstand der Betrachtung ist darüber hinaus grundsätzlich Nachhaltigkeitsberichterstattung, die in einem vom Unternehmen zur Verfügung gestellten **Dokument (in der Regel PDF)** erfolgt (z. B. separater Nachhaltigkeitsbericht, als Teil eines integrierten Berichts, etc.). Ausdrücklich nicht berücksichtigt wird daher Nachhaltigkeitsberichterstattung, die (lediglich) online auf der Homepage des Unternehmens erfolgt. Dass Unternehmen über Nachhaltigkeit auch auf ihrer Homepage berichten, ist durchaus üblich, eine strukturierte Analyse solcher Inhalte ist aber aufgrund der Heterogenität dieser Form der Berichterstattung nur eingeschränkt möglich. Außerdem sind die im separaten Dokument veröffentlichten Informationen häufig (größtenteils) identisch mit den online zur Verfügung gestellten Informationen, oder gehen über diese hinaus. Schließlich erfolgte die Analyse zumindest teilweise mithilfe einer Stichwortsuche unter Verwendung automatischer Suchfunktionen in den jeweiligen Dokumenten. Beispielsweise bei der Frage, ob ein Unternehmen im Rahmen seiner Nachhaltigkeitsberichterstattung auf einen bestimmten Standard rekurriert, wurde das betreffende Dokument anhand einer vordefinierten Liste an Begriffen durchsucht, die möglichst alle denkbaren Schreib- und Darstellungsweisen für den betreffenden Standard abdeckt. Wenn also beispielsweise die Bezugnahme auf einen Standard verklausuliert oder nicht im Dokument selbst, sondern nur auf der Homepage erfolgt, dann wird dies im Rahmen der vorliegenden Analyse ggf. nicht erkannt.[383]

---

[383] Bei den nachfolgenden Auswertungen werden auch Informationen, die in der GRI Sustainability Disclosure Database zu finden sind, verwendet (http://database.globalreporting.org). Die Datenerhebung und -analyse erfolgte mit größtmöglicher Sorgfalt. Gleichzeitig können Darstellungs- bzw. Erhebungsfehler oder Fehlinterpretationen nicht vollständig ausgeschlossen werden.

5.2 Formale Einordnung der Nachhaltigkeitsberichterstattung

5.2.1 Berichtsformat

Zunächst lässt sich festhalten, dass 28 der DAX-30-Unternehmen im betrachteten Zeitraum vergleichsweise **umfassend über Nachhaltigkeit berichten** (siehe auch **Tab. 5.1**). Zwei Unternehmen (Fresenius SE & Co. KGaA und Fresenius Medical Care AG & Co. KGaA) gehen mit Informationen zur Nachhaltigkeit im Wesentlichen nicht über die gesetzlichen Vorgaben zur (Konzern-)Lageberichterstattung hinaus und veröffentlichen entsprechend einen klassischen Geschäftsbericht.[384] Das Berichtsformat unterscheidet sich zwischen den 28 DAX-Unternehmen mit expliziter Nachhaltigkeitsberichterstattung deutlich. Fünf der betrachteten Unternehmen veröffentlichen einen **integrierten Bericht**, also einen Bericht, der die (finanzielle) Regelpublizität eines Unternehmens sowie auch (umfassend) Berichtsinhalte mit Bezug zur Nachhaltigkeit beinhaltet. Inwieweit es sich bei den integrierten Berichten jedoch (auch) um Integrated Reports im Sinne des IIRC handelt,[385] wird im Rahmen der Analyse von Berichtsinhalten im folgenden Kapitel näher beleuchtet.

Bei denjenigen Unternehmen, die einen integrierten Bericht veröffentlichen, dominieren eher Begrifflichkeiten der Regelpublizität (Geschäftsbericht, Bericht) den Titel des Berichts. Insofern soll offenbar trotz Integration von klassischer finanzieller und nichtfinanzieller Berichterstattung zumindest begrifflich ein Akzent in Richtung klassischer Berichterstattung gesetzt werden, was nachvollziehbar erscheint, da der integrierte Bericht den klassischen Geschäftsbericht in der Regel ersetzt. In allen anderen Fällen, in denen ein **separater Nachhaltigkeitsbericht** erstellt wird, dominiert eindeutig der Begriff „Nachhaltigkeit" in der Betitelung, gefolgt vom Begriff „(unternehmerische) Verantwortung". Nicht verwendet zur Bezeichnung des Berichts wird hingegen der Begriff „CSR".

Die **Umfänge der Berichte** – gemessen an der Seitenzahl – unterscheiden sich darüber hinaus stark. Zunächst ergibt sich naturgemäß, dass die integrierten Berichte tendenziell mehr Seiten umfassen als reine Nachhaltigkeitsberichte. Der integrierte Geschäftsbericht der Bayer AG ist mit 344 Seiten der umfangreichste Bericht der Stichprobe und derjenige der ThyssenKrupp AG mit 256 Seiten der mit dem geringsten Umfang. Demgegenüber stehen der reine Nachhaltigkeitsbericht der Deutsche Telekom AG mit dem größten Seitenumfang von 211 Seiten und derjenige der ProSiebenSat. 1 Media SE mit dem geringsten Seitenumfang von 34 Seiten. Im Durchschnitt haben die integrierten Berichte der DAX-30-Unternehmen einen Seitenumfang von 295 Seiten, während die reinen Nachhaltigkeitsberichte einen durchschnittlichen Seitenumfang von 113 Seiten aufweisen. Eine Betrachtung des Seitenumfangs der Nachhaltigkeitsberichterstattung bzw. der integrierten Berichte erlaubt nun jedoch

---

[384] Es überrascht vor diesem Hintergrund wenig, dass z. B. die Fresenius Medical Care AG & Co. KGaA im Jahr 2016 ein unternehmensweites Projekt gestartet hat, um die Nachhaltigkeitsberichterstattung weiterzuentwickeln, vgl. Fresenius Medical Care (2016): 41.

[385] Für eine Unterscheidung zwischen den Begrifflichkeiten integrierter Bericht und Integrated Report sowie zum Konzept des Integrated Report gemäß IIRC sei auch auf Kapitel 4.4 verwiesen.

noch keinen Rückschluss auf inhaltliche Eigenschaften der Nachhaltigkeitsberichterstattung. Schon bei einer Betrachtung der eben dargelegten Minimal- und Maximalseitenzahlen, aber insbesondere bei einer vollumfassenden Betrachtung von **Tab. 5.1**, zeigt sich, dass der Berichtsumfang – wenig überraschend – zumindest zum Teil von der Unternehmensgröße bzw. -komplexität getrieben ist.[386]

> **Praxistipp:**
> Dennoch können vorsichtige Schlussfolgerungen bei einem Vergleich der Seitenumfänge von Nachhaltigkeitsberichten bzw. integrierten Berichten von Unternehmen ähnlicher Struktur (Größe, Komplexität, Branche etc.) gezogen werden. Reduziert man in stark vereinfachender Weise die Unternehmensstruktur auf die (Konzern-)Bilanzsumme, dann zeigt sich bei der hier betrachteten Stichprobe ein durchschnittlicher Berichtsumfang von 0,0048 Seiten / Mio. Euro Konzernbilanzsumme für integrierte Berichte bzw. 0,0026 Seiten / Mio. Euro Konzernbilanzsumme für separate Nachhaltigkeitsberichte. Unter Verwendung dieser Multiplikatoren (oder ähnlicher Multiplikatoren, z. B. Mitarbeiteranzahl, Anzahl der Segmente, etc. im Nenner) könnte ein berichterstattendes Unternehmen eine erste grobe Einordnung des Umfangs der eigenen Nachhaltigkeitsberichterstattung im Vergleich zu anderen Unternehmen ähnlicher Struktur vornehmen.

Eine erste grobe inhaltliche Beurteilung der Nachhaltigkeitsberichterstattung scheint bei Betrachtung der im Nachhaltigkeitsbericht durchschnittlich je Seite verwendeten Wörter als Maß für die **Textdichte** möglich. Auch diese schwankt bei den hier betrachteten DAX-30-Unternehmen stark. Der (reine) Nachhaltigkeitsbericht mit der geringsten Textdichte ist der der E.ON AG und umfasst 173 Seiten mit durchschnittlich 269 Wörtern je Seite. Der reine Nachhaltigkeitsbericht der Siemens AG ist hingegen der mit der höchsten Textdichte und beinhaltet bei 52 Seiten Gesamtumfang durchschnittlich 487 Wörter je Seite. Insgesamt sind integrierte Berichte tendenziell textlastiger als reine Nachhaltigkeitsberichte. Der integrierte Bericht mit der geringsten Textdichte (370 Wörter je Seite) ist der der ThyssenKrupp AG, wohingegen der integrierte Bericht der BASF SE derjenige mit der insgesamt höchsten Textdichte ist (473 Wörter je Seite). Interessant ist auch, dass die Textdichte der Geschäftsberichte derjenigen Unternehmen, die einen separaten Nachhaltigkeitsbericht veröffentlichen, im Schnitt um 33,62 % höher ist als bei den Nachhaltigkeitsberichten: die durchschnittliche Anzahl der je Seite verwendeten Wörter beträgt bei den Geschäftsberichten 473, bei den Nachhaltigkeitsberichten nur 354. Insofern lässt sich zusammenfassend schlussfolgern, dass bei der Vermittlung von Nachhaltigkeitsinformationen offenbar stärker mit **Grafiken** gearbeitet bzw. auf **visuelle Aspekte** gesetzt wird, als dies im Zusammenhang mit finanzieller Berichterstattung der Fall ist. Inwieweit dies für das Verständnis des Berichtsadressaten förderlich ist, oder aber einer raschen Datenent-

---

[386] So betragen beispielsweise die Konzernbilanzsummen (zum 31.12.2016 bzw. 30.09.2016) bei der Bayer AG bzw. Deutsche Telekom AG im Vergleich zur ThyssenKrupp AG bzw. ProSiebenSat. 1 Media SE 82.238 bzw. 148.485 Mio. Euro im Vergleich zu 35.072 bzw. 6.603 Mio. Euro.

Formale Einordnung der Nachhaltigkeitsberichterstattung

Unternehmen	Titel des Berichts	Seiten-anzahl	Anzahl Wörter	Wörter je Seite	PDF verlinkt?	Integrierter Bericht?	Bilanz-stichtag
Adidas AG	Adidas Sustainability Progress Report	84	29.543	352	Ja	Nein	31.12.
Allianz SE	Allianz Group Sustainability Report 2016	79	31.759	402	Ja	Nein	31.12.
BASF SE	BASF Bericht 2016	260	122.887	473	Nein	Ja	31.12.
Bayer AG	Geschäftsbericht 2016	344	139.559	406	Nein	Ja	31.12.
Beiersdorf AG	Nachhaltigkeitsbericht 2016	56	16.392	293	Ja	Nein	31.12.
BMW AG	Sustainable Value Report 2016	189	57.051	302	Ja	Nein	31.12.
Commerzbank AG	Magazin zur unternehmerischen Verantwortung 2017	40	12.448	311	Nein	Nein	31.12.
Continental AG	Nachhaltigkeitsbericht 2016	43	20.045	466	Nein	Nein	31.12.
Daimler AG	Nachhaltigkeitsbericht 2016	133	47.237	355	Ja	Nein	31.12.
Deutsche Bank AG	Unternehmerische Verantwortung Bericht 2016	97	31.565	325	Nein	Nein	31.12.
Deutsche Börse AG	Finanzbericht 2016	301	130.640	434	Nein	Ja	31.12.
Deutsche Post AG	Bericht zur Unternehmensverantwortung 2016	120	46.286	386	Nein	Nein	31.12.
Deutsche Telekom AG	Corporate Responsibility Bericht 2016	211	76.390	362	Ja	Nein	31.12.
E.ON SE	Nachhaltigkeitsbericht 2016	173	46.454	269	Ja	Nein	31.12.
Fresenius SE & Co. KGaA	Konzernabschluss und Konzern-Lagebericht 2016	167	84.230	504	Nein	-	31.12.
Fresenius Medical Care AG & Co. KGaA	Geschäftsbericht 2016	230	103.624	451	Ja	Nein	31.12.
HeidelbergCement AG	Nachhaltigkeitsbericht 2016	77	25.458	331	Ja	Nein	31.12.
Henkel AG & Co. KGaA	Nachhaltigkeitsbericht 2016	141	50.306	357	Ja	Nein	31.12.
Infineon Technologies AG	Nachhaltigkeit bei Infineon	48	17.231	359	Nein	Nein	30.09.
Linde AG	Corporate Responsibility Bericht 2016	132	37.169	282	Ja	Nein	31.12.
Deutsche Lufthansa AG	Balance	106	43.023	406	Nein	Nein	31.12.
Merck KGaA	Corporate Responsibility Bericht 2016	201	76.423	380	Ja	Nein	31.12.
Münchener Rückversicherungsgesellschaft AG	Corporate Responsibility Bericht 2016/2017	183	53.042	290	Nein	Nein	31.12.
ProSiebenSat.1 Media SE	Unsere Verantwortung	34	11.441	337	Nein	Nein	31.12.
RWE AG	Unsere Verantwortung 2016	77	32.329	420	Ja	Nein	31.12.
SAP SE	SAP Integrierter Bericht 2016	313	145.577	465	Ja	Ja	31.12.
Siemens AG	Nachhaltigkeitsinformationen 2016	52	25.315	487	Nein	Nein	30.09.
ThyssenKrupp AG	Geschäftsbericht 2015/2016	256	94.667	370	Ja	Ja	30.09.
Volkswagen AG	Nachhaltigkeitsbericht 2016	192	73.070	381	Ja	Nein	31.12.
Vonovia SE	Nachhaltigkeitsbericht 2016	120	35.312	294	Ja	Nein	31.12.
	Durchschnitt	149	57.216	375			
	Median	132,5	46.370	366			

Tab. 5.1 Format der Nachhaltigkeitsberichterstattung im DAX 30.

nahme und -vergleichbarkeit entgegensteht, wird sich in Teilen im weiteren Verlauf der Ausführungen noch zeigen.

Ein zunächst möglicherweise trivial erscheinender, aber dennoch nicht zu unterschätzender, Aspekt ist die **technische Zugänglichkeit** zu Informationen im Nachhaltigkeitsbericht bzw. integrierten Bericht bei elektronischer Verwendung des Dokuments. Die schlichte technische **Verlinkung** von Berichtsinhalten im (PDF-) Dokument erleichtert das Auffinden von Informationen im Bericht ganz ungemein. Im Idealfall kann dabei der Berichtsadressat im Inhaltsverzeichnis oder an anderen Stellen mit Seitenverweisen durch Klicken auf die angegebenen Seitenzahlen zum jeweiligen Berichtsteil springen. Lediglich 17 der hier betrachteten Unternehmen verlinken ihr Berichtsdokument auf diese Weise. Schließlich sind einige der Berichte technisch so formatiert, dass Zahlen oder Textbausteine nicht elektronisch herauskopiert werden können. Auch wenn dies zunächst aus formalen Gründen nachvollziehbar erscheint, wird wiederum die Verwertung der Berichtsinhalte z. B. im Rahmen eigener Analysen oder von Aufbereitungen der Informationen durch den Adressaten erschwert.

Tabellarisch nicht dargestellt aber dennoch untersucht wurden **Berichtszeitraum und -zyklus**. Alle Berichte der DAX-30-Unternehmen beziehen sich auf einen Zeitraum von 12 Monaten. Entsprechend erfolgt die Berichterstattung grundsätzlich jährlich. Bei einer Betrachtung des Berichtsumfangs im Zeitablauf zeigt sich jedoch, dass dieser variiert. Beispielsweise im Falle der Merck KGaA liegt dies explizit daran, dass alle zwei Jahre ein umfassender Nachhaltigkeitsbericht und dazwischen ein Zwischenbericht veröffentlicht wird.[387]

5.2.2 Verwendete Rahmenwerke

Im Folgenden soll sich strukturiert den **Berichtsinhalten** von Nachhaltigkeitsberichten im DAX 30 angenähert werden. Die Heterogenität in der Berichterstattung und auch der bereits im vorherigen Kapitel dargelegte Berichtsumfang gestattet dabei an dieser Stelle keine Detailanalyse, auf konkrete Berichtsinhalte wird zumindest ausschnittsweise erst an späterer Stelle im Rahmen der Betrachtung ausgewählter Nachhaltigkeitsberichte eingegangen. Gegenstand dieses Kapitels ist vielmehr eine Auseinandersetzung mit den wesentlichen **Rahmenwerken der Nachhaltigkeitsberichterstattung**, die bei der Berichtserstellung verwendet und aus denen Berichtsinhalte abgeleitet werden. **Tab. 5.2** gibt einen Gesamtüberblick über die in der vorliegenden Untersuchung betrachteten Rahmenwerke und deren Verwendungsgrad. Sofern in der Tabelle oder im Text nicht näher spezifiziert, bedeutet „Ja", dass das betreffende Rahmenwerk gemäß den Ausführungen im jeweiligen Bericht Anwendung findet bzw. zumindest darauf verwiesen wird.[388]

---

[387] Vgl. Merck (2015): 2.
[388] Dabei wird grundsätzlich unterstellt, dass die Angaben im jeweiligen Bericht korrekt sind. Insofern spiegelt **Tab. 5.2** wider, was Unternehmen in ihren Nachhaltigkeitsberichten bezüglich der Verwendung der jeweiligen Rahmenwerke angeben.

Formale Einordnung der Nachhaltigkeitsberichterstattung

Unternehmen	GRI Version	GRI G4 Adherence Level	OECD	CDP	ISO 26000	UN Global Compact	UN Global Compact Teilnehmer	IIRC Integrated Reporting	KPIs for ESG	SASB	DNK	Letzte DNK-Entsprechenserklärung (Berichtsjahr)
Adidas AG	-	-	-	-	-	-	-	-	-	-	-	-
Allianz SE	GRI - G4	In accordance - Core	Ja	Ja	-	Ja	Ja	-	-	-	Ja	2016
BASF SE	GRI - G4	In accordance - Comprehensive	Ja	Ja	-	Ja	Ja	-	-	-	-	2013
Bayer AG	GRI - G4	In accordance - Comprehensive	-	Ja	Ja	Ja	Ja	Ja	Ja	-	Ja	2015
Beiersdorf AG	GRI - G4	In accordance - Core	Ja	Ja	-	-	-	-	-	-	-	-
BMW AG	GRI - G4	In accordance - Comprehensive	Ja	Ja	-	Ja	Ja	-	-	Ja	-	2012
Commerzbank AG	GRI - G4	In accordance - Core	Ja	-	-	Ja	Ja	-	-	-	-	2016
Continental AG	GRI Standards	In accordance - Core	Ja	Ja	-	Ja	Ja	-	-	-	-	-
Daimler AG	GRI - G4	In accordance - Comprehensive	Ja	Ja	-	Ja	Ja	-	-	-	-	2012
Deutsche Bank AG	GRI - G4	In accordance - Core	Ja	Ja	-	Ja	Ja	Ja	Ja	Ja	Ja	2013
Deutsche Börse AG	GRI - G4	Referenz	-	-	-	Ja	Ja	-	-	-	Ja	2016
Deutsche Post AG	GRI - G4	In accordance - Core	Ja	Ja	-	Ja	Ja	-	-	-	-	-
Deutsche Telekom AG	GRI - G4	In accordance - Core	Ja	Ja	-	Ja	Ja	-	Ja	-	Ja	2016
E.ON SE	GRI - G4	In accordance - Core	-	Ja	-	Ja	Ja	-	-	-	Ja	2016
Fresenius SE & Co. KGaA	-	-	-	-	-	-	-	-	-	-	-	-
Fresenius Medical Care AG & Co. KGaA	-	-	-	-	-	-	-	-	-	-	-	-
HeidelbergCement AG	GRI - G4	In accordance - Core	Ja	Ja	-	Ja	Ja	-	-	-	-	-
Henkel AG & Co. KGaA	GRI - G4	In accordance - Core	Ja	Ja	-	Ja	Ja	-	-	-	-	2015
Infineon Technologies AG	GRI - G4	In accordance - Core	Ja	Ja	-	Ja	Ja	-	-	-	-	-
Linde AG	GRI - G4	In accordance - Comprehensive	Ja	Ja	-	Ja	Ja	-	-	-	-	2016
Deutsche Lufthansa AG	GRI - G4	In accordance - Core	-	Ja	-	Ja	Ja	-	-	-	-	-
Merck KGaA	GRI - G4	In accordance - Comprehensive	-	Ja	-	Ja	Ja	-	-	-	Ja	2016
Münchener Rückversicherungsgesellschaft AG	GRI - G4	In accordance - Core	-	-	-	Ja	Ja	-	-	-	-	-
ProSiebenSat.1 Media SE	GRI - G4	In accordance - Core	-	Ja	-	-	-	-	-	-	-	-
RWE AG	GRI - G4	In accordance - Core	Ja	Ja	-	Ja	Ja	-	-	-	-	2012
SAP SE	GRI - G4	In accordance - Comprehensive	-	Ja	-	Ja	Ja	Ja	-	Ja	-	-
Siemens AG	GRI - G4	In accordance - Core	-	Ja	-	-	-	-	-	-	-	2014
ThyssenKrupp AG	GRI - G4	In accordance - Core	Ja	Ja	-	Ja	Ja	-	-	-	-	-
Volkswagen AG	GRI - G4	In accordance - Comprehensive	-	Ja	-	Ja	Ja	-	Ja	-	Ja	2015
Vonovia SE	GRI Standards	In accordance - Core	-	-	-	-	-	-	-	-	-	-

Tab. 5.2 Verwendete Rahmenwerke bei der Nachhaltigkeitsberichterstattung im DAX 30.

Zunächst zeigt sich die besondere Relevanz der GRI. 27 der DAX-30-Unternehmen verwenden die **GRI Guidelines bzw. Standards** im Rahmen ihrer Nachhaltigkeitsberichterstattung in unterschiedlichem Ausmaß. Davon wiederum erreichen 18 Unternehmen das niedrigere Adherence Level „In Accordance – Core" und acht Unternehmen das höhere „In Accordance – Comprehensive"-Level. Bei einem Unternehmen findet sich keine ausdrückliche Konkretisierung des Adherence Levels, sondern nur die Referenz zu GRI. Lediglich eines derjenigen DAX-30-Unternehmen, die über Nachhaltigkeit (umfassend) berichten, nimmt nicht explizit im Nachhaltigkeitsbericht Bezug zu GRI.[389] Zwei der betrachteten Unternehmen verwenden bereits die GRI Standards, während alle anderen betreffenden Unternehmen noch auf die GRI Guidelines G4 zurückgreifen.

Von letztlich untergeordneter Bedeutung im DAX 30 ist das **Integrated Reporting** nach IIRC. Lediglich in drei der betrachteten Berichte wird ein Bezug zum IR Framework des IIRC hergestellt. Von den fünf Unternehmen, die, wie im vorherigen Kapitel dargelegt, einen integrierten Bericht veröffentlichen, beziehen sich lediglich zwei (BASF SE und SAP SE) auf das IR Framework des IIRC. Im BASF Bericht 2016 findet sich dabei ausdrücklich der Hinweis, dass der Bericht Elemente des IR Framework aufgreift.[390] Vergleichbar stellt die SAP SE in ihrem integrierten Bericht dar, dass sich die Berichterstattung an den Vorschlägen des IR Framework zum Berichtsinhalt orientiert.[391] Darüber hinaus findet sich im reinen Nachhaltigkeitsbericht der Deutschen Bank AG ein Verweis auf das IIRC in Form einer Aufzählung unter der Überschrift „Mitgliedschaften und Selbstverpflichtungen".[392]

Bei 15 der DAX-30-Unternehmen findet sich eine Referenz zu den **OECD-Leitsätzen** für multinationale Unternehmen. Der UN Global Compact wird hingegen von 24 der betrachteten Unternehmen erwähnt, wovon wiederum 22 Teilnehmer des **UN Global Compact** gemäß der Teilnehmerdatenbank sind.[393] Während hier einerseits der Stellenwert der OECD-Leitsätze und insbesondere des UN Global Compact auch für Unternehmen in Deutschland deutlich wird, erklärt sich das fehlende Engagement von immerhin acht DAX-30-Unternehmen beim UN Global Compact sicherlich auch dadurch, dass die 10 Prinzipien des UN Global Compact im Hinblick auf unternehmerische Verantwortung im Wesentlichen absolute Mindestanforderungen darstellen, deren Berücksichtigung für die DAX-30-Unternehmen selbstverständlich sein dürfte. Auf die Norm **ISO 26000** bezieht sich lediglich eines der betrachteten Unternehmen, was möglicherweise daraus resultiert, dass die Norm besonders für Organisationen,

---

[389] Während sich im „Adidas Sustainability Progress Report" kein Verweis auf GRI findet, wird auf der Homepage von Adidas dargelegt, dass der Berichterstattung die GRI Guidelines G4 zugrunde liegt, vgl. Adidas (2017).
[390] Vgl. BASF (2016): 3.
[391] Vgl. SAP (2016): 4.
[392] Vgl. Deutsche Bank (2016): 19.
[393] Im Nachhaltigkeitsbericht der Volkswage AG findet sich der Verweis, dass der Bericht zugleich die Fortschrittsmitteilung an den UN Global Compact darstellt, insofern ist von einer Teilnahme am UN Global Compact auszugehen, vgl. VW (2016): 6. Derzeit (Stand 05.12.2017) wird die Volkswagen AG jedoch nicht in der Teilnehmerdatenbank des UN Global Compact geführt.

die sich vorher nur begrenzt mit dem Thema Nachhaltigkeit befasst haben, einen Nutzen besitzt, während der Mehrwert für Organisationen, die bereits umfassend im Bereich Nachhaltigkeit aktiv sind – wie die hier betrachteten DAX-30-Unternehmen –, eher gering erscheint.

An den Befragungen des **CDP** nehmen 23 der DAX-30-Unternehmen teil, was die besondere Relevanz des CDP und die Bedeutung dieser weltweit größten Initiative von (professionellen) Investoren für die Unternehmen unterstreicht.[394] Auf die **KPIs for ESG 3.0** als Rahmenwerk, das insbesondere die Informationsbedürfnisse von Investment Professionals reflektiert, beziehen sich explizit hingegen lediglich vier der DAX-30-Unternehmen in ihrer Nachhaltigkeitsberichterstattung. Von bisher untergeordneter Bedeutung für DAX-30-Unternehmen scheinen die **SASB Standards** zu sein. Lediglich drei der betrachteten Unternehmen verweisen in ihrer Berichterstattung darauf. In der Nachhaltigkeitsberichterstattung der BMW AG, der Deutsche Bank AG und der SAP SE wird dabei jeweils in ähnlicher Weise dargelegt, dass die SASB Standards im Rahmen der Wesentlichkeitsanalyse (neben anderen Rahmenwerken) Verwendung fanden.[395] Welche Entwicklung die Relevanz der SASB Standards in Deutschland in Zukunft vollziehen wird, bleibt, wie bereits in Kapitel 4.5.1 dargelegt, abzuwarten.

Abschließend soll die Bedeutung des **DNK** als nationalem Rahmenwerk zur Nachhaltigkeitsberichterstattung beleuchtet werden. Zunächst findet sich in sieben Berichten der DAX-30-Unternehmen eine Referenz auf den DNK. Des Weiteren haben sieben Unternehmen (davon fünf mit Referenz im Nachhaltigkeitsbericht) für das Berichtsjahr 2016 eine **DNK-Entsprechenserklärung** vorgelegt. Insgesamt haben 16 der aktuellen DAX-30-Unternehmen zu einem Zeitpunkt in der Vergangenheit eine DNK-Entsprechenserklärung abgegeben. Insgesamt muss daher die Relevanz des DNK als zumindest bisher vergleichsweise gering eingeordnet werden.

5.2.3 Externe Prüfung des Berichts

Im Zentrum der folgenden Ausführungen sollen Aspekte der **externen Prüfung** von Nachhaltigkeitsberichterstattung im DAX 30 stehen. **Tab. 5.3** erfasst hier dennoch aus Gründen der Vollständigkeit zunächst auch die beiden Unternehmen Fresenius SE & Co. KGaA und Fresenius Medical Care AG & Co. KGaA, die lediglich einen klassischen Geschäftsbericht veröffentlichen. Da die verpflichtenden Bestandteile desselben der gesetzlichen Prüfungspflicht unterliegen und dieser eben keinen Bezug zur Nachhaltigkeitsberichterstattung aufweist, werden die in der Tabelle dargestellten Eigenschaften dieser Prüfungen nicht weiter in die Betrachtung einbezogen.[396] Des

---

[394] Ob die sieben Unternehmen, die in ihrer Berichterstattung keinen Bezug zum CDP herstellen, nicht befragt wurden, oder an der Befragung nicht teilgenommen haben, lässt sich anhand frei verfügbarer Datensätze des CDP nicht nachvollziehen.
[395] Vgl. BMW (2016): 11; Deutsche Bank (2016): 13; SAP (2016): 251.
[396] So ergibt sich z. B. aus der gesetzlichen Prüfungspflicht zwangsläufig, dass im Rahmen der Prüfung winreichende Prüfungssicherheit erlangt werden oder der Anbieter der externen Prüfung ein Wirtschaftsprüfer sein muss, die Betrachtung in Bezug auf die externe Prüfung der Nachhaltigkeitsberichterstattung wäre insofern systematisch verzerrt.

Weiteren ergeben sich Besonderheiten bei integrierten Berichten, da diese neben der Pflichtpublizität umfassend freiwillige Inhalte mit Bezug zur Nachhaltigkeit umfassen und hier genau betrachtet werden muss, worauf sich eine Prüfungsbescheinigung bzw. der Bestätigungsvermerk im integrierten Bericht bezieht. Beim integrierten Bericht der Deutsche Börse AG bezieht sich der Bestätigungsvermerk beispielsweise auf die verpflichtenden Bestandteile des Geschäftsberichts.

Wie in **Tab. 5.3** dargestellt, zeigt sich zunächst, dass von den 28 Unternehmen im DAX 30, die über Nachhaltigkeit berichten, lediglich vier auf eine **externe Prüfung** ihrer Nachhaltigkeitsberichterstattung verzichten. Mit der Allianz SE und der BMW AG lassen jedoch nur zwei Unternehmen den gesamten Nachhaltigkeitsbericht prüfen, in allen anderen Fällen werden vom externen Prüfer lediglich spezifizierte Abschnitte betrachtet. Die Deutsche Lufthansa AG lässt in diesem Zusammenhang beispielsweise nur die Angaben zu CO_2-Emissionen prüfen und bedient sich eines **Ingenieurbüros** als externem Prüfer. In allen anderen Fällen stellt der Anbieter der externen Prüfung eine **Big4-Wirtschaftsprüfungsgesellschaft** dar. In jeweils elf, zehn und zwei Fällen erfolgt die externe Prüfung durch PwC, KPMG und EY. Während bei der Deutsche Lufthansa AG und der SAP SE im Rahmen der Prüfung zumindest bei einzelnen spezifizierten Angaben/Abschnitten **hinreichende Prüfungssicherheit** erreicht wird, handelt es sich bei allen anderen Fällen um Limited Assurance Engagements, also Prüfungen zur Erlangung **begrenzter Prüfungssicherheit**.

In den **Prüfungsbescheinigungen** wird der **ISAE 3000** mehrheitlich als der Standard genannt, an dem die externe Prüfung ausgerichtet ist. Der Standard **AA1000AS** wird hingegen in keiner der betrachteten Prüfungsbescheinigungen genannt, was sicher auch daraus resultiert, dass der Standardsetter AccountAbility eine Organisation ist, die nicht dem Berufsstand der Wirtschaftsprüfer zuzurechnen ist. Entsprechend ergibt sich wie bereits an anderer Stelle dargelegt eine Relevanz des AA1000AS insbesondere für Beratungsunternehmen und andere Zertifizierungsgesellschaften und eben nicht für Wirtschaftsprüfer bzw. Wirtschaftsprüfungsgesellschaften. Ebenfalls nicht explizit verwiesen wird auf den **IDW PS 821** als nationalem Standard, der am ISAE 3000 ausgerichtet ist. Da Mitglieder des IDW satzungsgemäß verpflichtet sind, erlassene IDW PS zu beachten und ihre Prüfung daran zu orientieren und gleichzeitig in vielen der betrachteten Prüfungsbescheinigungen ein allgemeiner Verweis auf nationale Standards zu finden ist, dürfte insbesondere der IDW PS 821 auch ohne ausdrückliche Erwähnung Relevanz besitzen.[397]

---

[397] Vgl. Clausen/Loew (2005): 2.

Formale Einordnung der Nachhaltigkeitsberichterstattung

Unternehmen	Externe Prüfung	Anbieter der externen Prüfung Typ	Anbieter der externen Prüfung Name	Prüfungsumfang	Grad der Prüfungssicherheit	In der Prüfungsbescheinigung genannte Prüfungsstandards AA1000AS	In der Prüfungsbescheinigung genannte Prüfungsstandards ISAE 3000
Adidas AG	-	-	-	-	-	-	-
Allianz SE	Ja	WPG	PwC	Gesamter Nachhaltigkeitsbericht	Begrenzt	-	Ja
BASF SE	Ja	WPG	KPMG	Nicht spezifiziert	Begrenzt	-	Ja
Bayer AG	Ja	WPG	PwC	Spezifizierte(r) Abschnitt(e)	Begrenzt	-	Ja
Beiersdorf AG	-	-	-	-	-	-	-
BMW AG	Ja	WPG	PwC	Gesamter Nachhaltigkeitsbericht	Begrenzt	-	Ja
Commerzbank AG	-	-	-	-	-	-	-
Continental AG	Ja	WPG	KPMG	Spezifizierte(r) Abschnitt(e)	Begrenzt	-	Ja
Daimler AG	Ja	WPG	PwC	Spezifizierte(r) Abschnitt(e)	Begrenzt	-	Ja
Deutsche Bank AG	Ja	WPG	KPMG	Spezifizierte(r) Abschnitt(e)	Begrenzt	-	Ja
Deutsche Börse AG	Ja	WPG	KPMG	Spezifizierte(r) Abschnitt(e)	Hinreichend	-	Ja
Deutsche Post AG	Ja	WPG	PwC	Spezifizierte(r) Abschnitt(e)	Begrenzt	-	Ja
Deutsche Telekom AG	Ja	WPG	PwC	Spezifizierte(r) Abschnitt(e)	Begrenzt	-	Ja
E.ON SE	Ja	WPG	PwC	Spezifizierte(r) Abschnitt(e)	Begrenzt	-	Ja
Fresenius SE & Co. KGaA	Ja	WPG	KPMG	Regelpublizität	Hinreichend	-	-
Fresenius Medical Care AG & Co. KGaA	Ja	WPG	KPMG	Regelpublizität	Hinreichend	-	-
HeidelbergCement AG	Ja	WPG	PwC	Spezifizierte(r) Abschnitt(e)	Begrenzt	-	Ja
Henkel AG & Co. KGaA	Ja	WPG	KPMG	Spezifizierte(r) Abschnitt(e)	Begrenzt	-	Ja
Infineon Technologies AG	Ja	WPG	KPMG	Spezifizierte(r) Abschnitt(e)	Begrenzt	-	Ja
Linde AG	Ja	WPG	KPMG	Spezifizierte(r) Abschnitt(e)	Begrenzt	-	Ja
Deutsche Lufthansa AG	Ja	Ingenieurbüro	Müller-BBM	Nur Angaben zu CO_2-Emmissionen	Hinreichend/Begrenzt	-	-
Merck KGaA	Ja	WPG	KPMG	Spezifizierte(r) Abschnitt(e)	Begrenzt	-	Ja
Münchener Rückversicherungsgesellschaft AG	Ja	WPG	EY	Spezifizierte(r) Abschnitt(e)	Begrenzt	-	Ja
ProSiebenSat.1 Media SE	Ja	WPG	KPMG	Spezifizierte(r) Abschnitt(e)	Begrenzt	-	Ja
RWE AG	Ja	WPG	PwC	Spezifizierte(r) Abschnitt(e)	Begrenzt	-	Ja
SAP SE	Ja	WPG	KPMG	Spezifizierte(r) Abschnitt(e)	Hinreichend/Begrenzt	-	Ja
Siemens AG	Ja	WPG	EY	Spezifizierte(r) Abschnitt(e)	Begrenzt	-	Ja
ThyssenKrupp AG	Ja	WPG	PwC	Spezifizierte(r) Abschnitt(e)	Begrenzt	-	Ja
Volkswagen AG	Ja	WPG	PwC	Spezifizierte(r) Abschnitt(e)	Begrenzt	-	Ja
Vonovia SE	-	-	-	-	-	-	-

Tab. 5.3 Externe Prüfung der Nachhaltigkeitsberichterstattung im DAX 30.

5.3 Qualitative Einordnung der Nachhaltigkeitsberichterstattung

Um im nächsten Schritt Best-Practice-Beispiele guter Nachhaltigkeitsberichterstattung präsentieren zu können, soll zunächst eine **qualitative Einordnung** der **Nachhaltigkeitsberichterstattung** der DAX-30-Unternehmen erfolgen. Hierzu käme grundsätzlich die Entwicklung und Durchführung eines eigenen Rankings der aktuellen Nachhaltigkeitsberichterstattung der DAX-30-Unternehmen in Betracht. Dagegen spricht zunächst die Tatsache, dass ein objektives, adäquat durchgeführtes Ranking umfassende finanzielle, personelle und zeitliche Ressourcen erfordert. Entscheidender scheint hier jedoch, dass ein selbst entwickelter Kriterienkatalog – sei er noch so nachvollziehbar abgeleitet – zunächst keine Relevanz und Sichtbarkeit für mögliche Adressaten der Nachhaltigkeitsberichterstattung aufweist und damit auch für berichterstattende Unternehmen weitestgehend irrelevant sein dürfte. Insofern scheint ein anderer Ansatz bei der qualitativen Einordnung der Nachhaltigkeitsberichterstattung sinnvoller: die Verwendung von allgemein zugänglichen, einer breiten Öffentlichkeit bekannten Rankings. Im Folgenden sollen mit dem **IÖW/future-Ranking**, das Nachhaltigkeitsberichterstattung betrachtet und dem **Dow Jones Sustainability Index** (bzw. dem RobecoSAM Sustainability Yearbook), der sich auf die Nachhaltigkeitsleistung von Unternehmen bezieht, zwei der besonders bedeutsamen Rankings vorgestellt werden.[398] Aus der Kombination der beiden Rankings zu Nachhaltigkeitsberichterstattung und -leistung werden dann diejenigen DAX-30-Unternehmen identifiziert, deren Nachhaltigkeitsberichterstattung in Kapitel 6 als Best-Practice-Beispiele näher betrachtet wird.

5.3.1 IÖW/future-Ranking von Nachhaltigkeitsberichten

Das Institut für ökologische Wirtschaftsforschung (IÖW) arbeitet als gemeinnütziges Institut auf dem Gebiet der praxisnahen Nachhaltigkeitsforschung.[399] Das IÖW befasst sich z. B. mit Fragestellungen aus den Bereichen der nachhaltigen Unternehmensführung und Corporate Governance oder der Auswirkung der Digitalisierung auf Nachhaltigkeitsaspekte.[400] Das IÖW wurde 1985 gegründet und hat sich der Forschung für eine Gesellschaft, die soziale Gerechtigkeit und ein gutes Leben ermöglicht, sowie natürliche Lebensgrundlagen erhält, verschrieben. Dabei steht die unabhängige Informations- und Beratungsdienstleistung in Bezug auf wirtschaftliche, politische, soziale und ökologische Zusammenhänge im Vordergrund. Ziel ist es, gesellschaftliche Veränderungsprozesse im Bezug zu unmittelbaren Nachhaltigkeitsproblemen voranzutreiben und Lösungen zu erarbeiten.[401]

---

[398] Vgl. Hentze/Thies (2014b): 139.
[399] Vgl. IÖW (2017a).
[400] Vgl. IÖW (2017b).
[401] Vgl. IÖW (2016): 1-4.

Durch das IÖW und die Unternehmensvereinigung future[402] werden seit 1994 regelmäßig die Nachhaltigkeitsberichte großer und mittelständischer deutscher Unternehmen im Rahmen des **IÖW/future-Rankings** anhand eines festen Kriterienkatalogs bewertet und eingeordnet, letztmalig im Jahre 2015. Dabei stellte das IÖW/future-Ranking eines der weltweit ersten **kriteriengestützten Bewertungssysteme** dar, in denen Unternehmen freiwillig ihre Leistungen und Aktivitäten im Bereich der Nachhaltigkeitsarbeit vergleichen lassen.[403] Ziel des Rankings ist es, einen langfristigen kontinuierlichen Verbesserungsprozess im Bereich der Nachhaltigkeitsberichterstattung sicherzustellen und damit indirekt eine verstärkte Auseinandersetzung mit dem Thema Nachhaltigkeit hervorzubringen.[404] Im Rahmen des IÖW/future-Rankings finden zwei getrennte Bewertungen, einerseits für Großunternehmen und andererseits für kleine und mittlere Unternehmen (KMU), statt. Das Ranking für Großunternehmen umfasst die Berichte der 150 größten deutschen Industrie- und Dienstleistungsunternehmen, während sich beim Ranking für kleine- und mittelständische Unternehmen Unternehmen beteiligen können, die nicht mehr als 5.000 Personen beschäftigen oder nicht mehr als 500 Mio. Euro Jahresumsatz erwirtschaften. Einbezogen werden jeweils die Umwelt-, Nachhaltigkeits- und CSR-Berichte sowie vergleichbare und integrierte Berichte. Der für das Ranking der Großunternehmen verwendete Kriteriensatz mit branchenspezifischen Anforderungen ist dabei umfassender als der für KMU.[405] Die Auswahl der 150 betrachteten größten Unternehmen basiert auf der Top 250 Aufstellung der Frankfurter Allgemeinen Zeitung. Dabei werden die 100 größten Industrie- und Dienstleistungsunternehmen (gemessen am Umsatz), die 15 größten Banken (gemessen an der Bilanzsumme), die 15 größten Versicherungsunternehmen (gemessen an der Summe der Beitragseinnahmen) sowie die 20 größten Handelsunternehmen (gemessen am Umsatz) berücksichtigt. Zusätzlich sind einige langjährige Berichterstatter, die nicht mehr innerhalb der Größenkriterien verortet sind, enthalten.[406]

Zur Beurteilung der **Berichtsqualität** im Rahmen der Rankings sind 12 **Hauptkriterien** angesetzt, die in 48 **Einzelkriterien** für Großunternehmen und 26 Einzelkriterien für KMUs untergliedert sind (siehe Tabelle **Tab. 5.4** für die 12 Hauptkriterien).

---

[402] Die Unternehmensvereinigung future wurde 1986 von verantwortungsvoll agierenden Mittelständlern gegründet um zu vermitteln, wie der Gedanke des Umweltschutzes in Unternehmen proaktiv gelebt werden kann. Mit future soll auch gezeigt werden, dass gesellschaftlich verantwortliches Handeln im Sinne des Umweltschutzes bereits ideal in unternehmerischer Eigenverantwortung geleistet werden kann und entsprechend übermäßige staatliche Regulierung entbehrlich sein kann. Vgl. Future (2017).
[403] Vgl. IÖW/future (2017a).
[404] Vgl. IÖW/future (2017b); IÖW/future (2017c).
[405] Vgl. IÖW/future (2017a).
[406] Vgl. IÖW/future (2016): 3-5; IÖW/future (2017a).

A	Materielle Anforderungen an die Berichterstattung
A.1	Unternehmensprofil
A.2	Vision, Strategie und Management
A.3	Ziele und Programm
A.4	Interessen der MitarbeiterInnen
A.5	Ökologische Aspekte der Produktion
A.6	Produktverantwortung
A.7	Verantwortung in der Lieferkette
A.8	Gesellschaftliches Umfeld
B	**Allgemeine Berichtsqualität**
B.1	Glaubwürdigkeit
B.2	Berichterstattung zu wesentlichen Themen
B.3	Vergleichbarkeit
B.4	Kommunikative Qualität

Tab. 5.4 Hauptkriterien des IÖW/future Rankings

Innerhalb eines Kriteriums können zwischen 0 und 5 Punkten vergeben werden: jeweils 5/3/1 Punkte sofern die für die Einzelkriterien formulierten Anforderungen vorbildlich/weitgehend/nur zum geringen Teil erfüllt werden; 0 Punkte, wenn keine Darstellungen und Angaben vorhanden sind.[407] Den Kriterien sind unterschiedliche Gewichtungen zugeordnet. Alle Kriterien im Bereich B werden mit fünf Punkten gewichtet, wohingegen die Kriterien A.2 „Vision, Strategie und Management", A.6 „Produktverantwortung" und A.7 „Verantwortung in der Lieferkette" mit einer Gewichtung von jeweils 20 Punkten die wichtigsten Kriterien darstellen. Durch die Multiplikation der Maximalpunktzahl von 5 Punkten je Kriterium mit der jeweiligen Gewichtung ergibt sich eine maximal erreichbare Punktzahl von 700. Seit der Einführung des Rankings wurden die Zusammensetzung der Kriterien und die Gewichtung kontinuierlich weiterentwickelt, um veränderte Anforderungen und Entwicklungen in der Nachhaltigkeitsberichterstattung zu berücksichtigen.[408]

5.3.2 Ergebnisse des Rankings

Die **Ergebnisse** des derzeit aktuellen **IÖW/future-Rankings** für Großunternehmen aus dem Jahre 2015[409] sind insgesamt und heruntergebrochen auf die einzelnen Kriterien in **Tab. 5.5** dargestellt. Hier ist der im Ranking 2015 erreichte Rang auch – soweit möglich – jeweils den Vorjahresrängen zurück bis zum Ranking des Jahres 2005

---

[407] Vgl. IÖW/future (2016): 3-5; IÖW/future (2017a).
[408] Vgl. IÖW/future (2016): 4 f.
[409] Hier gehen überwiegend Nachhaltigkeitsberichte für das Berichts- bzw. Geschäftsjahr 2014 bzw. 2013/14 ein. Vgl. IÖW/future (2017d): 19 ff.

Qualitative Einordnung der Nachhaltigkeitsberichterstattung

	Platzierungen im Ranking des Jahres					Punkte je Kriterium und Gewichtung im Ranking 2015												
	2015	2011	2009	2007	2005	Unternehmensprofil	Vision, Strategie, Management	Ziele und Programm	Interessen der Mitarbeiter	Ökologische Aspekte der Produktion	Produktverantwortung	Verantwortung in der Lieferkette	Gesellschaftliches Umfeld	Glaubwürdigkeit	Wesentlichkeit	Vergleichbarkeit	Kommunikative Qualität	Gesamtpunktzahl Ranking 2015
						5	20	15	15	15	20	20	10	5	5	5	5	
Adidas AG	27	21	30	17	5	0,67	2,50	4,00	1,00	0,86	3,00	4,33	1,75	3,00	3,00	1,67	2,33	356
Allianz SE	25	28	41	C	A	0,67	3,50	2,00	2,00	2,33	3,67	1,00	2,00	3,67	5,00	3,67	3,33	359
BASF SE	33	3	1	3	13	4,33	2,00	3,00	1,50	1,89	1,67	3,00	2,50	2,33	5,00	3,00	3,67	339
Bayer AG	14	5	12	7	31	4,33	3,00	4,00	2,25	2,78	2,33	2,33	3,00	2,00	3,00	3,67	3,33	404
Beiersdorf AG	A	A	33	35	A													
BMW AG	1	1	3	10	9	2,67	4,50	4,00	4,00	3,67	3,67	3,00	3,50	3,00	3,00	5,00	5,00	526
Commerzbank AG	4	22	25	46	D	4,33	3,50	3,00	3,25	4,00	3,67	2,33	4,00	5,00	3,00	3,00	4,00	481
Continental AG	A	A	A	C	C													
Daimler AG	13	4	7	27	14	3,67	4,00	4,00	2,75	1,89	3,00	1,67	2,25	2,00	3,00	3,00	3,33	405
Deutsche Bank AG	36	40	36	29	A	3,00	2,50	1,00	2,25	3,00	3,00	1,00	2,00	3,00	3,00	3,00	3,33	334
Deutsche Börse AG	–	–	–	–	–													
Deutsche Post AG	46	18	44	45	34	3,00	2,50	2,00	2,75	1,33	1,00	1,67	2,00	2,33	3,00	2,33	2,67	293
Deutsche Telekom AG	8	6	24	37	10	5,00	3,50	2,00	2,75	2,57	3,00	3,00	2,50	3,00	5,00	4,33	5,00	432
E.ON SE	29	25	14	20	C	0,33	2,50	4,00	1,50	1,89	2,33	3,00	1,00	3,67	3,00	4,33	4,00	347
Fresenius Medical Care AG & Co. KGaA	D	D	D	C	D													
Fresenius SE & Co. KGaA	–	–	–	–	–													
HeidelbergCement AG	45	37	47	23	A	2,33	3,00	4,00	2,00	1,11	1,00	1,00	2,00	2,33	3,00	3,00	2,67	294
Henkel AG & Co. KGaA	21	11	11	14	1	2,33	3,00	3,00	1,75	1,67	2,33	3,67	3,50	3,00	3,00	1,67	3,67	364
Infineon Technologies AG	A	C	D	C	32													
Linde AG	A	47	A	39	C													
Deutsche Lufthansa AG	A	44	A	26	18													
Merck KGaA	18	32	13	12	26	4,33	2,00	3,00	3,00	2,56	2,33	1,67	2,33	2,33	3,00	4,33	3,33	384
Münchener Rückversicherungsgesellschaft AG	41	35	46	33	23	5,00	2,50	1,00	2,25	2,67	2,33	0,67	3,50	3,00	3,00	3,67	4,33	326
ProSiebenSat.1 Media SE	–	–	–	–	–													
RWE AG	14	13	4	2	6	4,33	3,00	3,00	1,50	2,33	3,00	2,33	3,50	2,33	3,00	5,00	5,00	404
SAP SE	A	23	43	C	E													
Siemens AG	17	2	2	C	A	3,67	3,00	2,00	1,50	1,78	3,67	3,67	2,00	2,33	3,00	4,33	2,67	386
ThyssenKrupp AG	42	C	32	34	–	1,67	2,50	2,00	1,50	2,11	1,67	1,67	2,50	2,33	3,00	3,67	3,67	314
Volkswagen AG	5	9	6	9	7	5,00	3,50	3,00	2,75	3,22	3,00	3,67	3,00	4,33	4,33	4,33	4,67	471
Vonovia SE	–	–	–	–	–													

Tab. 5.5 Ergebnisse des IÖW/future-Rankings des Jahres 2015 [in Anlehnung an IÖW/future (2017d): 19ff.].

gegenübergestellt.[410] Die BMW AG erreicht in 2015 im Ranking für Großunternehmen den ersten Platz, nach einer Erstplatzierung bereits in 2011 und guten vorderen Plätzen in den Vorjahren. Mit Rängen vier, fünf, acht, 13 und zweimal 14 im Gesamtranking für Großunternehmen liegen die Commerzbank AG, die Volkswagen AG, die Deutsche Telekom AG, die Daimler AG und die Bayer AG sowie die RWE AG dann auf den weiteren Plätzen 2-6 der hier analysierten DAX-30-Unternehmen. Bei einer Betrachtung der jeweiligen Entwicklung der Platzierungen einzelner Unternehmen im Zeitablauf zeigt sich einerseits, dass hier sowohl Verbesserungen als auch Verschlechterungen der Nachhaltigkeitsberichterstattung – gemessen an den Kriterien des IÖW/future-Rankings – zu verzeichnen sind, also eine gewisse Volatilität in den erreichten Rängen besteht. Andererseits bewegen sich die erreichten Platzierungen in vielen Fällen im Zeitablauf auch innerhalb eines gewissen Rang-Korridors bzw. weisen eine Entwicklungstendenz auf. Es scheint daher durchaus adäquat und möglich, aus den Platzierungen der DAX-30-Unternehmen beim IÖW/future-Ranking 2015 auf die Qualität der Nachhaltigkeitsberichterstattung, die sich auf das Geschäftsjahr 2016 bzw. 2015/14 bezieht, zurückzuschließen.

Bei abschließender Gesamtwürdigung der Ergebnisse des IÖW/future Rankings des Jahres 2015 zeigt sich zunächst, dass bei 19 explizit im Ranking berücksichtigten DAX-30-Unternehmen vier Nachhaltigkeitsberichte unter den Top 10 im Ranking zu finden sind – darunter mit dem Nachhaltigkeitsbericht der BMW AG der Sieger des Rankings. Des Weiteren ist ein nach wie vor erfreulicher Rang 46 der niedrigste von einem DAX-30-Unternehmen erreichte Rang im Ranking. Insofern lässt sich schlussfolgern, dass **qualitativ hochwertige Nachhaltigkeitsberichterstattung innerhalb des DAX 30 zur Best Practice gehört.**

5.3.3 Dow Jones Sustainability Index

Die Investmentgesellschaft **RobecoSAM** bewertet jedes Jahr mehrere Tausend börsennotierte Unternehmen weltweit in Bezug auf ihre Nachhaltigkeitsleistung. Die im Rahmen dieses sogenannten **Corporate Sustainability Assessment** (CSA) per Fragebogen erhobenen Daten entscheiden über eine Mitgliedschaft im weltweit beachteten Dow Jones Sustainability Index[411], der im **RobecoSAM Sustainability Yearbook** publiziert wird.[412] Der **Dow Jones Sustainability Index** stellt einen wichtigen Benchmark für Investoren dar, die Nachhaltigkeit in ihre Investitionsentscheidung einbeziehen wollen. In den Dow Jones Sustainability Index werden nur Unternehmen

---

[410] Vgl. Es sei darauf hingewiesen, dass nicht alle der betrachteten DAX-30-Unternehmen im IÖW/future-Ranking berücksichtigt wurden. Außerdem gibt es Unternehmen, deren Nachhaltigkeitsberichterstattung nicht im Detail gerankt wurde, sondern lediglich in die groben Kategorien A-E eingeordnet wurde. A steht dabei für einen eigenständigen bzw. vollwertigen integrierten Bericht, B für ein Unternehmen, dessen internationaler Mutterkonzern einen Bericht publiziert hat, C für Unternehmen mit relevanten standort- oder themenbezogenen Broschüren (z. B. Umweltbericht), D für Unternehmen mit relevanten Informationen im Internet bzw. Geschäftsbericht und E für Unternehmen mit nur geringfügigen Informationen im Internet bzw. Geschäftsbericht. Vgl. IÖW/future (2017d).

[411] Der Dow Jones Sustainability Index repräsentiert eine ganze Familie von Indizes, die ein globales, regionales und länderspezifisches Benchmark gestatten, vgl. DJSI (2017).

[412] Vgl. RobecoSAM (2017): 9. Siehe auch Hentze/Thies (2014b): 148 ff. für den gesamten Abschnitt.

einbezogen, die bestimmte Nachhaltigkeitskriterien erfüllen und jeweils zu den Unternehmen mit der besten Nachhaltigkeitsleistung ihrer Branche gehören.

Auf Basis des im Rahmen des CSA ermittelten Scores werden die teilnehmenden Unternehmen weiter eingeordnet. Ins Jahrbuch aufgenommen werden zunächst im Wesentlichen nur Unternehmen, die in ihrer Industrie – nach 60 Industrien wird hier unterschieden – zu den Top 15 % Performern gehören („**Mitglied**"). Diejenigen Unternehmen, deren Score zwischen 5 und 10 % bzw. 1 und 5 % unterhalb des Scores des besten Unternehmens der Industrie liegt, bekommen das Prädikat „**Bronze Class**" bzw. „**Silver Class**". Sofern der Score eines Unternehmens weniger als 1 % unterhalb des Scores des besten Unternehmens der Industrie liegt, gehört das betreffende Unternehmen zur „**Gold Class**".[413] 24 deutsche Unternehmen sind im RobecoSAM Sustainability Yearbook 2017 geführt, darunter die in **Tab. 5.6** dargestellten 16 DAX-30-Unternehmen. Insofern gehört über die Hälfte der hier betrachten DAX-30-Unternehmen zu den **Top Performern** ihrer jeweiligen Industrie in Bezug auf die Nachhaltigkeitsleistung, gemessen an den Maßstäben des CSA. **Umfassendes Engagement im Bereich der Nachhaltigkeit und die Erzielung sehr guter Nachhaltigkeitsleistung gehören im DAX 30 also ebenfalls zur Best Practice.**

Unternehmen	Industrie	Prädikat
Adidas AG	Textiles, Apparel & Luxury Goods	Gold
Allianz SE	Insurance	Gold
BASF SE	Chemicals	Silber
Bayer AG	Pharmaceuticals	Bronze
BMW AG	Automobiles	Gold
Deutsche Bank AG	Diversified Financial Services and Capital Markets	Mitglied
Deutsche Börse AG	Diversified Financial Services and Capital Markets	Mitglied
Deutsche Post AG	Transportation und Transportation Infrastructure	Bronze
Deutsche Telekom AG	Telecommunication Services	Bronze
E.ON SE	Multi and Water Utilities	Silber
Henkel AG & Co. KGaA	Household Products	Gold
Infineon Technologies AG	Semiconductors & Semiconductor Equipment	Silber
Linde AG	Chemicals	Mitglied
Münchener Rückversicherungsgesellschaft AG	Insurance	Bronze
SAP SE	Software	Gold
Siemens AG	Industrial Conglomerates	Silber

Tab. 5.6 DAX-30-Unternehmen im RobecoSAM Sustainability Yearbook 2017.

[413] Vgl. RobecoSAM (2017): 34.

6 Best-Practice-Beispiele

Von den DAX-30-Unternehmen, die im IÖW/future-Ranking mit ihrer Nachhaltigkeitsberichterstattung sehr gute Platzierungen erreichen, werden auch einige im RobecoSAM Sustainability Yearbook 2017 für ihre Nachhaltigkeitsleistung ausgezeichnet. Zunächst fällt hier die **BMW AG** ins Auge, die nicht nur im IÖW/future-Ranking für Großunternehmen des Jahres 2015 den ersten Platz erreicht, sondern auch ein Gold-Prädikat im RobecoSAM Sustainability Yearbook 2017 erhält. Das Prädikat Bronze erhielten die **Bayer AG** und die **Deutsche Telekom AG**, die beide ebenfalls vordere Plätze im IÖW/future-Ranking erreichen. Mit der BMW AG, der Bayer AG und der Deutsche Telekom AG können also Unternehmen identifiziert werden, die exzellente Nachhaltigkeitsleistung sowie hervorragende Nachhaltigkeitsberichterstattung in sich vereinen. Diese Unternehmen erscheinen daher für die Ableitung von Best-Practice-Beispielen besonders geeignet.

Im Folgenden sollen in einem **ersten Schritt** die formalen Aspekte – **Berichtsformat, verwendete Rahmenwerke** und **externe Prüfung** – der Nachhaltigkeitsberichterstattung der BMW AG, der Bayer AG und der Deutsche Telekom AG näher beleuchtet werden, um Schlüsse zur Best Practice in diesen Bereichen ziehen zu können. In einem **zweiten Schritt** soll dann der **Inhalt und die Ausgestaltung** der Nachhaltigkeitsberichterstattung der drei Unternehmen eingehender betrachtet werden. Da eine vollumfassende Analyse ausscheidet, sollen insbesondere die nach **IÖW/future-Ranking** besonders bedeutsamen **Bereiche Vision, Strategie und Management** (A.2), **Produktverantwortung** (A.6) und **Verantwortung in der Lieferkette** (A.7) betrachtet werden. Aufgrund der besonderen Bedeutung für den Nutzen der Nachhaltigkeitsberichterstattung,[414] soll außerdem die inhaltliche Ausgestaltung der Ausführungen zum Aspekt der **Wesentlichkeit** (B.2) untersucht werden. Eine abermalige Betrachtung von **Tab. 5.5**, in der die Ergebnisse des IÖW/future-Rankings im Detail nach Kriterien aufgeschlüsselt dargestellt werden, zeigt, dass die drei genannten Unternehmen zwar mit der Gesamtpunktzahl exzellente Platzierungen erlangen, aber nicht notwendigerweise in jedem Kriterium (A.1-B.4) Höchstpunktzahlen erreichen. Insofern gibt es also Unternehmen, deren Nachhaltigkeitsberichterstattung in der Gesamtbetrachtung die Anforderungen des IÖW/future-Rankings schlechter erfüllt als die der drei genannten Unternehmen, die aber in einzelnen Kriterien die Anforderungen besser erfüllt. Insofern scheint es durchaus sinnvoll, im Folgenden Best-Practice-Beispiele auch auf Basis der Betrachtung von Nachhaltigkeitsberichterstattung, die ggf. nur in einzelnen Aspekten exzellent ist, abzuleiten. Daher werden auch der Nachhaltigkeitsbericht der **Adidas AG**, der insgesamt eher schlecht im IÖW/future-Ranking abschneidet und der Nachhaltigkeitsbericht der Daimler AG mit in die Betrachtung einbezogen.

---

[414] Siehe hierzu auch Kapitel 3.3 und Kapitel 4.6.

> **Praxistipp:**
> Für ein Verständnis von Best Practice der Berichterstattung in inhaltlichen Bereichen, die nicht Bestandteil der folgenden Betrachtung sind, sei wiederum auf **Tab. 5.5** verwiesen. Je Kriterium im IÖW/future-Ranking ist dort die jeweils höchste im Ranking erreichte Punktzahl grau hinterlegt. Hier lohnt also ein Blick in den Nachhaltigkeitsbericht des jeweiligen Unternehmens und eine eingehende Auseinandersetzung mit den entsprechenden Berichtsinhalten.

Gegenstand der nachfolgenden Best-Practice-Analyse ist die Nachhaltigkeitsberichterstattung des Geschäftsjahrs 2016 bzw. 2015/16 der genannten Unternehmen, um möglichst aktuelle Schlussfolgerungen ziehen zu können. Ausgangspunkt der Entscheidung, welche Unternehmen betrachtet werden, ist, wie dargelegt, das jüngste IÖW/future-Ranking aus dem Jahre 2015, das sich überwiegend auf Nachhaltigkeitsberichterstattung des Geschäftsjahres 2014 bzw. 2013/14 bezieht. Da sich jedoch, wie in **Tab. 5.5** zu erkennen, die in der Vergangenheit erreichten Platzierungen in vielen Fällen im Zeitablauf innerhalb eines gewissen Rang-Korridors bewegen, scheint es grundsätzlich möglich, aus den Platzierungen der DAX-30-Unternehmen beim IÖW/future-Ranking 2015 auf die Qualität der aktuellen Nachhaltigkeitsberichterstattung zurückzuschließen.

6.1 Formale Aspekte der Nachhaltigkeitsberichterstattung

Bezüglich des Berichtsformats lässt sich zunächst festhalten, dass integrierte Berichterstattung aktuell nicht als starker Trend identifiziert werden kann, da wie bereits dargelegt lediglich fünf der betrachteten DAX-30-Unternehmen einen integrierten Bericht veröffentlichen. Die dominierende Form der Berichterstattung ist daher im Moment das Nebeneinander von klassischem Geschäftsbericht und Nachhaltigkeitsbericht. Dies könnte auch daran liegen, dass die Erstellung eines sinnvoll strukturierten integrierten Berichts, der die Informationsbedürfnisse von Share- sowie weiteren Stakeholdern gleichermaßen adäquat befriedigt, die Komplexität der Berichtserstattung im Vergleich zur bereits anspruchsvollen Erzeugung eines Nachhaltigkeitsberichts nochmals erhöhen dürfte. In möglichen Schwierigkeiten, im Rahmen einer integrierten Berichterstattung den Informationsbedürfnissen aller Anspruchsgruppen adäquat gerecht zu werden, könnten auch die vergleichsweise schlechten Platzierungen der integrierten Berichte der SAP SE und der ThyssenKrupp AG im IÖW/future-Ranking aus dem Jahre 2015 begründet liegen. Jedoch befindet sich mit der Berichterstattung der Bayer AG auch ein integrierter Bericht auf den vorderen Plätzen des Rankings. In der Gesamtbetrachtung kann derzeit dennoch bezüglich des Berichtsformats zunächst die **separate Nachhaltigkeitsberichterstattung als Best Practice bezeichnet werden**.

Bezüglich des an der Seitenzahl gemessenen Umfangs der Berichte lässt sich festhalten, dass dieser bei allen drei hier primär betrachteten Unternehmen überdurchschnittlich ausfällt. Der integrierte Bericht der Bayer AG ist mit 344 Seiten der insgesamt umfänglichste Bericht in der vorliegenden Stichprobe. Mit 189 bzw. 211 Seiten liegen die Seitenanzahl der reinen Nachhaltigkeitsberichte der BMW AG bzw. der Deutsche Telekom AG deutlich über der durchschnittlichen Seitenanzahl der reinen Nachhaltigkeitsberichte von 113 Seiten. Eine möglichst vollumfängliche Befriedigung von Informationsbedürfnissen der Share- sowie weiterer Stakeholder **erfordert entsprechend im Sinne der Best Practice eine durchaus umfassende Berichterstattung**. Die Textdichte (durchschnittlich je Seite verwendete Wörter) der Berichterstattung ist hingegen bei der Bayer AG und der BMW AG unterdurchschnittlich, bei der Deutsche Telekom AG liegt sie knapp über dem Durchschnitt. Insofern lässt sich bereits ohne genaue Inaugenscheinnahme schlussfolgern, dass in den entsprechenden Berichten durchaus mit Grafiken bzw. visuellen Aspekten gearbeitet wird und dies einer qualitativ hochwertigen Nachhaltigkeitsberichterstattung zumindest nicht entgegensteht. Der sinnvolle **Einsatz von Grafiken bzw. visuellen Aspekten im Rahmen der Nachhaltigkeitsberichterstattung**, der das Verständnis des Berichtsadressaten fördert, kann entsprechend als Best Practice abgeleitet werden.

Des Weiteren ist die Verwendung von **etablierten internationalen Rahmenwerken der Nachhaltigkeitsberichterstattung** innerhalb des DAX 30 Standard. Fast alle betrachteten DAX-30-Unternehmen verwenden hierbei die GRI Guidelines in der Version G4 bzw. die **GRI Standards** und erreichen hier mindestens das niedrigere Adherence Level „In Accordance – Core". Eine vollumfassende Berücksichtigung der GRI Guidelines bzw. Standards im Sinne des Adherence Level „In Accordance – Comprehensive" ist jedoch nicht die Regel und offenkundig nicht unbedingt notwendig, um vordere Plätze im IÖW/future-Ranking zu erreichen (siehe Deutsche Telekom AG). Sowohl die Bayer AG als auch die BMW AG erreichen jedoch das höhere Adherence Level „In Accordance – Comprehensive". Ins Auge fällt darüber hinaus, dass alle drei hier primär betrachteten Unternehmen in ihrer Berichterstattung auf eine überdurchschnittliche Anzahl an Rahmenwerken bzw. Initiativen im Bereich Nachhaltigkeit verweisen. Die Berücksichtigung des und **Teilnahme am UN Global Compact sowie dem CDP** ist hier zunächst Standard. Die BMW AG bezieht sich in ihrem Nachhaltigkeitsbericht des Weiteren als eines von drei DAX-30-Unternehmen auch auf die **SASB Standards**. Die **Ausrichtung an verschiedenen etablierten internationalen Rahmenwerken zur Nachhaltigkeitsberichterstattung**, wie den GRI Guidelines bzw. Standards, aber auch die **Berücksichtigung jüngerer, aber möglicherweise zukünftig bedeutsamer, Initiativen**, wie den SASB Standards, kann entsprechend als Best Practice identifiziert werden. Welche Rahmenwerke konkret und in welchem Umfang bei der Nachhaltigkeitsberichterstattung berücksichtigt werden sollen, muss jedoch unternehmensindividuell unter Berücksichtigung des **Grundsatzes der Einbeziehung von Stakeholdern** als Grundsatz der Nachhaltigkeitsberichterstattung (siehe auch Kapitel 4.6) abgeleitet werden.

Schließlich ist die schlichte technische Verlinkung von Berichtsinhalten im (PDF-)Dokument für ein Auffinden von Informationen im Bericht ungemein wichtig. Während dies bei der Berichterstattung der betrachteten DAX-30-Unternehmen noch nicht als Standard bezeichnet werden kann, setzt beispielsweise die BMW AG die Verlinkung von Berichtsinhalten vorbildlich um. Der Berichtsadressat kann hier im Inhaltsverzeichnis bzw. an anderen Stellen mit Seitenverweisen durch Klicken auf die angegebenen Seitenzahlen zum jeweiligen Berichtsteil springen.

> **Praxistipp:**
> Eine sinnvolle **Verwendung der technischen Möglichkeiten innerhalb eines PDF-Dokuments** und eine umfassende technische Zugänglichkeit zur Berichterstattung stellen somit Best Practice dar.

Die Berichterstattung der drei hier primär betrachteten Unternehmen wird, ebenso wie die Mehrheit der anderen integrierten bzw. (Nachhaltigkeits-)Berichte im DAX 30, einer (freiwilligen) externen Prüfung unterzogen. Diese wird im DAX 30 im Grunde ausschließlich durch eine Big4-Wirtschaftsprüfungsgesellschaft durchgeführt. Eine externe Prüfung des gesamten Nachhaltigkeitsberichts ist dabei jedoch die Ausnahme, in der Regel bezieht sich der Prüfungsumfang auf spezifizierte Abschnitte der Berichterstattung. Überwiegend wird hierbei begrenzte Prüfungssicherheit erlangt. Eine **externe Prüfung der Nachhaltigkeitsberichterstattung** kann also als Best Practice abgeleitet werden, was auch den **Grundsatz der Verifizierbarkeit** als Grundsatz der Nachhaltigkeitsberichterstattung (siehe auch Kapitel 4.6) reflektiert.

6.2 Inhalt und die Ausgestaltung der Nachhaltigkeitsberichterstattung

6.2.1 Vision, Strategie und Management

Gemäß des Kriterienkatalogs des IÖW/future-Rankings sollten die **Ausführungen zur Vision, Strategie und Management** innerhalb der Nachhaltigkeitsberichterstattung darstellen, inwieweit das berichterstattende Unternehmen die ökologischen und sozialen Auswirkungen seiner Geschäftstätigkeit, die Chancen und Risiken für das Unternehmen und die Wettbewerbsfähigkeit sowie die Erwartungen der Stakeholder erfasst und bewertet und in Nachhaltigkeitsziele, -strategien, -strukturen und Handlungsvorgaben übersetzt.[415] Die Ausführungen des Unternehmens sollen also letztlich ein Verständnis darüber generieren, welchen Stellenwert Nachhaltigkeit für das berichterstattende Unternehmen besitzt.

Im Nachhaltigkeitsbericht der **BMW AG** wird dem Berichtsadressaten im Sinne von Best Practice zunächst umfassend vermittelt, wie sich die BMW AG an dem **Leitbild der Nachhaltigkeit** in Form der Vision des Unternehmens orientiert. Hierzu gehören Ausführungen zu den **grundlegenden Werten**, die das Unternehmen seiner Geschäftstätigkeit zugrunde legt. Wie im in **Abb. 6.1** dargestellten Auszug aus dem Nachhaltigkeitsbericht der BMW AG angedeutet, bekennt sich die BMW AG ausdrücklich und umfassend zur Nachhaltigkeit. Beispielsweise wird dargelegt, dass die „Wahrnehmung von sozialer und ökologischer Verantwortung [...] zum unternehmerischen Selbstverständnis"[416] der BMW Group gehört. Weiter heißt es: „Unsere

---

[415] Vgl. IÖW/future (2016): 10 ff.
[416] BMW (2016): 9.

Innovationen sollen nicht nur den Nutzen für unsere Kunden steigern, sondern darüber hinaus eine positive gesellschaftliche und ökologische Wirkung entfalten."[417] Des Weiteren wird im Nachhaltigkeitsbericht der BMW AG ausführlich dargelegt, wie ökologische, soziale und ökonomische Anforderungen in eine integrierte, langfristig ausgerichtete Unternehmensstrategie transformiert werden. Nachhaltigkeit ist dabei bei der BMW AG integraler Bestandteil der formal definierten Strategie „NUMBER ONE>NEXT" (siehe auch **Abb. 6.1**).

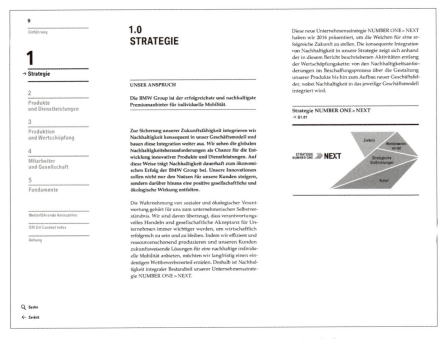

Abb. 6.1 Darstellung der Strategie bei der BMW AG [entnommen aus BMW (2016): 9].

Best Practice ist außerdem die **prägnante Ableitung von zentralen Handlungsfeldern** aus der zugrundeliegenden **Nachhaltigkeitsstrategie** und die Formulierung konkreter **Nachhaltigkeitsziele** inklusive zugrundeliegendem **Zeitplan**. Wie im Auszug aus dem Nachhaltigkeitsbericht der **BMW AG** in **Abb. 6.2** dargestellt, hat sich das Unternehmen verschiedene Ziele in den drei Themenfeldern Produktion und Wertschöpfung, Mitarbeiter und Gesellschaft sowie Produkte und Dienstleistungen gesetzt, die bis zum Jahre 2020 erreicht werden sollen. Zunächst erleichtert hier die eingängige grafische Darstellung den Zugang zu den Zielsetzungen. Umfassende Ausführungen zu den einzelnen Zielsetzungen, also z. B. zur besonderen Relevanz des Ziels oder zum Zielerreichungsgrad, erfolgen dann an anderer Stelle im Bericht, auf

---

[417] BMW (2016): 9.

die in der Grafik verwiesen wird. Die Verweise sind dabei im Nachhaltigkeitsbericht der BMW AG wie bereits dargelegt technisch ideal ausgestaltet, sodass der Nutzer der PDF-Datei durch ein Klicken auf den jeweiligen Verweis direkt zu den entsprechenden Ausführungen springen kann.

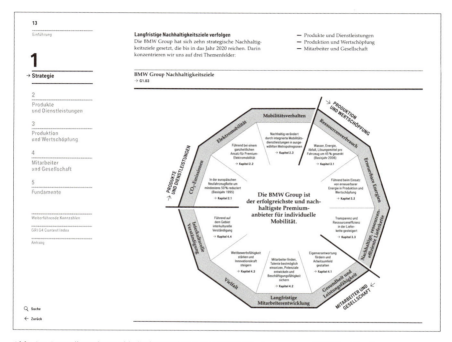

Abb. 6.2 Darstellung der Nachhaltigkeitsziele bei der BMW AG [entnommen aus BMW (2016): 13].

Im Nachhaltigkeitsbericht der **BMW AG** werden schließlich die (möglicherweise zwangsläufig) eher abstrakt ausfallenden Darstellungen zur Nachhaltigkeitsvision und -strategie mit **spezifischen Beispielen** zum Engagement der BMW AG im Bereich Nachhaltigkeit und zur Integration von Nachhaltigkeit in das Geschäftsmodell konkretisiert. Wie im Auszug aus dem Nachhaltigkeitsbericht der BMW AG in **Abb. 6.3** angedeutet, wird hier beispielsweise im Sinne eines **Exkurses** das Engagement der BMW Group im Rahmen der Klimakonferenz in Marrakesch im November 2016 dargestellt. Des Weiteren werden einige konkrete Beispiele angerissen (jeweils mit Verweisen auf spätere Abschnitte im Nachhaltigkeitsbericht), wie Nachhaltigkeit ins Unternehmen integriert wird. Interessanterweise liegt hier der Fokus auf Beispielen, bei denen Nachhaltigkeit auch zum finanziellen Erfolg der BMW Group beiträgt. Die Verwendung solcher **inhaltlichen Mittel** fördert nicht nur die **Verständlichkeit** von (ggf. abstrakten) Ausführungen, sondern auch deren **Glaubwürdigkeit** und stellt entsprechend Best Practice dar.

Abb. 6.3 Darstellung der Integration von Nachhaltigkeit bei der BMW AG [entnommen aus BMW (2016): 15].

Im Sinne von Best Practice sollten im Nachhaltigkeitsbericht außerdem umfassend die **Managementstrukturen** und **Handlungsvorgaben** im Zusammenhang mit Nachhaltigkeit dargestellt werden. Die Ausführungen und Darstellungen der **Daimler AG** zur Nachhaltigkeit, die in **Abb. 6.4** und **Abb. 6.5** auszugsweise dargelegt sind, fallen in diesem Zusammenhang nahezu ideal aus. Neben narrativen Abschnitten enthält der Nachhaltigkeitsbericht hier insbesondere ein **Organigramm** zur Nachhaltigkeitsorganisation mit den entsprechenden Verantwortlichkeiten (siehe **Abb. 6.4**), was das Verständnis der Nachhaltigkeitsorganisation beim Berichtsadressaten durchaus fördert. Die Handlungsvorgaben im Sinne eines verbindlichen Bezugsrahmens und **wichtiger Grundsätze und Richtlinien**, die dem Nachhaltigkeitsmanagement bei der Daimler AG zugrunde liegen, sind schließlich im Nachhaltigkeitsbericht prägnant und eingängig in der in **Abb. 6.5** dargestellten Weise zusammengefasst.

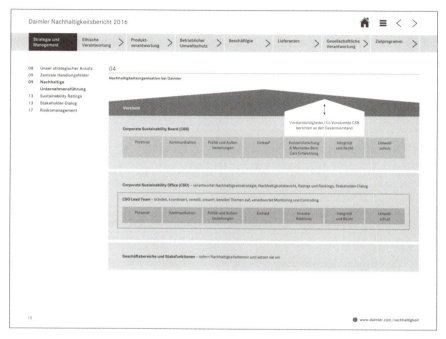

Abb. 6.4 Darstellung der Nachhaltigkeitsorganisation bei der Daimler AG [entnommen aus Daimler (2016): 10].

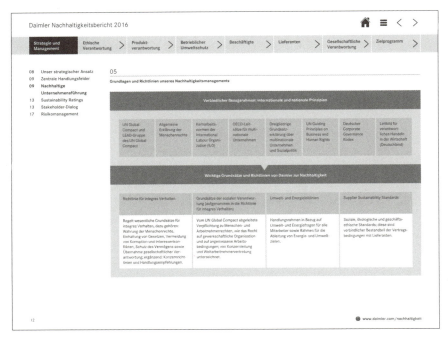

Abb. 6.5 Darstellung der Grundlagen des Nachhaltigkeitsmanagements bei der Daimler AG [entnommen aus Daimler (2016): 12].

6.2.2 Produktverantwortung

Gemäß des Kriterienkatalogs des IÖW/future-Rankings zeigen die **Ausführungen zur Produktverantwortung**, inwieweit das Unternehmen seine Produkte an Anforderungen der Nachhaltigkeit ausrichtet, wobei auch der gesamte Produktlebenszyklus berücksichtigt wird. Weitere Bestandteile sind Informationen über wesentliche Aspekte der Kundeninformation und des Verbraucherschutzes.[418]

Im Nachhaltigkeitsbericht der **BMW AG**, der in den folgenden Abbildungen abermals auszugsweise dargestellt ist, wird zunächst der Ansatz der BMW Group hinsichtlich der Produktverantwortung prägnant beschrieben (siehe **Abb. 6.6**).

---

[418] Vgl. IÖW/future (2016): 26 ff.

Abb. 6.6 Darstellung der Produktverantwortung bei der BMW AG [entnommen aus BMW (2016): 20].

Nachhaltigkeit beginnt demnach für die BMW Group bei der Entwicklung „effizienter und emissionsarmer Fahrzeuge und innovativer Dienstleistungen"[419], womit nicht nur weltweit verschärften gesetzlichen Vorgaben entsprochen wird, sondern auch dem zunehmenden Umweltbewusstsein der Kunden. Im weiteren Verlauf der Ausführungen wird dann deutlich, dass die Fahrzeugentwicklung jedoch nur der erste Schritt bei der Übernahme von Produktverantwortung ist. Ganz im Sinne der Berücksichtigung des gesamten **Produktlebenszyklus** stellt die BMW AG in ihrem Nachhaltigkeitsbericht zu den vier Phasen des Lebenszyklus – Fahrzeugentwicklung, -produktion, -Nutzungsphase und -Recycling – zentrale Maßnahmen im Sinne der Nachhaltigkeit und der Produktverantwortung dar (siehe **Abb. 6.7**), was in der vorliegenden umfassenden und gleichzeitig eingängigen Form als Best Practice identifiziert werden kann.

---

[419] BMW (2016): 20.

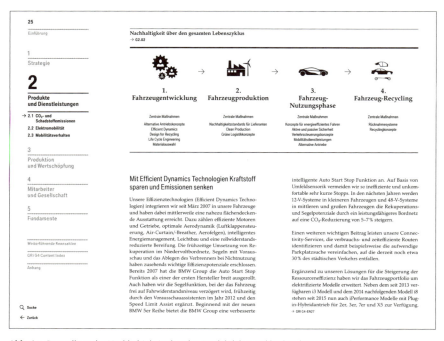

Abb. 6.7 Darstellung der Nachhaltigkeit über den Produktlebenszyklus bei der BMW AG [entnommen aus BMW (2016): 25].

Eine qualitativ hochwertige Nachhaltigkeitsberichterstattung beinhaltet jedoch nicht nur Informationen, die das berichterstattende Unternehmen verantwortungsvoll und nachhaltig erscheinen lässt, also z. B. Informationen darüber, mit welchen Maßnahmen Schadstoffemissionen der Produkte umfassend reduziert werden (siehe auch **Abb. 6.8**). Vielmehr gehört auch die Darstellung möglicherweise **negativer Aspekte**, wie z. B. von Informationen zur ökologischen Verträglichkeit der Produkte, also insbesondere der Energieverbrauch, klimarelevante Emissionen und besondere Umweltrisiken (über den gesamten Produktlebenszyklus),[420] zu einer **ausgewogenen**, im Sinne der Grundsätze der Nachhaltigkeitsberichterstattung (siehe Kapitel 4.6) **glaubwürdigen Nachhaltigkeitsberichterstattung**. So stellt die **BMW AG** beispielsweise die CO_2- und Schadstoffemissionen ihrer produzierten Fahrzeuge in der in **Abb. 6.8** angedeuteten Weise dar. Ins Auge fällt bei den Darstellungen der aktuellen Emissionen wiederum eine gewisse Betonung der in der Vergangenheit erreichten Reduktion der Emissionen der Fahrzeugflotte.[421]

---

[420] Vgl. IÖW/future (2016): 27.
[421] Vgl. BMW (2016): 26-31.

Abb. 6.8 Darstellung der Schadstoffemissionen der Fahrzeuge bei der BMW AG [entnommen aus BMW (2016): 26].

6.2.3 Verantwortung in der Lieferkette

Ausführungen zur Verantwortung in der Lieferkette sollen nach dem Kriterienkatalog des IÖW/future-Rankings insbesondere zeigen, inwieweit das berichterstattende Unternehmen Verantwortung für Umwelt- sowie Menschenrechts-, Arbeits- und Sozialstandards in der Lieferkette wahrnimmt. Es soll außerdem beschrieben werden, wie ökologische und soziale Risiken, negative Auswirkungen sowie Entwicklungspotenziale entlang der Lieferkette erfasst und bewertet werden und wie das Unternehmen Verantwortung für die Einhaltung ökologischer und sozialer Anforderungen für wesentliche Beschaffungen zeigt. Der Anspruch der Lieferanten auf ein für sie praktikables und faires Vorgehen hierbei muss jedoch durchaus berücksichtigt werden.[422]

Die **Adidas AG** beschreibt in ihrem Nachhaltigkeitsbericht sehr gelungen im Sinne der Best Practice, wie sie Verantwortung in der Lieferkette übernimmt, wobei die Ausführungen hierzu inhaltlich nach den Themenbereichen „Product" (hier insbesondere „Water", „Materials & Processes" und „Energy") und „People" gegliedert und aufgeteilt sind. Insgesamt werden dabei die oben genannten Bereiche Umwelt- sowie

---

[422] Vgl. IÖW/future (2016): 29 ff.

Menschenrechts-, Arbeits- und Sozialstandards also recht umfassend abgedeckt. Exemplarisch sind in **Abb. 6.9** die einleitenden Ausführungen zur Übernahme der Verantwortung im Zusammenhang mit den Arbeitern entlang der Lieferkette durch die Adidas AG dargestellt. Zu den einzelnen Themenbereichen (z. B. „Water" oder „People") werden im Nachhaltigkeitsbericht der Adidas AG außerdem **Ziele** beschrieben, die im Rahmen der Übernahmen von Verantwortung in der Lieferkette (aber auch allgemein) erreicht werden sollen. Die Ausführungen umfassen neben einer kurzen Erläuterung des jeweiligen Ziels auch Angaben hinsichtlich des angestrebten Zeitpunkts der vollständigen Zielerreichung und zum aktuellen **Zielerreichungsgrad**. In **Abb. 6.10** sind hier die Ausführungen zu einer Zielsetzung im Bereich „People" dargestellt.

Element guter Nachhaltigkeitsberichterstattung ist schließlich wie oben erläutert eine Beschreibung des Vorgehens bei der **Erfassung und Bewertung von ökologischen und sozialen Risiken**, negativen Auswirkungen sowie Entwicklungspotenzialen entlang der Lieferkette. Außerdem sollte dargelegt werden, wie das Unternehmen Verantwortung für die Einhaltung ökologischer und sozialer Anforderungen für wesentliche Beschaffungen zeigt. Hierzu beschreibt die **Adidas AG** in ihrem Nachhaltigkeitsbericht umfassend, wie die einzelnen Elemente (z. B. unabhängige Fabriken) in der Lieferkette einerseits in Bezug auf die einzuhaltenden Anforderungen geschult und andererseits überprüft wurden. Z. B. wurden in 2016 1.225 Fabriken besucht und davon 989 einer Prüfung unterzogen.[423] Sehr **ausführlich und augenscheinlich offen** wird im Nachhaltigkeitsbericht der Adidas AG das Ergebnis solcher Prüfungen dargestellt. Wie in **Abb. 6.11** zu erkennen, wurden z. B. Verstöße gegen Richtlinien zu Mindestlöhnen, zur Vereinigungsfreiheit und Kinderarbeit festgestellt. Im Anschluss daran wird im Nachhaltigkeitsbericht der Adidas AG dann umfassend beschrieben, mit welchen Maßnahmen gegen entsprechende Verstöße vorgegangen und wie die Einhaltung von Richtlinien durchgesetzt wird.[424]

---

[423] Vgl. Adidas (2016): 64.
[424] Vgl. Adidas (2016): 73 ff.

Abb. 6.9 Darstellung der Verantwortung in der Lieferkette bei der Adidas AG [entnommen aus Adidas (2016): 40].

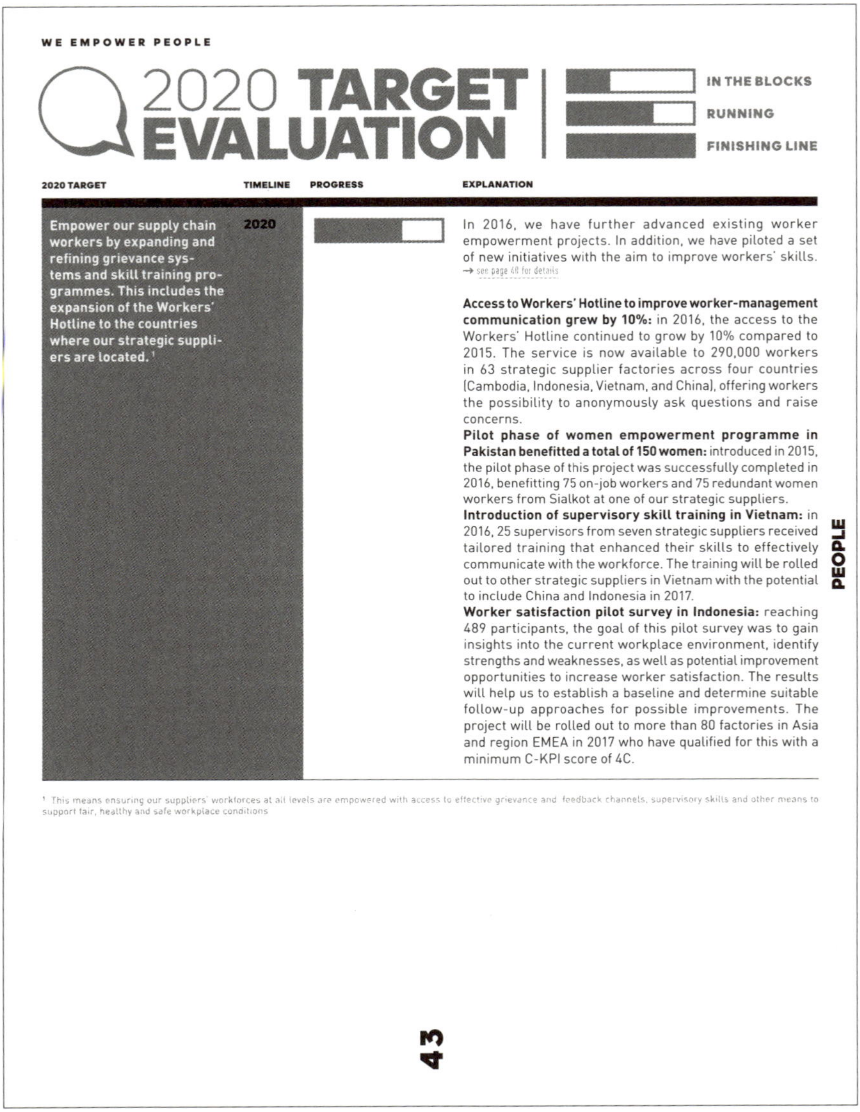

WE EMPOWER PEOPLE

2020 TARGET EVALUATION

IN THE BLOCKS
RUNNING
FINISHING LINE

2020 TARGET	TIMELINE	PROGRESS	EXPLANATION
Empower our supply chain workers by expanding and refining grievance systems and skill training programmes. This includes the expansion of the Workers' Hotline to the countries where our strategic suppliers are located.[1]	2020		In 2016, we have further advanced existing worker empowerment projects. In addition, we have piloted a set of new initiatives with the aim to improve workers' skills. → see page 40 for details **Access to Workers' Hotline to improve worker-management communication grew by 10%:** in 2016, the access to the Workers' Hotline continued to grow by 10% compared to 2015. The service is now available to 290,000 workers in 63 strategic supplier factories across four countries (Cambodia, Indonesia, Vietnam, and China), offering workers the possibility to anonymously ask questions and raise concerns. **Pilot phase of women empowerment programme in Pakistan benefitted a total of 150 women:** introduced in 2015, the pilot phase of this project was successfully completed in 2016, benefitting 75 on-job workers and 75 redundant women workers from Sialkot at one of our strategic suppliers. **Introduction of supervisory skill training in Vietnam:** in 2016, 25 supervisors from seven strategic suppliers received tailored training that enhanced their skills to effectively communicate with the workforce. The training will be rolled out to other strategic suppliers in Vietnam with the potential to include China and Indonesia in 2017. **Worker satisfaction pilot survey in Indonesia:** reaching 489 participants, the goal of this pilot survey was to gain insights into the current workplace environment, identify strengths and weaknesses, as well as potential improvement opportunities to increase worker satisfaction. The results will help us to establish a baseline and determine suitable follow-up approaches for possible improvements. The project will be rolled out to more than 80 factories in Asia and region EMEA in 2017 who have qualified for this with a minimum C-KPI score of 4C.

[1] This means ensuring our suppliers' workforces at all levels are empowered with access to effective grievance and feedback channels, supervisory skills and other means to support fair, healthy and safe workplace conditions

PEOPLE

43

Abb. 6.10 Nachhaltigkeitsziele bezüglich der Lieferkette bei der Adidas AG [entnommen aus Adidas (2016): 43].

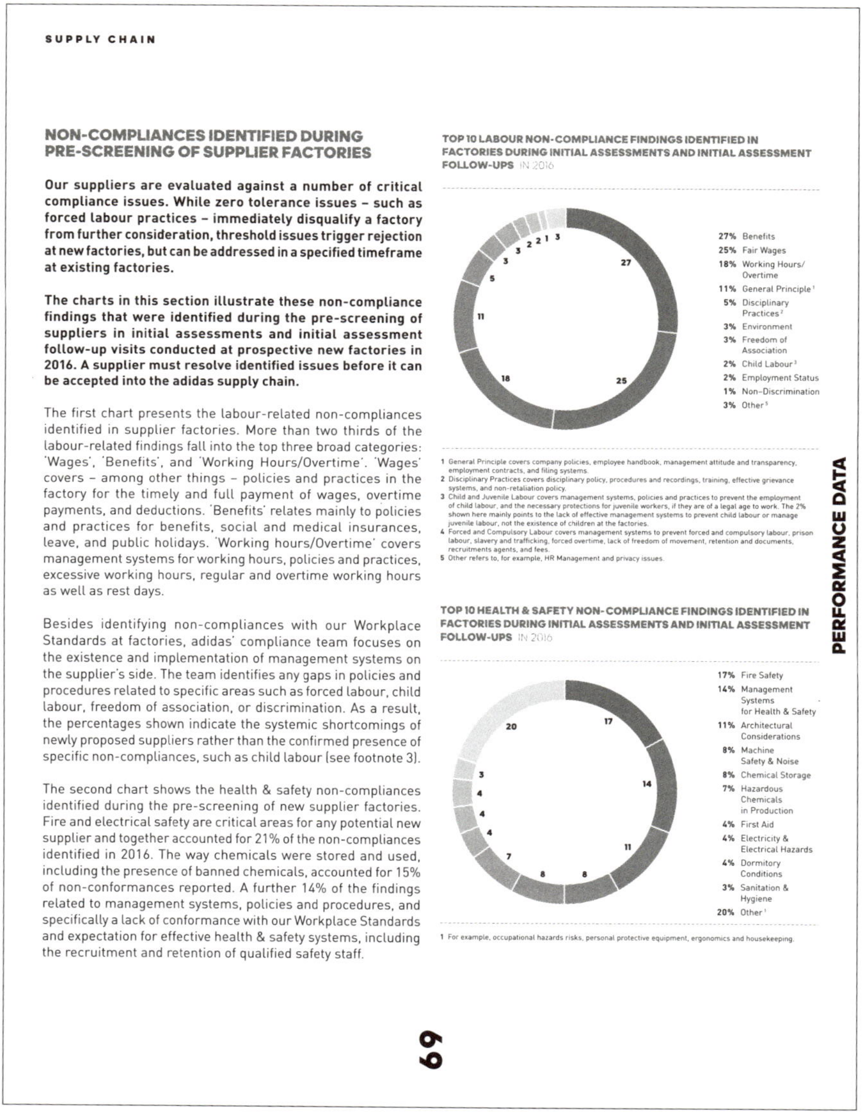

SUPPLY CHAIN

NON-COMPLIANCES IDENTIFIED DURING PRE-SCREENING OF SUPPLIER FACTORIES

Our suppliers are evaluated against a number of critical compliance issues. While zero tolerance issues – such as forced labour practices – immediately disqualify a factory from further consideration, threshold issues trigger rejection at new factories, but can be addressed in a specified timeframe at existing factories.

The charts in this section illustrate these non-compliance findings that were identified during the pre-screening of suppliers in initial assessments and initial assessment follow-up visits conducted at prospective new factories in 2016. A supplier must resolve identified issues before it can be accepted into the adidas supply chain.

The first chart presents the labour-related non-compliances identified in supplier factories. More than two thirds of the labour-related findings fall into the top three broad categories: 'Wages', 'Benefits', and 'Working Hours/Overtime'. 'Wages' covers – among other things – policies and practices in the factory for the timely and full payment of wages, overtime payments, and deductions. 'Benefits' relates mainly to policies and practices for benefits, social and medical insurances, leave, and public holidays. 'Working hours/Overtime' covers management systems for working hours, policies and practices, excessive working hours, regular and overtime working hours as well as rest days.

Besides identifying non-compliances with our Workplace Standards at factories, adidas' compliance team focuses on the existence and implementation of management systems on the supplier's side. The team identifies any gaps in policies and procedures related to specific areas such as forced labour, child labour, freedom of association, or discrimination. As a result, the percentages shown indicate the systemic shortcomings of newly proposed suppliers rather than the confirmed presence of specific non-compliances, such as child labour (see footnote 3).

The second chart shows the health & safety non-compliances identified during the pre-screening of new supplier factories. Fire and electrical safety are critical areas for any potential new supplier and together accounted for 21% of the non-compliances identified in 2016. The way chemicals were stored and used, including the presence of banned chemicals, accounted for 15% of non-conformances reported. A further 14% of the findings related to management systems, policies and procedures, and specifically a lack of conformance with our Workplace Standards and expectation for effective health & safety systems, including the recruitment and retention of qualified safety staff.

TOP 10 LABOUR NON-COMPLIANCE FINDINGS IDENTIFIED IN FACTORIES DURING INITIAL ASSESSMENTS AND INITIAL ASSESSMENT FOLLOW-UPS IN 2016

27% Benefits
25% Fair Wages
18% Working Hours/ Overtime
11% General Principle[1]
5% Disciplinary Practices[2]
3% Environment
3% Freedom of Association
2% Child Labour[3]
2% Employment Status
1% Non-Discrimination
3% Other[5]

1 General Principle covers company policies, employee handbook, management attitude and transparency, employment contracts, and filing systems.
2 Disciplinary Practices covers disciplinary policy, procedures and recordings, training, effective grievance systems, and non-retaliation policy.
3 Child and Juvenile Labour covers management systems, policies and practices to prevent the employment of child labour, and the necessary protections for juvenile workers, if they are of a legal age to work. The 2% shown here mainly points to the lack of effective management systems to prevent child labour or manage juvenile labour, not the existence of children at the factories.
4 Forced and Compulsory Labour covers management systems to prevent forced and compulsory labour, prison labour, slavery and trafficking, forced overtime, lack of freedom of movement, retention and documents, recruitments agents, and fees.
5 Other refers to, for example, HR Management and privacy issues.

TOP 10 HEALTH & SAFETY NON-COMPLIANCE FINDINGS IDENTIFIED IN FACTORIES DURING INITIAL ASSESSMENTS AND INITIAL ASSESSMENT FOLLOW-UPS IN 2016

17% Fire Safety
14% Management Systems for Health & Safety
11% Architectural Considerations
8% Machine Safety & Noise
8% Chemical Storage
7% Hazardous Chemicals in Production
4% First Aid
4% Electricity & Electrical Hazards
4% Dormitory Conditions
3% Sanitation & Hygiene
20% Other[1]

1 For example, occupational hazards risks, personal protective equipment, ergonomics and housekeeping.

PERFORMANCE DATA

69

Abb. 6.11 Darstellung von Non-Compliance in der Lieferkette bei der Adidas AG [entnommen aus Adidas (2016): 69].

Insbesondere im Zusammenhang mit der Nachhaltigkeitsberichterstattung erwächst die **Glaubwürdigkeit der Berichterstattung** auch aus einer ausgewogenen Darstellung von positiven und negativen Aspekten. Vor diesem Hintergrund ist die augenscheinlich offene Vermittlung negativer Aspekte bzw. von Verbesserungspotenzialen im Nachhaltigkeitsbericht der Adidas AG als Best Practice zu identifizieren. Besondere Bedeutung im Zusammenhang mit Nachhaltigkeitsberichterstattung kommt also der Glaubwürdigkeit als Grundsatz der Nachhaltigkeitsberichterstattung zu (siehe auch Kapitel 4.6).

6.2.4 Wesentlichkeit

Nach dem Kriterienkatalog des IÖW/future-Rankings soll der Nachhaltigkeitsbericht u. a. auf die **wesentlichen wirtschaftlichen, ökologischen und gesellschaftlichen Nachhaltigkeitsthemen** des Unternehmens ausgerichtet sein und diese in angemessenem Umfang und Tiefe darstellen. Dabei sind Schwerpunktsetzungen im Bericht begründet und nachvollziehbar, aus Nachhaltigkeitssicht unwesentliche Aktivitäten dürfen jedoch nicht in den Mittelpunkt gestellt werden.[425]

Die **Deutsche Telekom AG** beschreibt in ihrem Nachhaltigkeitsbericht umfassend den nach GRI G4 bzw. den **GRI Standards** vorgesehenen Prozess zur Identifikation wesentlicher Nachhaltigkeitsthemen. Dabei wird zunächst im Detail und eingängig dargelegt, auf welche Weise die aus Stakeholder-Sicht wesentlichen Nachhaltigkeitsthemen identifiziert wurden und wie sich die aus Unternehmensperspektive wesentlichen Themen ergeben (siehe hierzu **Abb. 6.12**). Das Ergebnis der **Wesentlichkeitsanalyse** wird dann zunächst für alle in die Analyse einbezogenen Themen in Form einer **Wesentlichkeitsmatrix** dargestellt[426] und schließlich noch einmal für die Top-Themen – also diejenigen, über die im Nachhaltigkeitsbericht primär berichtet wird (siehe **Abb. 6.13**). Zum Verständnis darüber, wie einzelne als wesentlich identifizierten Themen nun mit konkreten Inhalten des Nachhaltigkeitsberichts korrespondieren, trägt die in **Abb. 6.14** dargestellte Zuordnung der identifizierten wesentlichen Themen zu GRI-Aspekten bei. Die zusätzliche Darstellung der jeweiligen **Managementansätze** ist ebenfalls hilfreich. Unter anderem an dieser Stelle wirkt sich die fehlende Verlinkung im PDF-Dokument nachteilig aus. Ideal wäre gewesen, wenn man z. B. durch Klicken auf einzelne GRI-Aspekte direkt zu den entsprechenden Inhalten hätte springen können. Die umfassenden und klaren Ausführungen im Nachhaltigkeitsbericht der **Deutsche Telekom AG** zur Wesentlichkeitsanalyse reflektieren den **Grundsatz der Einbeziehung von Stakeholdern** und den **Grundsatz der Wesentlichkeit** als Grundsätze der Nachhaltigkeitsberichterstattung und können als Best-Practice-Beispiel gelten.

---

[425] Vgl. IÖW/future (2016): 29 ff, auch für weitere Anforderungen des Kriterienkatalogs im Zusammenhang mit der Berichterstattung zu wesentlichen Themen.
[426] Vgl. Telekom (2016): 40.

STRATEGIE & MANAGEMENT
WERTSCHÖPFUNG UND WESENTLICHKEIT

39

Wesentliche Themen aus Stakeholder-Sicht
In unserer dauerhaften Online-Umfrage können unsere Stakeholder nicht nur Themen nach ihrer Bedeutung gewichten, sondern seit 2016 auch unsere Leistung
in den jeweiligen Bereichen bewerten. Die Stakeholder werden dabei gebeten, die Themen zu beurteilen, die sich aus dem internen Wesentlichkeitsprozess ergeben haben. Durch diesen fortlaufenden, aufeinander aufbauenden Prozess ist gewährleistet, dass die Ergebnisse vergleichbar sind. Um die wesentlichen Themen unserer Stakeholder zu identifizieren, haben wir die Ergebnisse der Umfrage für den Zeitraum vom 1. Januar 2016 bis 31. Dezember 2016 ausgewertet. Die Online-Befragung finden Sie hier. Insgesamt sind Bewertungen von 143 Personen in die Auswertung eingeflossen:

- 53 Kunden
- 41 Mitarbeiter bzw. potenzielle Mitarbeiter oder Arbeitnehmervertreter
- 9 Analysten und Investoren
- 10 Teilnehmer aus Wissenschaft, Forschung und Bildung
- 12 NGO-Vertreter
- 4 Lieferanten
- 3 Regulatoren bzw. politische Entscheidungsträger
- 11 Befragte, die sich keiner der genannten Gruppen zugehörig fühlten

Neben der Themengewichtung und Leistungsbewertung umfasst die Umfrage auch offene Fragen. Die Rückmeldungen unserer Stakeholder aus dem Berichtszeitraum finden Sie hier.

Im Rahmen der Leistungsbewertung können die Stakeholder unsere Leistung im jeweiligen Themenbereich beurteilen. Für die Top-Themen Datenschutz, Datensicherheit und Cybersicherheit bescheinigten unsere Stakeholder uns eine sehr gute Leistung. Verbesserungspotenzial sehen sie hingegen bei den Themen „nachhaltiges Produktdesign" und „gesellschaftlich relevante Anwendung von ICT-Produkten und Dienstleistungen".

Wesentliche Themen aus Unternehmensperspektive
Die interne Themengewichtung schreiben wir von Jahr zu Jahr fort. Dazu führen wir bei Bedarf interne Workshops durch. Zuletzt haben im November 2015 zahlreiche Experten aus verschiedenen Fachbereichen der Telekom – darunter Personal, Innovation und Kommunikation – an einem solchen Workshop teilgenommen. Darin haben sie aus den 55 Themen der GeSI-Methodik diejenigen identifiziert, die aus interner Perspektive den größten Einfluss auf fünf zentrale Werttreiber unseres Geschäftserfolgs haben (siehe unten). Diese Werttreiber entsprechen ebenfalls der GeSI-Methodik:

- **Technologie und Innovation**: Steigende Ansprüche unserer Kunden an sichere und verschlüsselte Dienste führen dazu, dass beispielsweise Themen wie Datensicherheit und Cyber Security zu den bedeutendsten Treibern für Innovationen gehören.

- **Umsatzwachstum**: Durch den Netzausbau können wir neue Märkte und Kunden erschließen. Eine hohe Service-Qualität ist entscheidend für die Zufriedenheit unserer Kunden und wirkt sich somit direkt auf die Kundengewinnung und -bindung aus. Bislang sind Kundenanfragen zu nachhaltigen Produkten noch überschaubar, nehmen aber stetig zu. Deshalb wurde auch dieses Thema als wichtiger Treiber eingestuft.

- **Geschäftstätigkeit**: Welche Themen wirken sich positiv auf die Geschäftsprozesse aus oder tragen dazu bei, Kosten zu reduzieren? Hier wirken sich vor allem eine umfassende Mitarbeitereinbindung und grundsätzliche Voraussetzungen wie Datensicherheit, Service-Qualität, Stakeholder-Einbeziehung und Compliance aus.

- **Mitarbeiterbeziehungen**: Großen Einfluss auf die Mitarbeiterzufriedenheit und Produktivität haben die Themen Talentakquise, Mitarbeiterbindung, Entwicklung und Personalabbau, Mitarbeitereinbindung, Gesundheit, Sicherheit und Wohlbefinden der Mitarbeiter sowie Vielfalt und Antidiskriminierung. Auch eine serviceorientierte Unternehmenskultur (Service-Qualität), ethische Geschäftspraktiken sowie Transparenz wirken sich positiv auf die Mitarbeiterbeziehungen aus.

- **Reputation**: Hohe Transparenz und eine umfassende Berichterstattung stärken das Vertrauen in die Telekom. Themen wie Geschäftspraktiken, Service-Qualität, Datenschutz oder Arbeitsstandards in der Lieferkette können hingegen auch Reputationsrisiken beinhalten: Finden sich unsere Marken, Produkte oder Dienstleistungen im Zusammenhang mit diesen Themen in einer negativen medialen Berichterstattung wieder, kann dies unserer Reputation Schaden zufügen.

ERGEBNIS DER WESENTLICHKEITSANALYSE
In unserer Stakeholder-Umfrage sowie in unserem internen Workshop können Themen als „sehr relevant", „relevant", „weniger relevant" und „nicht relevant" bewertet werden. Diese Gewichtung haben wir anschließend in eine 100-Punkte-Skala übersetzt. Nachfolgend finden Sie die Auswertung der Ergebnisse.

Das Gesamtergebnis
Die folgende Darstellung zeigt die Bewertungen aller Themen aus Stakeholder- und Unternehmensperspektive auf einer Skala von 0 bis 100.

Deutsche Telekom · Corporate Responsibility Bericht 2016

Abb. 6.12 Darstellung des Wesentlichkeitsprozesses bei der Deutsche Telekom AG [entnommen aus Deutsche Telekom (2016): 39].

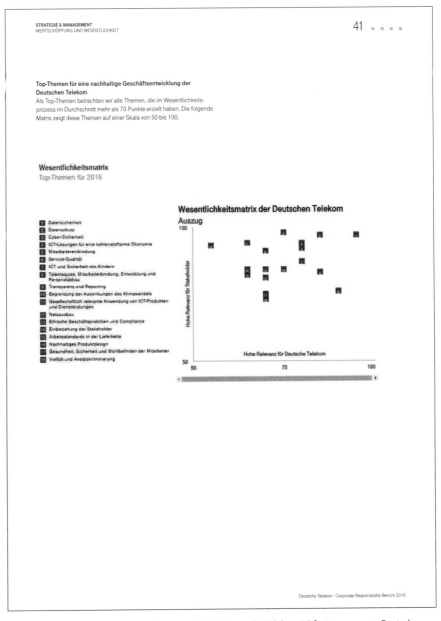

Abb. 6.13 Darstellung der Wesentlichkeitsmatrix bei der Deutsche Telekom AG [entnommen aus Deutsche Telekom (2016): 41].

Best-Practice-Beispiele

STRATEGIE & MANAGEMENT
WERTSCHÖPFUNG UND WESENTLICHKEIT

42

WESENTLICHE THEMEN DEN GRI-ASPEKTEN ZUGEORDNET
Die folgende Übersicht zeigt, welche GRI-Aspekte den wesentlichen Themen der Stakeholder-Umfrage zugeordnet werden können.

#	Wesentliche Themen	GRI-Aspekte	Managementansätze
1	Datensicherheit	Schutz der Privatsphäre von Kunden	So schützen wir Verbraucher und Jugend
2	Datenschutz	Kundengesundheit und -sicherheit	So schützen wir unsere Infrastruktur
3	Cybersicherheit		So schaffen wir die interne Voraussetzung für effektiven Datenschutz
4	ICT-Lösungen für eine kohlenstoffarme Ökonomie	Produkte und Dienstleistungen	So entwickeln wir nachhaltige Produkte und Dienste
5	Mitarbeitereinbindung	Arbeitgeber-Arbeitnehmer-Verhältnis; Vereinigungsfreiheit und Recht auf Kollektivverhandlungen	So nehmen wir unsere Verantwortung als Arbeitgeber wahr
6	ICT (J) und Sicherheit von Kindern	Kundengesundheit und -sicherheit	So schützen wir Verbraucher und Jugend
7	Service-Qualität	Kennzeichnung von Produkten und Dienstleistungen	So gewährleisten wir eine hohe Service-Qualität
8	Talentakquise, Mitarbeiterbindung, Entwicklung und Personalabbau	Beschäftigung; Aus- und Weiterbildung	So investieren wir in Ausbildung und Entwicklung
9	Transparenz und Reporting	(kein geeigneter GRI-Aspekt verfügbar)	
10	Begrenzung der Auswirkungen des Klimawandels	Emissionen; Energie	So schützen wir das Klima So betreiben wir energieeffiziente Netze
11	Gesellschaftlich relevante Anwendung von ICT-Produkten und Dienstleistungen	(kein geeigneter GRI-Aspekt verfügbar, siehe Nachhaltige Produkte)	
12	Netzausbau	Indirekte wirtschaftliche Auswirkungen	So bauen wir unsere Infrastruktur aus
13	Ethische Geschäftspraktiken und Compliance	Compliance; Korruptionsbekämpfung	So stellen wir integres und rechtskonformes Verhalten sicher
14	Einbeziehung der Stakeholder	Einbindung von Stakeholdern	So stellen wir integres und rechtskonformes Verhalten sicher
15	Arbeitsstandards in der Lieferkette	Bewertung der Lieferanten hinsichtlich Arbeitspraktiken; Bewertung der Lieferanten hinsichtlich Menschenrechten	So stellen wir integres und rechtskonformes Verhalten sicher So machen wir unsere Lieferkette nachhaltiger
16	Nachhaltiges Produktdesign	(kein geeigneter GRI-Aspekt verfügbar, siehe Nachhaltige Produkte)	
17	Gesundheit, Sicherheit und Wohlbefinden der Mitarbeiter	Arbeitssicherheit und Gesundheitsschutz	So sorgen wir für eine gesunde Belegschaft
18	Vielfalt und Antidiskriminierung	Gleichbehandlung; gleicher Lohn für Frauen und Männer; Vielfalt und Chancengleichheit	So achten wir Menschenrechte

Deutsche Telekom · Corporate Responsibility Bericht 2016

Abb. 6.14 Verknüpfung von wesentlichen Themen und GRI-Aspekten bei der Deutsche Telekom AG [entnommen aus Deutsche Telekom (2016): 42].

7 Thesenförmige Zusammenfassung

Im Folgenden sollen die zentralen Erkenntnisse der vorliegenden Ausführungen noch einmal zusammengetragen werden. Die Erkenntnisse werden dabei thesenförmig strukturiert. Ziel der Ausführungen war zunächst, auf Basis ausführlicher theoretischer Betrachtungen die **Notwendigkeit von Nachhaltigkeitsberichterstattung** abzuleiten und ein Verständnis darüber zu generieren, wie Nachhaltigkeitsberichterstattung ausgestaltet sein muss, um einen **Nutzen für das berichterstattende Unternehmen und die Berichtsadressaten** zu generieren.

Bei der grundsätzlichen begrifflichen Einordnung von Nachhaltigkeitsberichterstattung zeigte sich zunächst, dass sich der Begriff der **Investor Relations** als Teilbereich der **Unternehmenspublizität** grundsätzlich auf die Gesamtheit der nach innen und außen gerichteten Maßnahmen von Unternehmen bezieht, mit denen die Bereitstellung finanzieller Mittel durch externe Kapitalgeber langfristig sichergestellt werden sollen. Aktivitäten der Investor Relations adressieren also – anders als die Aktivitäten der Unternehmenspublizität – dezidert die Kapitalgeber. Die **Kapitalmarktkommunikation** wiederum deckt nur einen Teilbereich der Investor Relations ab und umfasst die nach außen gerichteten Kommunikationsinstrumente, mit denen die Investor Relations mit den Kapitalgebern des Unternehmens kommuniziert. Klassische Berichtsformate der finanziellen Regelpublizität, wie z. B. Geschäftsbericht mit Bilanz, Gewinn- und Verlustrechnung, etc., lassen sich eindeutig dem Instrumentarium der Kapitalmarktkommunikation zuordnen. Aufgrund des in der Regel breiter gefassten Adressatenkreises der **Nachhaltigkeitsberichterstattung** weist diese definitorisch hingegen Schnittmengen mit der Kapitalmarktkommunikation und der übergeordneten Unternehmenspublizität auf.

Um sich dem Begriff der Nachhaltigkeitsberichterstattung weiter anzunähern, wurden dann **Informationsbedürfnisse** unterschiedlicher Adressaten von Unternehmenspublizität abgeleitet. Es wurde dabei argumentiert, dass nicht nur **Shareholder** interessiert sein dürften, vom Unternehmen Informationen zur Verfügung gestellt zu bekommen, die ihnen eine Einschätzung des derzeitigen Unternehmenswerts sowie der zukünftigen Wertentwicklung ermöglichen. Auch weitere **Stakeholder** müssten ein Interesse an solchen Informationen haben, um einschätzen zu können, inwieweit das Unternehmen in der Lage ist, finanzielle aber auch nichtfinanzielle Interessen der Stakeholder zu befriedigen. Darüber hinaus haben Share- und andere Stakeholder ein Interesse daran, im Rahmen von Nachhaltigkeitsberichterstattung umfassende Informationen darüber zu erhalten, auf welche Weise Unternehmen mögliche nichtfinanzielle Ansprüche von Stakeholdern befriedigen. So können Stakeholder besser einschätzen, inwieweit das Unternehmen ihre nichtfinanziellen Interessen auch in Zukunft befriedigt. Shareholder hingegen können einordnen, inwieweit entsprechende Maßnahmen von Unternehmen ihren eigenen (finanziellen) Interessen entgegenstehen, oder für diese vielmehr förderlich sind. Gerade in Bezug auf letztgenannten Aspekt zeigte sich im Verlauf der Ausführungen auch, dass die Befriedigung von (nichtfinanziellen) Stakeholder-Interessen dem finanziellen Erfolg eines Unternehmens mitnichten entgegenstehen muss. Anhand des Share- und des Stakeholder-Value-Konzepts konnte also dargestellt werden, dass der **Kapitalmarktkommunikation** im Allgemeinen und der **Nachhaltigkeitsberichterstattung** im Speziellen eine entscheidende Bedeutung für das Unternehmen zukommt. Die Informationsbedürfnisse der Share- sowie der weiteren Stakeholder selbst – und damit auch die Notwendigkeit der Einrichtung einer geeigneten Kapitalmarktkommunikation bzw. Nachhaltigkeitsberichterstattung – resultiert dabei aus **Informationsasymmetrien** zwischen Unternehmen und Stakeholdern. Entsprechende Informationsasymmetrien wiederum sind das Ergebnis eines **Prinzipal-Agenten-Problems**.

Im Rahmen der Darstellung von definitorischen Grundlagen zur Nachhaltigkeit konnte gezeigt werden, dass bereits in der 1713 von Hans Carl von Carlowitz verfassten Schrift Sylvicultura Oeconomica zur Forstwirtschaft der zentrale Kern der **Nachhaltigkeit** skizziert wurde: den Grundsatz, eine Ressource nicht nur zu nutzen, sondern sie gleichzeitig durch geeignete Maßnahmen zu erhalten, um sie auch zukünftig nutzen zu können. Während Überlegungen zur Nachhaltigkeit in den darauffolgenden Jahrhunderten jedoch insbesondere außerhalb der Forstwirtschaft und im breiteren Bewusstsein der Öffentlichkeit kaum eine Rolle gespielt haben, änderte sich dies etwa ab den 1960er Jahren. Spätestens mit der vom Club of Rome beauftragten und 1972 vorgestellten Studie „Die Grenzen des Wachstums", in der die Autoren zu der zentralen Schlussfolgerung kommen, dass bei unveränderter Zunahme der Weltbevölkerung, der Industrialisierung und der Ausbeutung von Rohstoffreserven die absoluten Wachstumsgrenzen auf der Erde im Laufe der nächsten hundert Jahre erreicht werden, wurde die Notwendigkeit von Nachhaltigkeit Teil öffentlicher Überlegungen. Sicherlich auch als Folge der Studie, die zurückblickend als globaler Weckruf und Ausgangspunkt der ernsthaften Auseinandersetzung mit nachhaltiger Entwicklung gelten kann, veröffentlichte die von den Vereinten Nationen 1983 ins Leben gerufene Weltkommission für Umwelt und Entwicklung („**Brundtland-Kommission**") im Jahre 1987 den Bericht „Our Common Future", dem die Grundlage des Verständnisses von Nachhaltigkeit entstammt, das heute in Wissenschaft und Praxis die wohl weiteste Verbreitung besitzt: **Nachhaltig** ist eine Entwicklung, „die die Bedürfnisse der Gegenwart befriedigt, ohne zu riskieren, dass zukünftige Generationen ihre eigenen Bedürfnisse nicht befriedigen können."[427]

In dem Maße, in dem die Notwendigkeit nachhaltiger Entwicklung zunehmend ins weltweite gesellschaftliche Bewusstsein drang, stieg auch die Relevanz von Nachhaltigkeit für Unternehmen. Die wachsende Ausrichtung unternehmerischen Handels auf eine nachhaltige Entwicklung muss dabei in einem Zusammenhang mit der zunehmenden Abkehr der Unternehmen vom **Shareholder-Value-Konzept** seit den 1990er Jahren und der Hinwendung zum **Stakeholder-Value-Konzept** gesehen werden. Der hierfür ursächliche Grundgedanke, nach dem Unternehmen eine gesellschaftliche Verantwortung zu tragen haben und entsprechend die ausschließliche Berücksichtigung der Interessen der Shareholder nicht vertretbar sei, ist mit dem

---

[427] Weltkommission für Umwelt und Entwicklung (1987): 46.

Nachhaltigkeitsgedanken inhaltlich eng verbunden. Indem Unternehmen nachhaltig agieren, können sie ihrer sozialen Verantwortung gerecht werden und Wert nicht nur für eine Anspruchsgruppe – also die Shareholder –, sondern für alle Anspruchsgruppen – die Stakeholder – schaffen. Um einordnen zu können, inwieweit ein Unternehmen nachhaltig agiert, kann der **Triple-Bottom-Line-Ansatz** (auch: **Drei-Säulen-Modell**) Verwendung finden, nach dem Nachhaltigkeit im unternehmerischen Handeln aus den drei Dimensionen **Ökonomie**, **Ökologie** und **Soziales** besteht.[428] Unternehmerisches Handeln ist demnach also insbesondere dann nachhaltig, wenn alle drei Dimensionen Ökonomie, Ökologie und Soziales Berücksichtigung finden

Während sich ökonomische Erfolge vergleichsweise einfach mittels klassischer Rechnungslegung z. B. aus der Gewinn- und Verlustrechnung ermitteln lassen, ist die Bestimmung der Leistung eines Unternehmens in den beiden anderen Dimensionen ungleich schwerer. Hier setzt nun die **Nachhaltigkeitsberichterstattung** an, deren Ziel die Identifikation, Messung und Offenlegung der Aktivitäten eines Unternehmens insbesondere in den Bereichen Ökologie und Soziales, unter Einbeziehung des Bereichs Ökonomie, ist. Ein Nachhaltigkeitsbericht stellt die entsprechenden Aktivitäten des Unternehmens dabei ausgewogen dar und enthält sowohl positive als auch negative Elemente. Das im Rahmen der Nachhaltigkeitsberichterstattung ein Schwerpunkt auf den Bereichen Ökologie und Soziales liegt, bedeutet keineswegs, dass die ökonomische Dimension weniger Relevanz aufweist. Vielmehr soll mit der Schwerpunktsetzung eine Abgrenzung zum klassischen Geschäftsbericht erreicht werden, in dessen Zentrum die Berichterstattung über die ökonomische Dimension steht. Entsprechend ergibt sich ein Bild der **Leistung eines Unternehmens** in allen drei Dimensionen der Nachhaltigkeit meist nur bei gemeinsamer Betrachtung der häufig separat veröffentlichen Geschäfts- und Nachhaltigkeitsberichte eines Unternehmens.

Innerhalb des Stakeholder-Value-Ansatzes wird, wie an anderer Stelle ausführlich dargelegt, ein Unternehmen als eine Koalition verschiedener Stakeholder betrachtet, deren Interessen im Rahmen der strategischen und operativen Entscheidungen Berücksichtigung finden müssen, damit die Koalition nicht zerbricht. Wenn nun der **Abbau von Informationsasymmetrien** durch das Instrumentarium der Kapitalmarktkommunikation dazu führt, dass Stakeholder besser einschätzen können, inwieweit das Unternehmen ihre finanziellen und/oder nichtfinanziellen Interessen auch in Zukunft befriedigen kann, dann tragen die Instrumente der Kapitalmarktkommunikation im Allgemeinen dazu bei, die Koalition von Stakeholdern zu erhalten. Der übergeordnete **Nutzen der Nachhaltigkeitsberichterstattung** im Speziellen ergibt sich vor diesem Hintergrund aus dem Abbau von Informationsasymmetrien bezüglich der Aktivitäten eines Unternehmens in den Bereichen Ökonomie und Soziales, sowie deren Verknüpfung mit dem Bereich Ökonomie. Nachhaltigkeitsberichterstattung kann also dazu beitragen, den Koalitionswillen von Stakeholdern zu erhalten bzw. überhaupt zu erzeugen. Erlischt hingegen der Koalitionswille bei einzelnen Stakeholdern, kann dies dazu führen, dass Unternehmen Zugang zu wichtigen Ressourcen verlieren

---

[428] Vgl. Elkington (1997).

bzw. mit neuen Koalitionspartnern nur zu ungünstigeren Konditionen erhalten (z. B. schlechtere Rohstoffqualität, geringer qualifiziertes Personal, schlechtere Infrastruktur). Konkreter gefasst, schlägt sich der Abbau von Informationsasymmetrien durch Nachhaltigkeitsberichterstattung vorteilhaft insbesondere in den Bereichen Personal, Kunden und Kapital nieder, wodurch Unternehmen ein direkt greifbarer Nutzen entstehen kann. So zeigt beispielsweise eine Vielzahl von Studien, dass Kunden die Nachhaltigkeitsleistung bei der Beurteilung von Unternehmen und deren Produkten berücksichtigen und dass unternehmerisches Engagement in den Bereichen Ökologie und Soziales entsprechend die Einstellung, Kaufabsicht, Kundenloyalität und -zufriedenheit beeinflusst.

Bei einer Auseinandersetzung mit dem **normativen Rahmen der Nachhaltigkeitsberichterstattung** wurde weiterhin dargelegt, dass der – im Sinne harter Regulierung – existierende Rahmen der Nachhaltigkeitsberichterstattung in Deutschland stark durch die Europäische Union geprägt ist. Die Einbindung von nichtfinanziellen Informationen in die Pflichtpublizität erfolgt dabei über die **(Konzern-)Lageberichterstattung**, was auf EU-Ebene erstmals im Jahre 2003 mit der Richtlinie 2003/51/EG umgesetzt wurde. Durch die Änderung von Artikel 46 der Richtlinie 78/660/EWG und von Artikel 36 der Richtlinie 83/349/EWG wurde festgelegt, dass der Lagebericht bzw. der Konzernlagebericht nicht nur die Analyse der wichtigsten finanziellen, sondern auch – soweit angebracht – nichtfinanziellen Leistungsindikatoren, die für die Geschäftstätigkeit von Bedeutung sind, umfasst – „soweit dies für das Verständnis des Geschäftsverlaufs, des Geschäftsergebnisses oder der Lage der Gesellschaft erforderlich ist".[429] Nach weiteren normativen Entwicklungen auf europäischer Ebene erfolgte die jüngste Anpassung der Vorgaben mit der Richtlinie 2014/95/EU des Europäischen Parlaments und des Rates vom 22.10.2014 zur Änderung der Richtlinie 2013/34/EU im Hinblick auf die Angabe nichtfinanzieller und die Diversität betreffender Informationen durch bestimmte große Unternehmen und Gruppen (**CSR-Richtlinie**). Mit der Richtlinie 2014/95/EU ist das Ziel verbunden, die Konsistenz und Vergleichbarkeit der offengelegten Informationen zur Nachhaltigkeit unionsweit zu erhöhen. Die neuen Vorschriften betreffen dabei große „Unternehmen, die Unternehmen von öffentlichem Interesse sind und am Bilanzstichtag das Kriterium erfüllen, im Durchschnitt des Geschäftsjahres mehr als 500 Mitarbeiter zu beschäftigen",[430] bzw. solche Unternehmen von öffentlichem Interesse, die Mutterunternehmen einer großen Gruppe nach Maßgabe der genannten Größenkriterien auf konsolidierter Basis sind. Grundsätzlich war die Richtlinie so in nationales Recht umzusetzen, dass die Vorschriften für das am 1. Januar 2017 beginnende Geschäftsjahr oder während des Kalenderjahres 2017 Geltung erlangen. Die durch die CSR-Richtlinie geänderten Artikel 19a bzw. 29a der Richtlinie 2013/34/EU sehen insbesondere vor, dass die betreffenden Unternehmen bzw. Mutterunternehmen eine sogenannte **(konsolidierte) nichtfinanzielle Erklärung** in ihren Lagebericht bzw. Konzernlagebericht einbinden müssen. Die (konsolidierte)

---

[429] Richtlinie 2003/51/EG: Art. 1 Abs. 14.
[430] Richtlinie 2014/95/EU: Art. 1 Abs. 1.

nichtfinanzielle Erklärung enthält Angaben, „die für das Verständnis des Geschäftsverlaufs, des Geschäftsergebnisses, der Lage des Unternehmens [der Gruppe] sowie der Auswirkungen seiner [ihrer] Tätigkeit erforderlich sind und sich mindestens auf Umwelt-, Sozial-, und Arbeitnehmerbelange, auf die Achtung der Menschenrechte und auf die Bekämpfung von Korruption und Bestechung beziehen".[431] In Deutschland erfolgte die Umsetzung der Richtlinie 2014/95/EU mit dem Gesetz zur Stärkung der nichtfinanziellen Berichterstattung der Unternehmen in ihren Lage- und Konzernlageberichten (**CSR-Richtlinie-Umsetzungsgesetz**) vom 11.04.2017. Die oben genannten Vorgaben wurden im Wesentlichen in die §§ 289, 289b-289f HGB (für die Zwecke der Lageberichterstattung) bzw. die §§ 315, 315b-d HGB (für die Zwecke der Konzernlageberichterstattung) integriert. Zusammenfassend lässt sich festhalten, dass ein separater Nachhaltigkeitsbericht zwar die gesetzlichen Vorgaben zur Erweiterung der (Konzern-)Lageberichterstattung um eine (konsolidierte) nichtfinanzielle Erklärung erfüllen kann, dieser aber gesetzlich in Deutschland nicht vorgeschrieben ist. Gleichwohl existieren mit den oben dargelegten Anforderungen an die nichtfinanzielle Erklärung umfassende Vorschriften zur Veröffentlichung von Informationen mit Nachhaltigkeitsbezug für (Mutter-)Unternehmen, welche die entsprechenden (Größen-)Kriterien erfüllen.

Auf Basis der Betrachtung weiterer wichtiger (freiwillig anzuwendender) **nationaler und internationaler Rahmenwerke zur Nachhaltigkeitsberichterstattung** wurden dann Handlungs- und Entscheidungsspielräume für Unternehmen bei der Ausgestaltung der Nachhaltigkeitsberichterstattung näher abgegrenzt und die **Vor- und Nachteile** unterschiedlicher Rahmenwerke zur Nachhaltigkeitsberichterstattung betrachtet. Dabei wurden im Detail der Deutsche Nachhaltigkeitskodex, die **GRI Standards**, das **IR Framework** sowie eine Reihe weiterer wichtiger Rahmenwerke, wie z. B. die **SASB Standards**, vorgestellt.

In den dargelegten Rahmenwerken zur Nachhaltigkeitsberichterstattung werden umfassend **Berichtsgrundsätze und -prinzipien** beschrieben, die einer Nachhaltigkeitsberichterstattung nach dem jeweiligen Rahmenwerk zugrunde gelegt werden sollen, damit der Nachhaltigkeitsbericht seinen Zweck erfüllt und Informationsasymmetrien zwischen Stakeholdern und berichterstattendem Unternehmen abgebaut werden. In Praxis und Literatur werden des Weiteren umfassend sogenannte Grundsätze der Kapitalmarktkommunikation beschrieben, die insbesondere im Zusammenhang mit Value Reporting, der Investor Relations und damit auch der Kapitalmarktkommunikation Berücksichtigung finden müssen, damit die entsprechenden Instrumentarien ihre Wirksamkeit entfalten können. Da sich Nachhaltigkeitsberichterstattung als Teil der Kapitalmarktkommunikation eines Unternehmens einordnen lässt, erschien auch die Einbeziehung und eingehende Betrachtung dieser Grundsätze sinnvoll. In einer Zusammenführung konnten schlussendlich die folgenden **Grundsätze der Nachhaltigkeitsberichterstattung**, die einer qualitativ hochwertigen Nachhaltigkeitsberichterstattung zugrunde gelegt werden sollten, abgeleitet wer-

---

[431] Richtlinie 2014/95/EU: Art. 1 Abs. 1 bzw. Abs. 3.

den: Einbeziehung von Stakeholdern, Wesentlichkeit, Stetigkeit, Gleichbehandlung, Glaubwürdigkeit, Verifizierbarkeit.

Schließlich erfolgte eine Bestandsaufnahme zur **Praxis der Nachhaltigkeitsberichterstattung von DAX-30-Unternehmen** für das Berichtsjahr 2016 bzw. 2015/16, auf deren Basis dann Best-Practice-Beispiele für Nachhaltigkeitsberichterstattung abgeleitet werden konnten. Bei der Betrachtung der Ergebnisse des IÖW/future Rankings des Jahres 2015 zeigte sich zunächst, dass **qualitativ hochwertige Nachhaltigkeitsberichterstattung** innerhalb des DAX 30 zur Best Practice gehört. Ergänzend wurden die Ergebnisse des Corporate Sustainability Assessment (CSA) bezüglich der Nachhaltigkeitsleistung von Unternehmen dargestellt, das über eine Mitgliedschaft im weltweit beachteten und im RobecoSAM Sustainability Yearbook publizierten Dow Jones Sustainability Index entscheidet. Hier zeigte sich auf Basis des jüngsten RobecoSAM Sustainability Yearbook aus dem Jahre 2017, dass 16 der betrachten DAX-30-Unternehmen zu den Top Performern ihrer jeweiligen Industrie in Bezug auf die Nachhaltigkeitsleistung gehören und daher **herausragende Nachhaltigkeitsleistung** im DAX 30 also ebenfalls Best Practice darstellt.

Auf Basis einer eingehenden Analyse der Nachhaltigkeitsberichterstattung konnte weiterhin geschlussfolgert werden, dass bezüglich des **Berichtsformats** zunächst die **separate Nachhaltigkeitsberichterstattung** als Best Practice bezeichnet werden muss. Insbesondere veröffentlicht nur eine geringe Anzahl an DAX-30-Unternehmen einen integrierten Bericht. Außerdem konnte gezeigt werden, dass eine möglichst vollumfängliche Befriedigung von Informationsbedürfnissen der Share- sowie weiterer Stakeholder eine durchaus **umfassende Berichterstattung** erfordert. Der sinnvolle **Einsatz von Grafiken bzw. visuellen Aspekten** im Rahmen der Nachhaltigkeitsberichterstattung, der das Verständnis des Berichtsadressaten fördert, kann außerdem als Best Practice abgeleitet werden.

Bezüglich der **Rahmenwerke**, die der Nachhaltigkeitsberichterstattung zugrunde gelegt werden, konnte gezeigt werden, dass die Ausrichtung an **verschiedenen etablierten internationalen Rahmenwerken** zur Nachhaltigkeitsberichterstattung, wie den GRI Guidelines bzw. Standards, aber auch **die Berücksichtigung jüngerer, möglicherweise zukünftig bedeutsamer, Initiativen**, wie den SASB Standards, Best Practice darstellt. Welche Rahmenwerke konkret und in welchem Umfang bei der Nachhaltigkeitsberichterstattung berücksichtigt werden sollen, muss jedoch unternehmensindividuell unter Berücksichtigung des **Grundsatzes der Einbeziehung von Stakeholdern** als Grundsatz der Nachhaltigkeitsberichterstattung abgeleitet werden.

Eine **externe Prüfung** der Nachhaltigkeitsberichterstattung kann weiterhin als Best Practice bezeichnet werden. Dies reflektiert auch den **Grundsatz der Verifizierbarkeit** als Grundsatz der Nachhaltigkeitsberichterstattung.

Es konnte des Weiteren geschlussfolgert werden, dass eine **qualitativ hochwertige Nachhaltigkeitsberichterstattung** nicht nur Informationen beinhaltet, die das berichterstattende Unternehmen verantwortungsvoll und nachhaltig erscheinen lässt. Insbesondere im Zusammenhang mit der Nachhaltigkeitsberichterstattung erwächst die Glaubwürdigkeit der Berichterstattung auch aus einer **ausgewogenen Darstellung** von positiven und negativen Aspekten, was den **Grundsatz der Glaubwürdigkeit** als Grundsatz der Nachhaltigkeitsberichterstattung widerspiegelt.

Insgesamt wurden mit den vorliegenden Ausführungen begriffliche Grundlagen, Notwendigkeit und Nutzen von Nachhaltigkeitsberichterstattung für Unternehmen und Berichtsadressaten umfassend theoretisch beleuchtet und eine Bestandsaufnahme zur Praxis der aktuellen Nachhaltigkeitsberichterstattung von DAX-30-Unternehmen vorgenommen. Durch die **solide theoretische Fundierung** einerseits und den **starken Praxisbezug** andererseits generieren die Ausführungen idealerweise nicht für **Studierende** an Universitäten und Fachhochschulen einen Mehrwert, sondern besonders auch für **Praktiker**, die mit der Nachhaltigkeitsberichterstattung von Unternehmen befasst sind. Die dargestellten theoretischen Grundlagen und Best-Practice-Beispiele sollen Unternehmen auch dabei unterstützen, die Ausgestaltung einer eigenen Nachhaltigkeitsberichterstattung weiterzuentwickeln.

8 Verzeichnisse

8.1 Abkürzungsverzeichnis

AA	AccountAbility
Abb.	Abbildung
ABl.	Amtsblatt
Abs.	Absatz
AG	Aktiengesellschaft
AKEU	Arbeitskreis Externe Unternehmensrechnung der Schmalenbach-Gesellschaft für Betriebswirtschaft e. V.
AktG	Aktiengesetz
APS	Accountability Principles Standard
Art.	Artikel
AS	Assurance Standard
Aufl.	Auflage
Az.	Aktenzeichen
BASF	(ehemals) Badische Anilin- & Soda-Fabrik
BMAS	Bundesministerium für Arbeit und Soziales
BMW	Bayrische Motorenwerke
BVI	Bundesverband Investment und Asset Management e. V.
CDP	Carbon Disclosure Project
CERES	Coalition for Environmentally Responsible Economies
ch	Top-Level Domain der schweizerischen Eidgenossenschaft
Co.	Compagnie
COP	Communication on Progress
CSA	Corporate Sustainability Assessment
CSR	Corporate Social Responsibility
DAX	Deutscher Aktienindex
DCGK	Deutscher Corporate Governance Kodex
de	Top-Level-Domain der Bundesrepublik Deutschland
DHL	Dalsey Hillblom Lynn
DIN	Deutsches Institut für Normung
DIRK	Deutscher Investor Relations Verband e. V.
DJSI	Dow Jones Sustainability Index
DNK	Deutscher Nachhaltigkeitskodex
DRÄS	Deutschen Rechnungslegungs Änderungsstandard

DRS	Deutscher Rechnungslegungs Standard
DRSC	Deutsches Rechnungslegungs Standards Committee e. V.
DSR	Deutscher Standardisierungsrat
d. Verf.	der Verfasser
DVFA	Deutsche Vereinigung für Finanzanalyse und Asset Management
EC	European Commission
EDGAR	Electronic Data Gathering, Analysis, and Retrieval System
EFFAS	European Federation of Financial Analysts Societies
EG	Europäische Gemeinschaft
E.ON	aus dem englischen Eon - Äon
ESG	Environmental, Social & Governance Issues
EStG	Einkommensteuergesetz
et al.	et alii
EU	Europäische Union
EVA	Economic Value Added
EWG	Europäische Wirtschaftsgemeinschaft
EY	Ernst & Young
f.	folgende
ff.	fortfolgende
FL	Florida
FTSE4Good	Financial Times Stock Exchange for Good
GoB	Grundsätze ordnungsmäßiger Buchführung
GRI	Global Reporting Initiative
HFA	Hauptfachausschuss des Instituts der Wirtschaftsprüfer in Deutschland e. V.
HGB	Handelsgesetzbuch
Hrsg.	Herausgeber
IDW	Institut der Wirtschaftsprüfer in Deutschland e. V.
IDW HFA	IDW Hauptfachausschuss
IDW PS	IDW Prüfungsstandard
IDW RH	IDW Rechnungslegungshinweis
IDW RS	IDW Stellungnahme zur Rechnungslegung
IFAC	International Federation of Accountants
IFRS	International Financial Reporting Standards
IIRC	International Integrated Reporting Council

IÖW	Institut für ökologische Wirtschaftsforschung
IR	Investor Relations/Integrated Reporting
ISAE	International Standard on Assurance Engagements
ISO	Internationale Organisation für Normung
KGaA	Kommanditgesellschaft auf Aktien
KMU	kleine und mittlere Unternehmen
KPI	Key Performance Indicator
KPMG	Klynveld Peat Main Goerdeler
MSM	Mercator School of Management
m. w. N.	mit weiteren Nachweisen
net	Top-Level Domain ursprünglich primär für Internetanbieter
NGO	Non-Governmental-Organization
NY	New York
OECD	Organisation für wirtschaftliche Zusammenarbeit und Entwicklung
org	Top-Level-Domain insbesondere für Organisationen
PLS	Partial Least Squares
PwC	PricewaterhouseCoopers
RGBl	Reichsgesetzblatt
Rn.	Randnummer
SAP	Systeme Anwendungen und Produkte
SASB	Sustainability Accounting Standards Board
SE	Societas Europaea
SEC	Securities Exchange Commision
SRS	Social Reporting Standard
Tab.	Tabelle
Tz.	Textziffer
T€	Tausend Euro
UN	United Nations
UNEP	Umweltprogramm der Vereinten Nationen
UNGC	United Nations Global Compact
USA	United States of America
z.	zu
z. T.	zum Teil
zzgl.	zuzüglich

8.2 Abbildungsverzeichnis

Abb. 2.1 Begriffsabgrenzung [in Anlehnung an Grüning (2011): 7]. ... 15
Abb. 2.2 Darstellung der Wertlücke [in Anlehnung an Wiedenhofer (2008); Theis (2014): 19]. ... 17
Abb. 2.3 Mögliche Stakeholder eines Unternehmens [in Anlehnung an Würz (2012); Theis (2014): 22]. ... 19
Abb. 2.4 Instrumente der Kapitalmarktkommunikation und Investor Relations [in Anlehnung an Wichels (2002): 22; Weiss/Hungenberg/Lingel (2010): 16; Theis (2014): 71]. ... 22
Abb. 3.1 Klassischer und ökonomischer Triple-Bottom-Line-Ansatz [in Anlehnung an Weber/Georg/Janke/Mack (2012): 17]. ... 27
Abb. 3.2 Begriffshierarchie. ... 30
Abb. 3.3 Nutzen von Nachhaltigkeitsberichterstattung [in Anlehnung an Brugger (2010): 29]. ... 35
Abb. 3.4 Chancen- und Risikopotenzial der Nachhaltigkeitsberichterstattung. ... 39
Abb. 4.1 Arten der Regulierung für Nachhaltigkeitsleistung und -berichterstattung [in Anlehnung an: Steurer (2015): 1206]. ... 43
Abb. 4.2 Die 20 Kriterien der DNK-Entsprechenserklärung. ... 51
Abb. 4.3 Struktur der GRI Standards [in Anlehnung an GRI 101: 3]. ... 58
Abb. 4.4 Berichterstattungsgrundsätze nach GRI. ... 60
Abb. 4.5 Wertschaffungsprozess nach IR Framework [in Anlehnung an Kajüter (2015): 33]. ... 64
Abb. 4.6 Prinzipien und Inhaltselemente eines Integrated Report. ... 66
Abb. 4.7 Das SASB Framework [entnommen aus: SASB (2017a): 1]. ... 74
Abb. 4.8 SASB sustainability topics [in Anlehnung an SASB (2017a): 4]. ... 74
Abb. 4.9 Die sieben Kernthemen nach ISO 26000 [in Anlehnung an Vitt et al. (2011): 27]. ... 85
Abb. 4.10 Grundsätze der Nachhaltigkeitsberichterstattung. ... 90
Abb. 6.1 Darstellung der Strategie bei der BMW AG [entnommen aus BMW (2016): 9]. ... 116
Abb. 6.2 Darstellung der Nachhaltigkeitsziele bei der BMW AG [entnommen aus BMW (2016): 13]. ... 117
Abb. 6.3 Darstellung der Integration von Nachhaltigkeit bei der BMW AG [entnommen aus BMW (2016): 15]. ... 118
Abb. 6.4 Darstellung der Nachhaltigkeitsorganisation bei der Daimler AG [entnommen aus Daimler (2016): 10]. ... 119
Abb. 6.5 Darstellung der Grundlagen des Nachhaltigkeitsmanagements bei der Daimler AG [entnommen aus Daimler (2016): 12]. ... 120

Abb. 6.6 Darstellung der Produktverantwortung bei der BMW AG [entnommen aus BMW (2016): 20]..121

Abb. 6.7 Darstellung der Nachhaltigkeit über den Produktlebenszyklus bei der BMW AG [entnommen aus BMW (2016): 25]...122

Abb. 6.8 Darstellung der Schadstoffemissionen der Fahrzeuge bei der BMW AG [entnommen aus BMW (2016): 26]...123

Abb. 6.9 Darstellung der Verantwortung in der Lieferkette bei der Adidas AG [entnommen aus Adidas (2016): 40]. 125

Abb. 6.10 Nachhaltigkeitsziele bezüglich der Lieferkette bei der Adidas AG [entnommen aus Adidas (2016): 43]...126

Abb. 6.11 Darstellung von Non-Compliance in der Lieferkette bei der Adidas AG [entnommen aus Adidas (2016): 69]...127

Abb. 6.12 Darstellung des Wesentlichkeitsprozesses bei der Deutsche Telekom AG [entnommen aus Deutsche Telekom (2016): 39]..129

Abb. 6.13 Darstellung der Wesentlichkeitsmatrix bei der Deutsche Telekom AG [entnommen aus Deutsche Telekom (2016): 41]...130

Abb. 6.14 Verknüpfung von wesentlichen Themen und GRI-Aspekten bei der Deutsche Telekom AG [entnommen aus Deutsche Telekom (2016): 42]....................131

8.3 Tabellenverzeichnis

Tab. 4.1 Inhaltselemente und zu beantwortende Fragen..69

Tab. 4.2 Die 10 Prinzipien des UN Global Compact [in Anlehnung an: UNGC (2017a)]..79

Tab. 4.3 Sieben Grundsätze nach ISO 26000 [in Anlehnung an Gerritsen (2016): 34 und BMAS (2011): 12-13]..84

Tab. 4.4 Vergleich der Prüfungsstandards ISAE 3000 und AA1000AS [leicht angepasst entnommen aus Gabriel (2015): 45.] 95

Tab. 5.1 Format der Nachhaltigkeitsberichterstattung im DAX 30. 99

Tab. 5.2 Verwendete Rahmenwerke bei der Nachhaltigkeitsberichterstattung im DAX 30. 101

Tab. 5.3 Externe Prüfung der Nachhaltigkeitsberichterstattung im DAX 30................105

Tab. 5.4 Hauptkriterien des IÖW/future Rankings...108

Tab. 5.5 Ergebnisse des IÖW/future-Rankings des Jahres 2015 [in Anlehnung an IÖW/future (2017d): 19ff.]...109

Tab. 5.6 DAX-30-Unternehmen im RobecoSAM Sustainability Yearbook 2017............. 111

8.4 Literaturverzeichnis

- **AccountAbility (2017)**: About AccountAbility. Online abrufbar unter: http://www.accountability.org/about-us/about-accountability/.
- **Achleitner, A.-K./Bassen, A. (2001)**: Konzeptionelle Einführung in die Investor Relations am Neuen Markt. In: Achleitner, A.-K./Bassen, A. (Hrsg.): Investor Relations am Neuen Markt – Zielgruppen, Instrumente, rechtliche Rahmenbedingungen und Kommunikationsinstrumente. Stuttgart: Schäffer-Poeschel: 3-22.
- **Adidas (2017)**: Ansatz zur Berichterstattung. Online abrufbar unter: https://www.adidas-group.com/de/nachhaltigkeit/berichte-policies-und-daten/ansatz-zur-berichterstattung/.
- **Adidas (2016)**: Adidas Sustainability Progress Report 2016. Online abrufbar unter: https://www.adidas-group.com/media/filer_public/08/7b/087bf055-d8d1-43e3-8adc-7672f2760d9b/2016_adidas_sustainability_progress_report.pdf.
- **Ahlers, S. (2000)**: Die organisatorische Einbindung von Investor Relations in das Unternehmen. In: Deutscher Investor Relations Kreis (DIRK) e. V. (Hrsg.): Investor Relations. Wiesbaden: Gabler: 29-34.
- **AKEU (2002)**: Grundsätze für das Value Reporting. In: Der Betrieb, 55 (45): 2337-2340.
- **Alparslan, A. (2006)**: Strukturalistische Prinzipal-Agent-Theorie. Wiesbaden: Deutscher Universitäts-Verlag.
- **Amran, A./Ooi, S. K. (2014)**: Sustainability reporting: meeting stakeholder demands. In: Strategic Direction, 30 (7): 38-41.
- **Arnold, J. (2012)**: CSR-Kommunikation am nachhaltigen Kapitalmarkt. In: UmweltWirtschaftsForum, 19 (3-4): 229-236.
- **Barbier, E. B. (1987)**: The Concept of Sustainable Economic Development. In: Environmental Conversation, 14 (2): 101-110.
- **Bassen, A. (2013)**: Analyse der Umsetzung und Wirksamkeit des DNK. Ergebnisse des Reviews. Online abrufbar unter: http://www.deutscher-nachhaltigkeitskodex.de/fileadmin/user_upload/dnk/dok/analysen/DNK-Review_komplett_Prof_Bassen_13-01-2013.pdf.
- **Baum, H.-G./Coenenberg, A. G./Günther, T. (2007)**: Strategisches Controlling, 4. Aufl. Stuttgart: Schäffer-Poeschel.
- **Benn, S./Bolton, D. (2011)**: Key Concepts in Corporate Social Responsibility. London: Sage.
- **Bentele, G./Will, M. (2006)**: Public Relations als Kommunikationsmanagement. In: Schmid, B. F./Lyczek, B (Hrsg.): Unternehmenskommunikation. Kommunikationsmanagement aus Sicht der Unternehmensführung. Wiesbaden: Gabler: 151-181.
- **Bergius, S. (2015)**: CSR und Finanzmarkt – Investoren fordern ESG-Leistungen und Transparenz von Unternehmen. In: Schneider, A./Schmidpeter, R. (Hrsg.):

Corporate Social Responsibility. Verantwortungsvolle Unternehmensführung in Theorie und Praxis, 2. Aufl. Berlin: Springer Gabler: 1003-1022.
- **Beschorner, T./Vorbohle, K. (2008)**: Neue Spielregeln für eine (verantwortliche) Unternehmensführung. In: Schmidt, M./Beschorner, T. (Hrsg.): Corporate Social Responsibility und Corporate Citizenship, 2. Aufl. München: Rainer Hampp: 105-114.
- **Biehal, G. J./Sheinin, D. A. (2007)**: The influence of corporate messages on the product portfolio. In: Journal of Marketing, 71 (2): 12-25.
- **Birkigt, K./Stadler, M. M. (2002)**: Corporate Identity – Grundlagen. In: Birkigt, K./Stadler, M. M./Funk, H. J. (Hrsg.): Corporate Identity: Grundlagen, Funktionen, Fallbeispiele, 11. Aufl. München: Moderne Industrie: 11-61.
- **Bischoff, J. (1994)**: Das Shareholder-Value-Konzept: Darstellung – Probleme – Handhabungsmöglichkeiten. Wiesbaden: Deutscher Universitäts-Verlag.
- **BMAS (2011)**: Die DIN ISO 26000 „Leitfaden zur gesellschaftlichen Verantwortung von Organisationen". Ein Überblick. Online abrufbar unter: http://www.bmas.de/SharedDocs/Downloads/DE/PDF-Publikationen/a395-csr-din-26000.pdf;jsessionid=C617D5F74CAAD8CDA6D5E40139BF5D89?__blob=publicationFile&v=2.
- **BMW (2016)**: Sustainable Value Report 2016. Online abrufbar unter: https://www.bmwgroup.com/content/dam/bmw-group-websites/bmwgroup_com/ir/downloads/de/2016/BMW-Group-Nachhaltigkeitsbericht-2016--DE.pdf.
- **Breuer, W. (2000)**: Investor Relations als Bestandteil eines Shareholder-Value-Konzeptes. In: Deutscher Investor Relations Kreis e. V. (Hrsg.): Investor Relations – Professionelle Kapitalmarktkommunikation. Wiesbaden: Gabler: 259-266.
- **Brown, T. J./Dacin, P. A. (1997)**: The company and the product: Corporate associations and consumer product responses. In: Journal of Marketing, 61 (1): 68-84.
- **Brugger, F. (2010)**: Nachhaltigkeit in der Unternehmenskommunikation. Bedeutung, Charakteristika und Herausforderungen. Wiesbaden: Gabler.
- **Busco, C. et al. (2013)**: Integrated Reporting. Concepts and Cases that Redefine Corporate Accountability. Cham, Heidelberg, New York, Dordrecht, London: Springer.
- **BVI (2017)**: Fakten zu Fonds. Online abrufbar unter: https://www.bvi.de/uploads/tx_bvibcenter/BVI_4333_2017_Faktenheft_quadratisch_148x148mm_V10_RZ04_web.pdf.
- **Carlowitz, H. C. von (1713)**: Sylvicultura Oeconomica oder Haußwirthliche Nachricht und Naturmäßige Anweisung zur Wilden Baum-Zucht. Leipzig: Johann Friedrich Braun.
- **Cavanagh, G. (2004)**: Global Business Ethics: Regulation, Code, or Self-Restraint. In: Business Ethics Quarterly, 14 (4): 625-642.

- **CDP (2017)**: About us. Online abrufbar unter: https://www.cdp.net/de/info/about-us.
- **Clausen, J./Loew, T. (2005)**: Mehr Glaubwürdigkeit durch Testate? Internationale Analyse des Nutzens von Testaten in der Umwelt- und Nachhaltigkeitsberichterstattung. Kurzfassung. Online abrufbar unter: http://www.4sustainability.de/fileadmin/redakteur/bilder/Publikationen/testate_studie_kurzfassung.pdf.
- **Coenenberg, A. G./Salfeld, R. (2003)**: Wertorientierte Unternehmensführung – Vom Strategieentwurf zur Implementierung. Stuttgart: Schäffer-Poeschel.
- **Copeland, T./Koller, T./Murrin, J. (2000)**: Valuation – Measuring and Managing the Value of Companies, 3. Aufl. New York (NY): John Wiley & Sons.
- **Curbach, J. (2009)**: Die Corporate-Social-Responsibility-Bewegung. Wiesbaden: VS Verlag für Sozialwissenschaften.
- **Cyert, R. M./March, J. G. (1963)**: A Behavioral Theory of the Firm. Englewood Cliffs (NY): Prentice Hall.
- **Czada, P. (1984)**: Wirtschaft – Aktuelle Probleme des Wachstums und der Konjunktur, 5. Aufl. Opladen: Leske Verlag.
- **Dahl, R. (2010)**: Green Washing. Do you know what you are buying? In: Environmental Health Perspectives, 118 (6): A246-A252.
- **Daily, G. C. (1997)**: Introduction: What are Ecosystem Services? In: Daily, G. C. (Hrsg.): Nature's Services – Societal Dependence on Natural Ecosystems. Washington: Island Press: 1-10.
- **Daimler (2016)**: Nachhaltigkeitsbericht 2016. Online abrufbar unter: https://www.daimler.com/dokumente/nachhaltigkeit/sonstiges/daimler-nachhaltigkeitsbericht-2016.pdf.
- **Davis, K. (1973)**: The Case for and Against Business Assumption of Social Responsibilities. In: Academy of Management Journal, 16 (2): 312-322.
- **Deutsche Telekom (2016)**: Corporate Responsibility Bericht 2016. Online abrufbar unter: https://www.cr-bericht.telekom.com/site17/sites/default/files/pdf/cr_de_2016_dt_final.pdf.
- **DIRK (2013)**: Berufsgrundsätze des DIRK – Deutscher Investor Relations Verband e. V. in der Fassung von 2013.
- **DJSI (2017)**: Dow Jones Sustainability Indices. Online abrufbar unter: http://www.sustainability-indices.com/index-family-overview/djsi-family-overview/index.jsp.
- **Duong Dinh, H. V. (2011)**: Corporate Social Responsibility: Determinanten der Wahrnehmung, Wirkungsprozesse und Konsequenzen. Wiesbaden: Gabler Verlag.
- **Durchschein, C. (2017)**: Einfluss des Wandels der Unternehmensberichterstattung auf die Informationsfunktion des Wirtschaftsprüfers. Wiesbaden: Springer Gabler.

- **Düsterlho, J. E. von (2003)**: Das Shareholder-Value-Konzept – Methodik und Anwendung im strategischen Management. Wiesbaden: Deutscher Universitäts-Verlag.
- **DVFA (2008)**: DVFA-Grundsätze für Effektive Finanzkommunikation. DFVA-Finanzschriften Nr. 02/06. Online abrufbar unter: http://www.dvfa.de/fileadmin/downloads/Publikationen/Standards/grundsaetze_effektive_finanzkommunikation.pdf.
- **DVFA/EFFAS (2010)**: KPIs for ESG. A Guideline for the Integration of ESG into Financial Analysis and Corporate Valuation. Version 3.0. Online abrufbar unter: http://www.dvfa.de/fileadmin/downloads/Publikationen/Standards/KPIs_for_ESG_3_0_Final.pdf.
- **Elkington, J. (1997)**: Cannibals with Forks: the Triple Bottom Line of 21st Century Business. Oxford: Capstone.
- **EU Kommission (2011)**: A renewed EU strategy 2011-14 for Corporate Social Responsibility, COM(2011) 681 final. Online abrufbar unter: http://eur-lex.europa.eu/LexUriServ/LexUriServ.do?uri=COM:2011:0681:FIN:en:PDF.
- **Eurosif (2008)**: European SRI Study 2008. Online abrufbar unter: http://www.eurosif.org/wp-content/uploads/2014/04/eurosif_sristudy_2008_global_01.pdf.
- **EY (2014)**: Pflicht oder Kür? Online abrufbar unter: http://www.ey.com/Publication/vwLUAssets/EY_Studie_-_Pflicht_oder_Kuer/$FILE/EY-Studie-PflichtoderKuer-2014.pdf.
- **EY (2011)**: Integrated Reporting. Online abrufbar unter: http://www.ey.com/Publication/vwLUAssets/CCaSS_News_-_Ausgabe_15_-_Integrated_Reporting/$FILE/CCaSS-News_15_%20%20IntegratedReporting.pdf.
- **Forum Nachhaltige Geldanlagen (2017)**: Marktbericht Nachhaltige Geldanlagen 2017. Deutschland, Österreich und die Schweiz. Berlin: Online abrufbar unter: http://www.forum-ng.org/images/stories/Publikationen/fng_marktbericht_2017_online.pdf.
- **Forum Nachhaltige Geldanlagen (2016)**: Marktbericht Nachhaltige Geldanlagen 2016. Deutschland, Österreich und die Schweiz. Online abrufbar unter: http://www.sustainablefinance.ch/upload/cms/user/20160510_FNG_Marktbericht_2016_online.pdf.
- **Forum Nachhaltige Geldanlagen (2015)**: Marktbericht Nachhaltige Geldanlagen 2015. Deutschland, Österreich und die Schweiz. Online abrufbar unter: http://www.sustainablefinance.ch/upload/cms/user/201505_fng_marktbericht2015_online.pdf.
- **Forum Nachhaltige Geldanlagen (2008)**: Statusbericht Nachhaltiger Anlagemarkt 2008. Deutschland, Österreich und die Schweiz. Online abrufbar unter: http://www.forum-ng.org/images/stories/nachhaltige_geldanlagen/statusbericht_fng_2008.pdf.
- **Freeman, R. E. (1984)**: Strategic Management – A Stakeholder Approach. Cambridge: Cambridge University Press.

- **Freeman, R. E. et al. (2010)**: Stakeholder Theory – The State of the Art. Cambridge: Cambridge University Press.
- **Future (2017)**: future-Profil. Online abrufbar unter: http://www.future-ev.de/index.php?id=54.
- **Gabriel, A. (2015)**: Freiwillige Veröffentlichung und Prüfung von GRI-Nachhaltigkeitsberichten. Eine empirische Analyse auf dem europäischen Kapitalmarkt. Wiesbaden: Springer Gabler.
- **Gerritsen, A. D. (2016)**: Corporate Social Responsibility Theorien. Das Konzept der sozialen und nachhaltigen Verantwortung von Unternehmen in der Wissenschaft und der deutschen Unternehmenspraxis. Dissertation Universität Duisburg-Essen. Online abrufbar unter: http://duepublico.uni-duisburg-essen.de/servlets/DerivateServlet/Derivate-43511/Gerritsen_Diss.pdf.
- **Gorr, C. (2008)**: Investor Relations und Shareholder Value: Erweiterte Inhalte der Kapitalmarktkommunikation im Rahmen der wertorientierten Unternehmensführung. Saarbrücken: Verlag Dr. Müller.
- **Greening, D. W./Turban, D. B. (2000)**: Corporate Social Performance as a Competitive Advantage in Attracting a Quality Workforce. In: Business & Society, 39 (3): 254-280.
- **GRI (2017a)**: About GRI. Online abrufbar unter: https://www.globalreporting.org/information/about-gri/Pages/default.aspx.
- **GRI (2017b)**: GRI's History. Online abrufbar unter: https://www.globalreporting.org/information/about-gri/gri-history/Pages/GRI's%20history.aspx.
- **GRI (2015a)**: Berichterstattungsgrundsätze und Standardangaben. Amsterdam: GRI. Online abrufbar unter: https://www.globalreporting.org/resourcelibrary/German-G4-Part-One.pdf.
- **GRI (2015b)**: Umsetzungsanleitung. Amsterdam: GRI. Online abrufbar unter: https://www.globalreporting.org/resourcelibrary/German-G4-Part-Two.pdf.
- **Grober, U. (2010)**: Die Entdeckung der Nachhaltigkeit. München: Antje Kunstmann Verlag.
- **Grolin, J. (1998)**: Corporate Legitimacy in Risk Society: The Case of Brent Spar. In: Business Strategy and the Environment, 7 (4): 213-222.
- **Grüning, M. (2011)**: Publizität börsennotierter Unternehmen. Wiesbaden: Gabler.
- **Grunwald, A./Kopfmüller, J. (2012)**: Nachhaltigkeit. Eine Einführung, 2. Aufl. Frankfurt: Campus Verlag.
- **Guatri, L. (1994)**: Theorie der Unternehmenswertsteigerung. Ein europäischer Ansatz. Wiesbaden: Gabler.
- **Gunningham, N./Rees, J. (1997)**: Industry Self-Regulation: An Institutional Perspective. In: Law & Policy, 19 (4): 364-414.

- **Hahn, R. (2013)**: ISO 26000 and the Standardization of Strategic Management Processes for Sustainability and Corporate Social Responsibility. In: Business Strategy and the Environment, 22 (7): 442-455.
- **Haq, M. u. (1972)**: Die Grenzen des Wachstums, eine Kritik. In: Finanzierung und Entwicklung, 4 (4).
- **Hartmann, H. K. (1968)**: Die große Publikumsgesellschaft und ihre Investor Relations. Berlin: Duncker & Humblot.
- **Hauff, M. von (2014)**: Nachhaltige Entwicklung. Grundlagen und Umsetzung, 2. Aufl. München: Oldenbourg Wissenschaftsverlag.
- **Heins, B. (1994)**: Nachhaltige Entwicklung – aus sozialer Sicht. In: Zeitschrift für angewandte Umweltforschung, 7: 19-25.
- **Hentze, J./Thies, B. (2014a)**: Nachhaltigkeitsmanagement und -berichterstattung. Konzept und ausgewählte Standards. In: Wirtschaftswissenschaftliches Studium, 43 (8): 414-421.
- **Hentze, J./Thies, B. (2014b)**: Stakeholder-Management und Nachhaltigkeits-Reporting. Berlin: Springer Gabler.
- **Heuser, P. J. (1998)**: Publizität. In: Busse von Colbe, W./Pellens, W. (Hrsg.): Lexikon des Rechnungswesens: Handbuch der Bilanzierung und Prüfung, der Erlös-, Finanz-, Investitions- und Kostenrechnung, 4. Aufl. München: Oldenbourg: 587-591.
- **Höschen, N./Vu, A. (2008)**: Möglichkeiten und Herausforderungen der Prüfung von Nachhaltigkeitsberichten. In: Die Wirtschaftsprüfung 61 (9): 378-387.
- **IÖW (2017a)**: Das IÖW. Online abrufbar unter: https://www.ioew.de/das-ioew/.
- **IÖW (2017b)**: Digitaler Wandel. Online abrufbar unter: https://www.ioew.de/digitaler-wandel/.
- **IÖW (2016)**: Leitbild des Instituts für ökologische Wirtschaftsforschung (IÖW). Online abrufbar unter: https://www.ioew.de/fileadmin/user_upload/BILDER_und_Downloaddateien/Publikationen/2016/IOEW_Leitbild.pdf.
- **IÖW/future (2017a)**: Ranking-Methodik. Online abrufbar: http://www.ranking-nachhaltigkeitsberichte.de/das-ranking/ranking-methodik.html.
- **IÖW/future (2017b)**: Ziele des Rankings. Online abrufbar: http://www.ranking-nachhaltigkeitsberichte.de/das-ranking/ziele-des-rankings.html.
- **IÖW/future (2017c)**: Warum Nachhaltigkeitsberichte? Online abrufbar: http://www.ranking-nachhaltigkeitsberichte.de/das-ranking/warum-nachhaltigkeitsberichte.html.
- **IÖW/future (2017d)**: Das Ranking der Nachhaltigkeitsberichte 2015. Online abrufbar unter: http://www.ranking-nachhaltigkeitsberichte.de/data/ranking/user_upload/2015/Ranking_Nachhaltigkeitsberichte_2015_Ergebnisbericht_mit_Branchenauswertung.pdf.

- **IÖW/future (2016)**: Anforderungen an die Nachhaltigkeitsberichterstattung: Kriterien und Bewertungsmethode im IÖW/future-Ranking 2015. Online abrufbar unter: http://www.ranking-nachhaltigkeitsberichte.de/data/ranking/user_upload/2015/I%C3%96W-future-Ranking_2015_Bewertungskriterien_Gro%C3%9Funternehmen.pdf.
- **ISO (2017)**: Erläuterungen zum ISO 26000. Online abrufbar unter: https://www.iso.org/iso-26000-social-responsibility.html.
- **Janik, A. (2002)**: Investor Relations in der Unternehmenskommunikation. Wiesbaden: Verlag für Sozialwissenschaften.
- **Janisch, M. (1993)**: Das strategische Anspruchsgruppenmanagement. Vom Shareholder Value zum Stakeholder Value. Bern: Haupt.
- **Kajüter, P. (2015)**: Integrated Reporting nach dem Rahmenkonzept des IIRC: Implikationen für Rechnungslegung und Controlling. In: Gleich, R. et al. (Hrsg.): Integrated Reporting. Externe Berichterstattung und interne Steuerung nachhaltig verbessern. Freiburg, München: Haufe: 27-40.
- **Kajüter, P./Hannen, S. (2014)**: Integrated Reporting nach dem Rahmenkonzept des IIRC. Anforderungen, Anwendungen und offene Fragen. In: Kapitalmarktorientierte Rechnungslegung, 14 (2): 75-81.
- **Kiener, S. (1990)**: Die Principal-Agent-Theorie aus informationsökonomischer Sicht. Heidelberg: Physica-Verlag.
- **Kirchhoff, K. R. (2005)**: Grundlagen der Investor Relations. In: Kirchhoff, K. R./Piewinger, M. (Hrsg.): Praxishandbuch Investor Relations: das Standardwerk der Finanzkommunikation. Wiesbaden: Gabler: 31-54.
- **Kleine, A. (2009)**: Operationalisierung einer Nachhaltigkeitsstrategie: Ökologie, Ökonomie und Soziales integrieren. Wiesbaden: Gabler.
- **Kleine, A. (1995)**: Entscheidungstheoretische Aspekte der Principal-Agent-Theorie. Heidelberg: Physica-Verlag.
- **Kleinfeld A./Martens A. (2014)**: Transparenz: Berichterstattung über Nachhaltigkeitsleistungen. In: Schulz T./Bergius S. (Hrsg.): CSR und Finance. Management-Reihe Corporate Social Responsibility. Berlin, Heidelberg: Springer Gabler: 219-235.
- **Knoepfel, I (2009)**: Mainstreaming of climate risks and opportunities in the financial sector: observed and expected impacts of the current financial crisis on the investment industry's consideration of ESG and climate-related issues. Bonn: Germanwatch e. V.
- **Knyphausen, D. z. (1992)**: Wertorientiertes Strategisches Management. In: Zeitschrift für Planung, 3 (4): 331-352.
- **KPMG (2015)**: Currents of Change. The KPMG Survey of Corporate Responsibility Reporting 2015. Online abrufbar unter: https://assets.kpmg.com/content/dam/kpmg/pdf/2016/02/kpmg-international-survey-of-corporate-responsibility-reporting-2015.pdf.

- **Kuhnle, H./Banzhaf, J. (2006)**: Finanzkommunikation unter IFRS. München: Vahlen.
- **Lackmann, J. (2010)**: Die Auswirkungen der Nachhaltigkeitsberichterstattung auf den Kapitalmarkt. Eine empirische Analyse. Wiesbaden: Gabler.
- **Langenscheidt (2017)**: Wörterbuch Englisch. München: Langenscheidt.
- **Leisinger, K. (2002)**: Globalisierung mit menschlichem Antlitz: Die Möglichkeiten und Grenzen des United Nations Global Compact bei Novartis. In: Zeitschrift für Wirtschafts- und Unternehmensethik, 3 (3): 406-437.
- **Lin-Hi (2014a)**: Stichwort „Greenwashing". In: Winter, E. (Hrsg.): Gabler Wirtschaftslexikon G-Kn, 18. Aufl. Wiesbaden: Springer Gabler: 1378.
- **Lin-Hi (2014b)**: Stichwort „License to Operate". In: Winter, E. (Hrsg.): Gabler Wirtschaftslexikon Ko-Pe, 18. Aufl. Wiesbaden: Springer Gabler: 2009.
- **Loew, T. et al. (2004)**: Bedeutung der CSR-Diskussion für Nachhaltigkeit und die Anforderungen an Unternehmen. Online abrufbar unter: http://www.4sustainability.de/fileadmin/redakteur/bilder/Publikationen/Loew-etal-2004-CSR-Studie-Kurzfassung-d.pdf.
- **Lubitzsch, K. (2008)**: Prüfungssicherheit bei betriebswirtschaftlichen Prüfungen. Düsseldorf: IDW Verlag.
- **Mahoney, L. S. et al. (2013)**: A research note on standalone corporate social responsibility reports: Signaling or greenwashing? In: Critical Perspectives on Accounting, 24 (4-5): 350-359.
- **Marten, K.-U./Quick, R./Ruhnke, K. (2015)**: Wirtschaftsprüfung, 5. Aufl. Stuttgart: Schäffer Poeschel.
- **Mast, C. (2008)**: Unternehmenskommunikation, 3. Aufl. Stuttgart: Lucius & Lucius.
- **Meadows, D. (1972)**: Die Grenzen des Wachstums. Bericht des Club of Rome zur Lage der Menschheit. Stuttgart: Deutsche Verlags-Anstalt.
- **Merkt, H. (2001)**: Unternehmenspublizität: Offenlegung von Unternehmensdaten als Korrelat der Marktteilnahme. Tübingen: Mohr Siebeck.
- **Mohr, L. A./Webb, D. J./Harris, K. E. (2001)**: Do consumers expect companies to be socially responsible? The impact of corporate social responsibility on buying behavior. In: Journal of Consumer Affairs, 35 (1): 45-72.
- **Morrison, J. (2014)**: The social license to operate. How to keep your organization legitimate. Basingstoke: Palgrave Macmillan.
- **Ninck, M. (1997)**: Zauberwort Nachhaltigkeit. Zürich: vdf Hochschulverlag.
- **Nolte, A./Oppel, J. (2008)**: Klimawandel: Eine Herausforderung für die Wirtschaft. Handlungsoptionen für Industrieunternehmen in Deutschland. Hamburg: Diplomica Verlag.
- **Öberseder, M./Schlegelmilch, B. B./Murphy, P. E. (2013)**: CSR practices and consumer perceptions. In: Journal of Business Research, 66 (10): 1839-1851.

- **OECD (2017)**: About the OECD. Online abrufbar unter: http://www.oecd.org/about/.
- **OECD (2011)**: OECD-Leitsätze für multinationale Unternehmen. OECD Publishing. Online abrufbar unter: http://dx.doi.org/ 10.1787/9789264122352-de.
- **Oppermann, K. (2008)**: Prinzipale und Agenten in Zwei-Ebenen-Spielen: Die innerstaatlichen Restriktionen der Europapolitik Großbritanniens unter Tony Blair. Wiesbaden: VS Verlag für Sozialwissenschaften.
- **Owen, G. (2013)**: Integrated Reporting: A Review of Developments and their Implications for the Accounting Curriculum. In: Accounting Education, 22 (4): 340-355.
- **Perrin, I. (2010)**: Medien als Chance und Risiko. Eine Untersuchung zum Verhältnis von Wirtschaftsunternehmen und Medienorganisationen. Bern: Haupt.
- **Pfeffer, J. (1994)**: Competitive advantage through people. In: California Management Review, 36 (2): 9-28.
- **Pleier, Niels (2008)**: Performance-Measurement-Systeme und der Faktor Mensch – Leistungssteigerung effektiver gestalten. Wiesbaden: Gabler.
- **Quick, R./Knocinski, M. (2006)**: Nachhaltigkeitsberichterstattung – empirische Befunde zur Berichtspraxis von HDAX-Unternehmen. In: Zeitschrift für Betriebswirtschaft, 76 (6): 615-650.
- **Rappaport, A. (1995)**: Shareholder-Value, 2. Aufl. Stuttgart: Schäffer-Poeschel.
- **Rappaport, A. (1986)**: Creating Shareholder Value – The New Standard for Business Performance. New York (NY): The Free Press.
- **Rasche, A. (2012)**: Global Policies and Local Practice: Loose and Tight Couplings in Multi-Stakeholder Initiatives. In: Business Ethics Quarterly, 22 (4): 679-708.
- **Rat für Nachhaltige Entwicklung (2017a)**: Der Deutsche Nachhaltigkeitskodex. Maßstab für nachhaltiges Wirtschaften. 4. aktualisierte Fassung 2017. Online abrufbar unter: http://www.deutscher-nachhaltigkeitskodex.de/fileadmin/user_upload/dnk/dok/kodex/DNK_Broschuere_2017.pdf.
- **Rat für Nachhaltige Entwicklung (2017b)**: Glossar: Rat für Nachhaltige Entwicklung. Online abrufbar unter: http://www.deutscher-nachhaltigkeitskodex.de/de/anwendung/glossar.html ?tx_smileglossary_pi1%5Bword%5D=63.
- **Rat für Nachhaltige Entwicklung (2013)**: Analyse der Umsetzung und Wirksamkeit des Deutschen Nachhaltigkeitskodex – Ein Review. Zusammenfassung der Ergebnisse aus der Untersuchung. Online abrufbar unter: http://www.deutscher-nachhaltigkeitskodex.de/fileadmin/user_upload/dnk/dok/analysen/DNK-Analyse_Zusammenfassung_06-02-2013.pdf.
- **Riedl, J. B. (2000)**: Unternehmenswertorientiertes Performance Measurement. Konzeption eines Performance-Measurement-Systems zur Implementierung einer wertorientierten Unternehmensführung. Wiesbaden: Deutscher Universitäts-Verlag.

- **Rieth, L. (2003)**: Deutsche Unternehmen, Soziale Verantwortung und der Global Compact. In: Zeitschrift für Wirtschafts- und Unternehmensethik, 4 (3): 372-391.
- **RobecoSAM (2017)**: The Sustainability Yearbook 2017. Online abrufbar unter: https://yearbook.robecosam.com/downloads/.
- **Roiger, M. B. (2007)**: Gestaltung von Anreizsystemen und Unternehmensethik. München: Gabler.
- **Rousek, O. (1995)**: Integrative Anreizsysteme. Aachen: Shaker Verlag.
- **SASB (2017b)**: Materiality Map. Online abrufbar unter: https://materiality.sasb.org/?hsCtaTracking=28ae6e2d-2004-4a52-887f-819b72e-9f70a%7C160e7227-a2ed-4f28-af33-dff50a769cf4.
- **SASB (2017d)**: Global Issues, Domestic Legal Framework. Online abrufbar unter: https://www.sasb.org/blog-global-issues-domestic-legal-framework/.
- **Schmiedeknecht, M. H./Wieland, J. (2012)**: ISO 26000, 7 Grundsätze, 6 Kernthemen. In: Schneider, A./Schmidpeter, R. (Hrsg.): Corporate Social Responsibility. Verantwortungsvolle Unternehmensführung in Theorie und Praxis. Heidelberg: Springer Gabler: 259-270.
- **Schneider, D. (1989)**: Marktwirtschaftlicher Wille und planwirtschaftliches Können: 40 Jahre Betriebswirtschaftslehre im Spannungsfeld zur marktwirtschaftlichen Ordnung. In: Zeitschrift für betriebswirtschaftliche Forschung, (41) 1: 11-43.
- **Schwartz, B./Tilling, K. (2009)**: 'ISO-lating' Corporate Social Responsibility in the Organizational Context: A Dissenting Interpretation of ISO 26000. In: Corporate Social Responsibility and Environmental Management, 16 (5): 289-299.
- **SEC (2017)**: Index to Forms, extract from EDGAR Filer Manual (Volume II) EDGAR Filing (Version 40). Online abrufbar unter: https://www.sec.gov/info/edgar/forms/edgform.pdf.
- **Shahudin, M. H. bin/Md Shah, M. A. M. bin/Mahzan, S. bin (2015)**: Modelling the greenwashing behavior among Malaysian firms: The roles of organizational and individual drivers. In: International Journal of Business, Economics and Law, 7 (2): 8-12.
- **Skrzipek, M. (2005)**: Shareholder-Value versus Stakeholder-Value. Wiesbaden: Deutscher Universitäts-Verlag.
- **Smith, F. (1997)**: A Synthetic Framework and a Heuristic for Integrating Multiple Perspectives on Sustainability. In: Smith, F. (Hrsg.): Environmental Sustainability: Practical Global Implications. Boca Raton (FL): CRC Press: 1-26.
- **Snell, S. A./Youndt, M. A./Wright, P. M. (1996)**: Establishing a framework for research in strategic human resource management: Merging resource theory and organizational learning. In Ferris, G. (Hrsg.): Research in Personnel and Human Resources Management, 14. Aufl. Bingley: Emerald: 61-90.
- **Spremann, K. (1991)**: Probleme der Erfolgsmessung. In: Wirtschaftswoche vom 20.09.1991: 90-96.

- **Steinke, K. H. et al. (2014)**: Green Controlling. Leitfaden für die erfolgreiche Integration ökologischer Zielsetzungen in Unternehmensplanung und -steuerung. Freiburg: Haufe.
- **Sterzenbach, S. (2010)**: Shared Service Center-Controlling. Theoretische Ausgestaltung und empirische Befunde in deutschen Unternehmen. Frankfurt am Main: Peter Lang.
- **Steurer, R. (2015)**: Die Rolle der Politik im Themenfeld CSR. In: Schneider, A./Schmidpeter, R. (Hrsg.): Corporate Social Responsibility. Verantwortungsvolle Unternehmensführung in Theorie und Praxis, 2. Aufl. Berlin: Springer Gabler: 1197-1214.
- **Stewart, B./Stern, J. (1991)**: The Quest for Value: The EVA Management Guide. New York (NY): Harper Business.
- **Teece, D. (1998)**: Capturing value from knowledge assets: The new economy, markets for know-how, and intangible assets. In: California Management Review, 40 (3): 55-79.
- **Theis, J. C. (2014)**: Kommunikation zwischen Unternehmen und Kapitalmarkt: Eine theoretische und empirische Analyse von Informationsasymmetrien im Unternehmensumfeld. Wiesbaden: Springer Gabler.
- **Turban, D. B./Greening, D. W. (1997)**: Corporate social performance and organizational attractiveness to prospective employees. In: Academy of Management Journal, 40 (3): 658-672.
- **UNGC (2017a)**: Die zehn Prinzipien des Global Compact. Online abrufbar unter: https://www.globalcompact.de/de/ueber-uns/Dokumente-Ueber-uns/DIE-ZEHN-PRINZIPIEN-1.pdf.
- **UNGC (2017b)**: Participants. Online abrufbar unter: https://www.unglobalcompact.org/what-is-gc/participants.
- **UNGC (2017c)**: United Nations Global Compact. Online abrufbar unter: https://www.globalcompact.de/de/ueber-uns/dgcn-ungc.php?navid=539859539859#anchor_13c756dc_Accordion-1-Menschenrechte.
- **UNGC (2017d)**: Reporting. Online abrufbar unter: https://www.globalcompact.de/de/teilnahme/berichtspflicht.php#anchor_58128f2d_Accordion-1-Was-sind-die-Anforderungen-an-einen-COP-.
- **UNGC (2017e)**: Express COP. Online abrufbar unter: https://www.unglobalcompact.org/library/4091.
- **Vitt, J. et al. (2011)**: Gesellschaftliche Verantwortung nach DIN ISO 26000. Eine Einführung mit Hinweisen für den Anwender. Berlin: Beuth Verlag.
- **Volkart, R./Labhart, P. (2001)**: Investor Relations als Wertsteigerungsmanagement. In: Kirchhoff, K. R./Piwinger, M. (Hrsg.): Die Praxis der Investor-Relations: effiziente Kommunikation zwischen Unternehmen und Kapitalmarkt, 2. Aufl. Neuwied: Luchterhand: 134-151.
- **Votaw, D./Sethi, S. P. (1973)**: The Corporate Dilemma. Englewood Cliffs: Prentice Hall.

- **Walterbusch M. et al. (2013)**: Status Quo der Wirtschaftsprüfung von Nachhaltigkeitsberichten. In: Marx Gómez J./Lang C./Wohlgemuth, V. (Hrsg.): IT-gestütztes Ressourcen- und Energiemanagement. Berlin, Heidelberg: Springer Vieweg: 1-13.
- **Weber, T. (2014)**: Nachhaltigkeitsberichterstattung als Bestandteil marketingbasierter CSR-Kommunikation. In: Fifka, M. (Hrsg.): CSR und Reporting. Management-Reihe Corporate Social Responsibility. Berlin, Heidelberg: Springer Gabler: 95-106.
- **Weber, J. et al. (2012)**: Nachhaltigkeit und Controlling. Advanced Controlling Band 80. Weinheim: Wiley-VCH Verlag.
- **Weiss, M./Hungenberg, H./Lingel, L. (2010)**: Kommunikation zwischen Kapitalmarkt und Unternehmen: Was leisten die existierenden Instrumente? IUP-Arbeitspapier 10-01, Nürnberg/Berlin.
- **Weltkommission für Umwelt und Entwicklung (1987)**: Unsere gemeinsame Zukunft. Greven: Eggenkamp.
- **Wenzel, J. (2005)**: Wertorientierte Berichterstattung (Value Reporting) aus theoretischer und empirischer Perspektive. Frankfurt am Main: Peter Lang.
- **Werther, William B./Chandler, D. (2005)**: Strategic corporate social responsibility as global brand insurance. In: Business Horizons, 48 (4): 317-324.
- **Wichels, D. (2002)**: Gestaltung der Kapitalmarktkommunikation mit Finanzanalysten. Wiesbaden: Deutscher Universitäts-Verlag.
- **Wiedenhofer, A. (2008)**: Value Reporting – False Accounting or True Value? München: AVM Akademische Verlagsgemeinschaft.
- **Wiedmann, H. (2004)**: Die Rolle eines privaten Standard Setters im Endorsement- und Enforcement-Prozess. In: Lange, T. A./Löw, E. (Hrsg.): Rechnungslegung, Steuerung und Aufsicht von Banken. Wiesbaden: Gabler: 75-90.
- **Wöhe, G. (2000)**: Einführung in die Allgemeine Betriebswirtschaftslehre, 20. Aufl. München: Vahlen.
- **Wolff, B. (2000)**: Coase und die ökonomische Theorie der Organisation. In: Pies, I./Leschke, M. (Hrsg.): Ronald Coase' Transaktionskosten-Ansatz. Konzepte der Gesellschaftstheorie, Band 6. Tübingen: Mohr Siebeck Verlag: 31-57.
- **Würz, T. (2012)**: Corporate Stakeholder Communications. Wiesbaden: Gabler.
- **Zwick, Y. (2014)**: Rat für Nachhaltige Entwicklung: Der Deutsche Nachhaltigkeitskodex. In: D'heur, M. (Hrsg.): CSR und Value Chain Management. Management-Reihe Corporate Social Responsibility. Berlin, Heidelberg: Springer Gabler: 241-256.

8.5 Verzeichnis der zitierten Gesetze, Normen und sonstigen Quellen

- **AccountAbility (2008a)**: AA1000 AccountAbility Principles Standard 2008. London: AccountAbility. Online abrufbar unter: https://www.accountability.org/wp-content/uploads/2016/10/AA1000APS_english.pdf.
- **AccountAbility (2008b)**: AA1000 Assurance Standard 2008. London: AccountAbility. Online abrufbar unter: https://www.accountability.org/wp-content/uploads/2016/10/AA1000AS_german.pdf.
- **AktG (2017)**: Aktiengesetz vom 06.09.1965 (BGBl. I S. 1089) mit allen späteren Änderungen in der Fassung vom 17.07.2017.
- **CSR-Richtlinie-Umsetzungsgesetz (2017)**: Gesetz zur Stärkung der nichtfinanziellen Berichterstattung der Unternehmen in ihren Lage- und Konzernlageberichten (CSR-Richtlinie-Umsetzungsgesetz) vom 11.04.2017. In: BGBl. I: 802.
- **DCGK (2017)**: Deutscher Corporate Governance Kodex (in der Fassung vom 07.02.2017). Online abrufbar unter: http://www.dcgk.de//files/dcgk/usercontent/de/download/kodex/170424_Kodex.pdf.
- **DRÄS 8 (2017)**: Deutscher Rechnungslegungs Änderungsstandard Nr. 8 (DRÄS 8) vom 22.09.2017.
- **DRS 20 (2012)**: Deutscher Rechnungslegungs Standard 20 (DRS 20 – Konzernlagebericht) vom 25.11.2012. In: BAnz. v. 04.12.2012, B1.
- **EStG (2017)**: Einkommensteuergesetz (BGBl. I S. 3366) mit allen späteren Änderungen in der Fassung vom 14.08.2017.
- **GRI (2016)**: GRI Standards 2016. Amsterdam: GRI. Online abrufbar unter: https://www.globalreporting.org/standards/gri-standards-download-center/.
- **HGB (2017)**: Handelsgesetzbuch vom 10.05.1897 (RGBl. I: 219) mit allen späteren Änderungen in der Fassung vom 18.07.2017.
- **IDW (2005)**: Satzung des Instituts der Wirtschaftsprüfer in Deutschland e. V. Online abrufbar unter: https://www.idw.de/blob/25414/ae371ab92f-d068502a4374aae560a5bf/down-satzung-data.pdf.
- **IDW HFA (2005)**: IDW RH HFA 1.007: Lageberichterstattung nach § 289 Abs. 1 und 3 HGB bzw. § 315 Abs. 1 HGB in der Fassung des Bilanzrechtsreformgesetzes. Düsseldorf: IDW Verlag.
- **IDW PS 821 (2006)**: Grundsätze ordnungsmäßiger Prüfung oder prüferischer Durchsicht von Berichten im Bereich der Nachhaltigkeit in der Fassung vom 06.09.2006.
- **IFAC (2015)**: Handbook of the Code of Ethics for Professional Accountants. Online abrufbar unter: https://www.ifac.org/system/files/publications/files/2015-iesba-handbook.pdf.
- **IFAC (2013a)**: International Framework for Assurance Engagements. Online abrufbar unter: https://www.ifac.org/system/files/publications/files/ISAE%203000%20Revised%20-%20for%20IAASB.pdf.

- **IFAC (2013b)**: ISAE 3000. Online abrufbar unter: https://www.ifac.org/system/files/publications/files/ISAE%203000%20Revised%20-%20for%20IAASB.pdf.
- **IFAC (2010)**: Handbook of International Quality Control, Auditing, Review, Other Assurance, and Related Services Pronouncements, Part II. New York (NY): International Federation of Accountants.
- **IIRC (2013)**: The International <IR> Framework. Online abrufbar unter: https://integratedreporting.org/wp-content/uploads/2013/12/13-12-08-THE-INTERNATIONAL-IR-FRAMEWORK-2-1.pdf.
- **IIRC (2011)**: Towards Integrated Reporting. Communicating Value in the 21st Century. Online abrufbar unter: http://integratedreporting.org/wp-content/uploads/2011/09/IR-Discussion-Paper-2011_spreads.pdf.
- **ISO (2011)**: DIN ISO 26000 Leitfaden zur Gesellschaftlichen Verantwortung. Berlin: Beuth Verlag.
- **Mitteilung der Kommission 2017/C 215/01** – Leitlinien für die Berichterstattung über nichtfinanzielle Informationen (Methode zur Berichterstattung über nichtfinanzielle Informationen). In: Abl. EU Nr. C 215: 1-20.
- **Richtlinie 83/349/EWG** des Rates vom 13.06.1983 aufgrund von Artikel 54 Absatz 3 Buchstabe g) des Vertrages über den konsolidierten Abschluß (7. EG-Richtlinie – Konzernbilanzrichtlinie). In: ABl. EG Nr. L 193: 1-17.
- **Richtlinie 2003/51/EG** des Europäischen Parlaments und des Rates vom 18.06.2003 zur Änderung der Richtlinien 78/660/EWG, 83/349/EWG, 86/635/EWG und 91/674/EWG über den Jahresabschluss und den konsolidierten Abschluss von Gesellschaften bestimmter Rechtsformen, von Banken und anderen Finanzinstituten sowie von Versicherungsunternehmen (Modernisierungs-Richtlinie). In: ABl. EU Nr. L 178: 16-22.
- **Richtlinie 2014/95/EU** des Europäischen Parlaments und des Rates vom 22.10.2014 zur Änderung der Richtlinie 2013/34/EU im Hinblick auf die Angabe nichtfinanzieller und die Diversität betreffender Informationen durch bestimmte große Unternehmen und Gruppen. In: Abl. EU Nr. L 330: 1-9.
- **Richtlinie 2013/34/EU** des Europäischen Parlaments und des Rates vom 26.06.2013 über den Jahresabschluss, den konsolidierten Abschluss und damit verbundene Berichte von Unternehmen bestimmter Rechtsformen und zur Änderung der Richtlinie 2006/43/EG des Europäischen Parlaments und des Rates und zur Aufhebung der Richtlinien 78/660/EWG und 83/349/EWG des Rates. In: ABl. EU Nr. L 182: 19-76.
- **SASB (2017a)**: SASB Conceptual Framework. Online abrufbar unter: https://www.sasb.org/wp-content/uploads/2017/02/SASB-Conceptual-Framework.pdf.
- **SASB (2017c)**: Sustainability Accounting Standard Health Care Distributors. Online abrufbar unter: http://www.sasb.org/wp-content/uploads/2013/09/SASB_Standard_HealthCareDistributors.pdf.

- **Securities Exchange Act (1934)**: Securities Exchange Act of 1934, as amended through P.L. 112-158, approved August 10, 2012. Online abrufbar unter: https://www.sec.gov/about/laws/sea34.pdf.
- **Vierte Richtlinie 78/660/EWG** des Rates vom 25.07.1978 aufgrund von Artikel 54 Absatz 3 Buchstabe g) des Vertrages über den Jahresabschluss von Gesellschaften bestimmter Rechtsform (4. EG-Richtlinie – Bilanzrichtlinie). In: ABl. EG Nr. L 222: 11-31.

8.6 Stichwortverzeichnis

A
Agency-Theorie 31

B
Berichtsgrundsätze 86
Brundtland-Bericht 25

C
CDP 81, 103
Corporate Citizenship 30
Corporate Social Responsibility 29
CSR-Richtlinie 42, 46
CSR-Richtlinie-Umsetzungsgesetz 46

D
Deutscher Nachhaltigkeitskodex 50
DNK-Entsprechenserklärung 50, 103
Drei-Säulen-Modell 26

G
Global Reporting Initiative (GRI) 56
Greenwashing 28, 38, 88
GRI 102

I
IIRC 102
Informationsasymmetrien 31
Integrated Report 63
Integrated Thinking 65
International Integrated Reporting Council (IIRC) 63
Investor Relations 14, 21
IR Framework 63, 102
ISAE 3000 92, 104

K
Kapitalmarktkommunikation 18, 21, 34

L
Lagebericht 44
Leistungsindikatoren 48
Licence 19, 33
Licence to Operate 19, 33

M
Monitoring 33

N
Nachhaltigkeit 24, 29
Nachhaltigkeitsberichterstattung 16, 23, 27
Nachhaltigkeitsleistung 28, 35, 38
nichtfinanzielle Erklärung 44
nichtfinanzielle Leistungsindikatoren 48
nichtfinanziellen Leistungsindikatoren 44

P
Prinzipal-Agenten-Problem 31
Prüfung 45, 90, 103
Prüfungsbescheinigung 91
Prüfungsbescheinigungen 104
Prüfungssicherheit 91, 104
Prüfungsstandard 92

R
Regulierung 41, 42

S
SASB 75, 103
Shareholder 20
Shareholder Value 16
Stakeholder 18, 20
Sustainability Accounting Standards Board (SASB) 71

T
Triple-Bottom-Line-Ansatz 26

U
UN Global Compact 78, 102

V
Value 20

W
Wertlücke 17